INTRODUCTION A L'ÉTUDE

DES

IDÉES MORALES

DANS L'ÉGYPTE ANTIQUE

PAR

Jules BAILLET

ANCIEN ÉLÈVE DE L'ÉCOLE NORMALE SUPÉRIEURE

ANCIEN MEMBRE DE LA MISSION ARCHÉOLOGIQUE DU CAIRE

DOCTEUR ÈS-LETTRES

GRANDE IMPRIMERIE DE BLOIS

EMMANUEL RIVIÈRE, Ingénieur des Arts et Manufactures, Directeur

2, Rue Haute, 2

1912

A PARIS

Chez Paul GEUTHNER

DU MÊME AUTEUR

INTRODUCTION A L'ÉTUDE

DES IDÉES MORALES

DANS L'ÉGYPTE ANTIQUE

INTRODUCTION A L'ÉTUDE

DES

IDÉES MORALES

DANS L'ÉGYPTE ANTIQUE

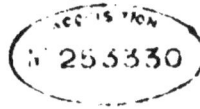

PAR

Jules BAILLET

ANCIEN ÉLÈVE DE L'ÉCOLE NORMALE SUPÉRIEURE

ANCIEN MEMBRE DE LA MISSION ARCHÉOLOGIQUE DU CAIRE

DOCTEUR ÈS-LETTRES

GRANDE IMPRIMERIE DE BLOIS

EMMANUEL RIVIÈRE, Ingénieur des Arts et Manufactures, Directeur

2, Rue Haute, 2

1912

INTRODUCTION A L'ÉTUDE DES IDÉES MORALES

DANS L'ÉGYPTE ANTIQUE

CHAPITRE PREMIER

INTÉRÊT, OBJET ET MÉTHODE D'UNE ÉTUDE SUR LA MORALE ÉGYPTIENNE

« Plus qu'aucun autre pays, l'Égypte renferme des merveilles » : πλίω θωμάσια ἔχει ἢ ἄλλη πάσα χώρη [1]. Telle était l'opinion d'Hérodote comme de tous les Grecs sur l'Égypte. Or ce qui causait son étonnement et son admiration, ce n'était pas seulement la nature de la contrée, qu'il trouvait extraordinaire, ni les monuments, qu'il jugeait plus dignes de renommée que les plus grandes constructions et les temples les plus célèbres de la Grèce [2]. Ce qui semble avoir, en Égypte, piqué au plus haut point sa curiosité, c'étaient les mœurs et les usages des habitants. Il s'efforce tout d'abord de montrer ce qu'ils présentent d'étrange et de contraire aux usages et aux mœurs de tous les peuples.

Nous aussi, notre curiosité nous porte vers ce pays merveilleux. Nous aussi, nous sommes avides de connaître les coutumes et les pensées de ce peuple étonnant. Non pas, cependant, que nous le considérions comme étrange, comme séparé du reste du monde,

---

[1] Hérodote, *Hist.*, II, 35.
[2] *Ibid.*, II, 148.

1

comme vivant sous un autre ciel que nous et presque d'une autre vie que la nôtre. Au contraire, ce qui nous attire c'est que nous voyons dans les Égyptiens des ancêtres ; c'est que, mieux renseignés et moins vaniteux que les Grecs, nous ne prétendons pas être les fils de notre sol et ne rien devoir qu'à nous-mêmes, mais nous reconnaissons dans l'Égypte le berceau de notre civilisation, nous y recherchons, avec les plus antiques vestiges de l'humanité, les premiers germes de nos croyances, de nos institutions, de nos arts et de nos sciences.

Toutefois les Grecs ne s'étaient pas montrés toujours aussi exclusivement enthousiastes d'eux-mêmes que certains de leurs admirateurs modernes [1]. Ils avaient su laisser à l'Égypte la double palme de l'antiquité et de la sagesse. Hérodote rapporte modestement le propos des prêtres de Saïs qui traitaient les Grecs d' « enfants », et d'autre part une lutte courtoise où ses compatriotes durent se déclarer vaincus. C'était au temps où rois et peuples, selon les traditions ésopiennes, aimaient, comme les convives d'un joyeux banquet, se porter des défis qui ne faisaient point couler de sang et mettaient aux prises seulement l'ingéniosité des adversaires. Les Éléens se glorifiaient de diriger les jeux olympiques avec plus d'honnêteté et de justice qu'on n'en constaterait nulle autre part chez les humains, et ils pensaient que les Égyptiens, les plus sages des hommes n'imagineraient rien qui fût supérieur à leurs règlements. Ils vinrent les soumettre à une commission de sages. Ceux-ci ne se laissèrent pas vaincre par ce problème de casuistique et soutinrent l'honneur de leur patrie. Ils trouvèrent à redire aux règlements des Éléens et leur démontrèrent qu'en admettant à concourir un de leurs propres concitoyens ils s'étaient écartés tout à fait de l'équité. Si les Grecs avaient cru remporter des éloges, ce jour-là ils n'obtinrent qu'une leçon. Il est vrai qu'Athènes n'avait pas encore vu naître le sage Socrate.

Quelle était donc cette sagesse si vantée ? Pareil renom fut-il

---

[1] Cf. Ott. Müller, *Manuel d'archéologie*, 1830 ; *Nouveau manuel*, 1841 ; *Histoire de la littérature grecque*, 1840 (trad. Hillebrand, 3ᵉ éd. 1883).

justifié ? Ou bien sommes-nous dupes d'une réputation transmise de bouche en bouche et acceptée sans contrôle ? La légende attribue aux savants et aux philosophes de la Grèce les plus anciens ou les plus célèbres, les Thalès, les Phérécyde, les Pythagore, les Platon, des voyages en Égypte où ils auraient puisé tous les éléments de leurs doctrines. N'était-ce point faire trop d'honneur à l'Égypte ? Les mêmes Grecs répétaient avec admiration la légende de Dédale qui le premier ne se contenta plus pour représenter les dieux, de tailler une tête grossière dans une poutre équarrie à la hache, mais leur donna des bras et des jambes, assez mal proportionnés et bien gauches encore ; et, sur la foi de leurs éloges, un moderne, l'honnête et emphatique Balzac, de rabaisser devant les statues vivantes de Dédale les chefs-d'œuvre de Phidias dont la beauté, parfaite sans doute, gardait toutefois l'immobilité du marbre rigide et froid. Serions-nous le jouet d'une aussi puérile illusion ?

Mais, à force de nous tenir sur nos gardes et d'avoir peur d'une admiration de commande, notre esprit de critique ne nous ferait-il pas tomber dans une plus grande erreur en nous faisant méconnaître de magnifiques manifestations de l'intelligence et de la conscience humaines ?

Depuis près d'un siècle, la découverte géniale de Champollion et les beaux travaux de ses successeurs ont offert de nouveaux éléments de discussion. On a vu reparaître au jour et s'éclairer aux yeux des savants bien des monuments et des écrits divers. Si les textes religieux dominent dans ce nombre, d'autres présentent une grande variété : inscriptions historiques, poésies, comptes de toutes sortes, littérature romanesque ou épistolaire. On peut demander à l'Égypte même de rendre compte du long crédit d'honneur qui lui était ouvert et de produire ses titres à notre admiration. Aujourd'hui nous possédons des experts capables de compulser son dossier, de déchiffrer avec sûreté ses écritures mystérieuses, de voir clair dans les arcanes de ses livres et d'en expliquer le contenu presque avec autant d'aisance que s'il s'agissait de langues classiques. Leurs méthodes inspirent confiance : sans doute ils discutent souvent et se gourment parfois ; mais n'est-ce point la vie des grammairiens ? *grammatici certant* ; du moins ils s'accordent sur les principes, sinon toujours sur le détail.

Il devient donc permis de commencer la révision du procès. Or la cause ne manque point d'intérêt.

Si l'on a fait justice des divagations fantastiques où, sur les pas du P. Kircher[1], certains érudits se lançaient aux siècles derniers, leur enthousiasme n'a point péri. Leurs héritiers ont gardé des sentiments aussi chauds, inspirés de notions plus sérieuses. Eux non plus n'ont cessé de vanter la profondeur des mystères de l'Égypte ou l'élévation de ses doctrines secrètes : volontiers on reprocherait à quelques-uns, même des plus sérieux, d'avoir trop facilement mis sur le compte de la mysticité de l'objet de leur culte les non-sens auxquels aboutissait leur science encore incomplète, au lieu d'en faire un franc et scientifique aveu. En dehors même de ces méprises, des textes précis et apparemment bien traduits ont fourni l'occasion de panégyriques convaincus.

On a exalté tour à tour la religion, la philosophie, la morale des Égyptiens. Leurs penseurs se seraient livrés à de très subtiles considérations sur la nature humaine. Ils auraient conçu les idées les plus élevées sur la science, sur la destinée, sur le monde et la divinité. Dans leurs hymnes religieux, dans leurs livres funéraires, dans leurs adages moraux, ils auraient atteint des hauteurs sublimes. Leurs prêtres auraient professé l'unité et l'immatérialité de Dieu ; leurs philosophes auraient prêché la charité. Bref, les Égyptiens auraient connu une sorte de christianisme avant l'ère chrétienne.

Par de semblables éloges la question se trouvait transportée sur le terrain religieux, toujours si attrayant, mais toujours si épineux. Chacun prenait position suivant ses préjugés personnels. Quelques-uns s'efforçaient de tout nier. D'autres acceptaient faits, textes et interprétations, tout en s'efforçant de les plier à des thèses oppo-

---

[1] Athanase KIRCHER, *Obeliscus Pamphilius*, Grignani, 1650 ; *Œdipus Ægyptiacus*, Romæ, 1652-1654.

sées. De quelles pures doctrines, disaient les uns, les Égyptiens
sont-ils tombés dans la corruption qui a rendu nécessaire l'avènement du christianisme ! Par quelles pures doctrines, disaient les
autres, les Égyptiens eussent pu suppléer à l'absence du christianisme ! La face du monde a été changée, reprend le premier
chœur, quand le christianisme a dégagé la vérité de toutes les
erreurs qui la masquaient et relevé la conscience de l'égoïsme où
elle se ravalait, même en Égypte. Tout naturellement, riposte le
second chœur, le christianisme s'est dégagé des éléments que lui
offraient la philosophie grecque et les religions orientales, celle de
l'Égypte en particulier. Et l'on renouvelle le débat relatif à l'école
d'Alexandrie : la théologie chrétienne s'est-elle inspirée de la métaphysique Alexandrine? ou bien le néo-platonisme n'est-il qu'une
contrefaçon du christianisme? Les deux questions se touchent de
près, car s'il y a lieu de discuter l'influence réciproque du christianisme et de l'école d'Alexandrie, il serait juste aussi de rechercher ce que cette école a recueilli des anciennes traditions pour
l'accommoder avec la philosophie grecque. C'est donc au fond la
même querelle : doit-on opposer les deux religions et les deux morales? la doctrine égyptienne a-t-elle préparé la doctrine chrétienne? le christianisme a-t-il réparé la tradition conservée par
l'Égypte?

Prétendre mettre d'accord les adversaires ou les départager
serait hardi, d'autant que personne n'invoque aucun arbitrage et
que personne ne saurait avoir qualité pour s'imposer comme
arbitre. Mais sans afficher prétention pareille, on peut néanmoins
intervenir dans le débat. Si toute conciliation paraît impossible,
on inviterait du moins les adversaires à se mesurer dans un autre
champ clos avec de nouvelles armes.

. .

D'abord on leur demanderait de bien examiner l'objet en litige.
Peut-on raisonner sur la morale égyptienne?

Sans doute il est beau de se battre pour une idée ; mais il serait légèrement ridicule et vexant d'avoir prodigué sa peine pour un fantôme. Or existe-t-il un corps de doctrines et de principes de conduite que l'on puisse nommer « la morale égyptienne » ?

On s'est efforcé de le constituer. Les écrivains grecs donnent divers aperçus et d'assez amples détails sur les mœurs des habitants de l'Égypte. On les a réunis. Les papyrus, les parois des tombeaux et les ruines des anciens temples fournissent de nombreux et longs documents. On n'en a pas méconnu le prix. Conseils d'un père à son fils ou d'un maître à son disciple, prières aux dieux, protestations de vertu faites au nom des défunts ou inscrites d'avance dans la tombe qu'ils se préparaient avec soin, contes populaires, biographies de personnages plus ou moins illustres, dithyrambes en l'honneur des rois, tout a été recueilli, rapproché, fondu. Ainsi s'est formé dans certains esprits, voire dans certains livres, une vaste synthèse. Parfois tout à l'honneur de l'Égypte, elle servait parfois aussi de base à de vrais réquisitoires. Mais éloges ou blâmes portaient-ils justes ?

Non. Car si consciencieuse que fût cette synthèse, elle se vouait fatalement à l'erreur. Plus même elle entassait de renseignements, mieux elle réussissait à les amalgamer, à leur donner l'aspect de l'unité en les rattachant à des principes communs ; plus, en même temps, elle devait s'écarter de l'exacte vérité. Elle avait beau observer toutes les plus saines règles de critique pour l'interprétation de chacun des monuments pris à part, le seul souci de les fondre ensuite dans un ensemble unique faussait tout. Cette fusion recélait au fond une véritable confusion.

N'était-ce point en effet manquer à une règle essentielle d'une bonne méthode, à celle que Fénelon déclare « le point le plus » nécessaire et le plus rare pour un historien » ? S'il n'y a « rien » de plus faux et de plus choquant que de peindre les Français » du temps de Henri II avec des perruques et des cravates, ou » de peindre les Français du temps de Louis XIV avec des barbes » et des fraises », que dira-t-on d'une théorie qui représente un Égyptien contemporain de Khéops avec les mœurs dont Hérodote fut le témoin, et qui n'établit point de différence entre les idées et les sentiments d'un sujet des Ptolémées et des Empereurs Romains et ceux d'un contemporain des Amonemhâït ou des Ramsès. Pourtant, s'il faut « pour chaque siècle » se renseigner exactement, l'histoire d'Égypte présente une assez jolie série de siècles pour que des changements puissent s'y remarquer. Et ce n'est pas seulement pour le « costume » que les modes se succèdent rapidement. Si, bien au fond, l'âme humaine reste toujours la même, elle a reçu au cours des siècles bien des couches successives de vernis divers qui la rendent souvent méconnaissable ; et si les sentiments humains demeurent identiques à travers les âges, les nuances en sont peut-être plus multiples encore que les combinaisons et les modifications des traits essentiels qui composent les visages. L'Égypte n'échappe pas à cette loi. Pendant les quatre mille ans de son histoire, elle n'a pas été immobile. Ses enfants n'ont pas toujours eu la même manière de vivre, ne se sont pas toujours laissé guider par les mêmes considérations, n'ont pas toujours assigné la même fin à leur actes et à leur existence entière.

Il ne convient donc pas de parler de *la* morale égyptienne et de croire qu'il existe *une* morale égyptienne. Gardons-nous de confondre les époques. Aucune civilisation ne s'offre à nous avec des institutions immuables. Pour l'Égypte même on a déjà reconnu qu'il n'existait point une religion unique, mais des conceptions religieuses qui naissent, se développent, se compliquent, s'épurent et dégénèrent enfin avec la puissance du pays [1]. Entrons dans la même voie quand il s'agit de l'histoire de la morale. S'il est légitime de réunir pour qu'ils s'éclairent et se corroborent tous les faits ou tous les textes d'un même temps, attendons-nous à trouver des différences entre ceux d'époques différentes ; cherchons même à les faire ressortir. Ne pensons pas avoir affaire, pour ainsi dire, à un bloc indivisible. Si nous ne tenons pas de

---

[1] Cf. Maspero, *Rec. de l'Hist. des Rel.*, I, 1880, p. 122 et 123 (ou *B. Eg., Et. de Myth.*, I, 118 et 123) : « Chaque fois que j'entends parler de la religion égyptienne, je suis tenté » de demander de quelle religion égyptienne il s'agit. — ...on commet une erreur de » méthode quand on prétend réduire la religion égyptienne à un dogme unique... sans » se référer à un temps ou bien à une localité bien déterminée ».

parti pris à une unité factice, l'histoire de la morale égyptienne risque de n'apparaître plus bientôt comme l'exposé d'un système, mais comme l'étude des transformations des idées morales du peuple égyptien.

Oublions donc l'ancienne théorie qui prête aux Égyptiens un système unique parfaitement « déterminé et limité, soigneuse- » ment conservé et maintenu par les prêtres » [1]. Les incohérences de leur morale se débrouilleront, comme s'expliquent déjà les incohérences de leur religion.

Mais alors une nouvelle question de méthode va se poser. Si la morale égyptienne ne constitue pas un tout unique, au milieu des documents et des témoignages on distinguera tout naturellement des conceptions contraires ou tout au moins diverses et d'une valeur inégale. Ces conceptions inégales et parfois contradictoires, ne germèrent et ne s'épanouirent vraisemblablement point au même temps et dans la même école. Si pour toutes les époques les documents affluaient en aussi grand nombre et si toujours à une seule époque correspondait une seule doctrine, sans que jamais il se produisît d'empiètements, le tableau de cette histoire serait facile à dresser. Mais, grâce à un phénomène de ténacité bien remarquable en Égypte, les doctrines qui s'y succèdent ne s'anéantissent pas les unes les autres ; elles se combinent ou vivent côte à côte. Ainsi certains documents des plus importants, des plus riches en indications, ne remontent qu'à une époque relativement récente, celle du nouvel empire Thébain, qui floris-sait entre les xx⁰ et xv⁰ siècles av. J.-C. : seulement ils repré-sentent des écrits antérieurs qui ne nous sont pas parvenus, ou du moins n'ont laissé que des fragments. Enfin ils nous offrent un mélange d'idées tel que l'on croirait à un pacte de tolérance mutuelle intervenu entre les écoles les plus adverses.

∴

---

[1] DŒLLINGER, *Paganisme et Judaïsme*, trad. J. de P., 1858, II, p 287.

Le discernement reste donc à opérer, presque tout entier. Sur quels principes se guidera-t-on ?

Remarquons d'abord que les écrits des derniers disciples de l'Alexandrinisme ou de leurs adversaires ne nous donnent aucune indication valable. Ni les uns ni les autres n'ont le sens de la succession historique. Ils défendent ou attaquent le système en vigueur de leur temps, sans se préoccuper de la genèse du système ni de l'antériorité relative de telle ou telle de ses parties. Ils pratiquent sans ombre d'hésitation la méthode du « bloc » à laquelle nous renonçons.

Comme fil conducteur, nous aurons à choisir entre deux hypothèses opposées.

Ou bien une loi morale approchant de la perfection a été primitivement connue des Égyptiens : elle entraînait avec elle non seulement une notion plus ou moins vague de bien et de mal, mais la détermination précise du but de la vie et des suites de la mort, de l'usage à faire de notre raison et de toutes nos facultés, de tous les devoirs de l'homme et de leur sanction. Cette notion première, en se transmettant de bouche en bouche, se serait obscurcie et pervertie au cours des siècles qu'a traversés la monarchie Égyptienne. Mais c'est d'elle que dériveraient toutes les idées morales et les pratiques des Égyptiens par une dégradation plus ou moins lente et plus ou moins continue.

Ou bien les Égyptiens, primitivement barbares et sauvages, se sont policés peu à peu. D'abord uniquement préoccupés de subvenir aux besoins immédiats du corps, et n'obéissant qu'à la force et à la crainte, ils sont parvenus progressivement à l'idée de préceptes de conduite et de devoirs ; ils ont successivement imaginé diverses formes de sanctions et étendu à tous les actes la division en deux catégories, les bons et les mauvais. Les diverses théories évoluaient, se développaient et s'engendraient les unes les autres en raison de ce que les hommes sentaient d'incomplet dans les précédentes. L'imagination toujours inventive, la curiosité insatiable, la réflexion de plus en plus éclairée et la conscience de plus en plus exigeante ont réalisé ces progrès.

La première de ces hypothèses place à l'origine la plus grande pureté de la doctrine qu'une tradition ininterrompue perpétuerait en la défigurant. Elle peut se rattacher aux légendes sur l'âge d'or ou à la théorie bien connue d'une révélation primitive faite au premier homme et obscurcie après lui. Mais elle s'en distingue ; car, entre l'origine de l'humanité et l'origine des Égyptiens, s'interpose une longue période que l'histoire n'atteint pas et qu'il nous faut tout d'abord écarter.

La seconde hypothèse part de la barbarie, primitive ou produite par la décadence, de la « table rase » en fait d'idées morales, et montre par quelle évolution sortent de germes grossiers des doctrines qui tendent à se rapprocher d'un certain idéal.

Appelons l'une « hypothèse *traditionniste* », l'autre « hypothèse *évolutionniste* ». Pour laquelle nous déterminer ?

En faveur de l'hypothèse traditionniste, on pourrait invoquer au premier abord le témoignage des Égyptiens eux-mêmes. Malgré la vanité qui les poussait à déclarer que rien de semblable à leurs œuvres n'avait été fait depuis le règne des dieux ou des premiers rois, ils professaient un véritable culte pour la tradition. Tout ce qui leur semblait grand ou beau, ils l'attribuaient volontiers aux ancêtres. L'antiquité était revêtue à leurs yeux d'une autorité merveilleuse. Dire d'une prière funéraire ou d'une recette médicale qu'elles avaient été trouvées sous le roi Khoufou (Khéops) de la IVe dynastie [1], par le prince Hardidif fonctionnaire de Menkara (Mycérinus), ou même au temps d'Ousaphaïs de la Ire dynastie [2], c'était en préconiser l'efficacité. Rien ne rendait plus sacrés les temples de Dendérah ou d'Edfou que d'avoir été reconstruits d'après les plans trouvés dans la muraille de pierre du temple, sur de vieux parchemins du temps de Râméri-Pépi (VIe dyn.) et de Khoufou (IVe dyn.), ou même [3] d'après les fondations faites au temps des serviteurs d'Horus ou des dieux. Mais on ne peut dou-

---

[1] Papyrus médical de Londres (Birch, Æ. Z., 1871, 61).

[2] *Livre des Morts*, ch. LXIV. — Conf. Lepsius, *Todtenbuch*, p. 11 ; Chabas, *Voyage*, p. 43 ; Birch, Æ. Z., 1867, 55.

[3] Dümichen, *Dendérah*, pl. xv, c. 36 ; .Æ. Z, 1867, 71. — Birch, .Æ. Z., 1871, 891-103, Brugsch, ib., 1872, 3.

ter que ce respect de l'antiquité n'ait été exploité, et que tel livre, donné comme la copie d'un ouvrage très ancien, ne soit simplement l'ouvrage du prétendu copiste [1]. Pareil procédé servit jusqu'à l'époque chrétienne [2]. Dès lors, la supercherie dévoilée ruine le crédit de tout témoignage analogue. D'ailleurs, si un ancien Égyptien se crut sincèrement en possession des plus anciennes traditions, nous n'y trouvons rien d'étonnant, mais rien de convaincant non plus; même au cas où il n'aurait pas eu intérêt à sauvegarder et à défendre une vieille tradition, il n'aurait eu ni la pensée d'en scruter l'authenticité, ni le sens critique nécessaire. C'est le plus souvent sans qu'ils s'en rendissent compte, sans qu'ils le crussent ou le voulussent, que les idées des Égyptiens ont subi des métamorphoses. Même sincère, leur témoignage manque de poids.

Cette présomption écartée, l'hypothèse traditionniste en matière de morale se heurte aux mêmes difficultés qu'en toute autre matière. Elle suppose à l'origine une révélation orale surnaturelle que n'atteint pas la vérification historique; de plus elle implique certaines contradictions.

On ne peut donner l'idée de la lumière à un aveugle de naissance qui se figure non la sensation qu'il n'éprouve pas mais le plaisir qu'il en ressentirait, imaginant par exemple quelque chose de doux comme le sucre. Pour enseigner le langage, il faudrait recourir déjà au langage afin d'être compris. Énoncer des principes moraux n'est rien, s'ils ne sont recueillis par une conscience capable d'en saisir la signification et de les appliquer. Puis, si une révélation était nécessaire pour que l'homme connût les vérités morales, comment n'eût-elle pas été indispensable aussi pour les vérités d'un autre ordre, par exemple les vérités mathématiques ou astronomiques. Étendra-t-on l'hypothèse à toutes les branches de la science ? Enfin le Créateur n'apparaît-il pas moins grand

[1] NAVILLE (La découverte de la loi sous le roi Josias, 1910, Mém. Ac. I. B.-L., xxxviii, ii, 137-270) disculpe les scribes égyptiens. Voir infra, chap. IV.
[2] AMÉLINEAU, Contes et romans de l'Eg. chrét., I, p. xxvii-xxix ; Pap. de Boulaq n° 4, p. ii.

dans l'image qu'il a formée de lui-même, s'il n'a donné à l'homme
que la mémoire pour retenir les vérités et non la raison pour les
découvrir.

Négligeons ces difficultés préliminaires d'ordre plutôt métaphysique qu'historique : l'hypothèse traditionniste en rencontre
d'autres dans l'application.

En voici une première. Étudions d'abord les documents égyptiens, sans nous préoccuper de la question de dates et de genèse.
Nous y relevons un certain nombre de doctrines nettement distinctes et incompatibles en bien des points. Pour suivre l'hypothèse traditionniste, il faut les ramener toutes à une seule. Or
aucune d'entre elles n'a cette pureté que l'on suppose à la doctrine
primitive. Il faut donc rechercher ce qui appartient en commun à
toutes, ce que toutes tiendraient de la source commune. Or éli-
minons tous les développements particuliers qui perfectionnent
chaque doctrine et lui donnent tout son sens et son efficacité ; que
reste-t-il de commun? Quelques formules vagues, presque vides
de sens, d'où les théories les plus grossières se tirent plus facilement que les plus élevées. Est-ce là le patrimoine commun de
l'humanité, que présuppose l'hypothèse en question ? Non certes,
et même les partisans de l'hypothèse le repousseraient comme
indigne du divin Révélateur, dont personne aujourd'hui ne veut
faire un génie malin et capricieux qui se jouerait de l'homme.

Alors dira-t-on que ce germe commun de toutes les doctrines
étudiées, si frêle, si misérable, n'était lui-même que le vestige de
la révélation première, vestige échappé a une décadence presque
absolue, au moyen duquel les Égyptiens progressivement et péni-
blement reconstituèrent leur édifice moral ? Soit! Mais c'est admettre que l'hypothèse évolutionniste peut expliquer sinon l'histoire morale de l'humanité, du moins l'histoire morale de l'Égypte.
D'autre part c'est rejeter l'hypothèse traditionniste aux temps
prédocumentaires et préhistoriques. C'est donc nous justifier plei-
nement de n'y point recourir.

Ici, en effet, on ne prétend point remonter à l'origine même de
l'humanité. Les quarante et quelques siècles de l'histoire d'Égypte

offrent un champ d'études assez vaste. Si donc l'hypothèse évolutionniste suffit à expliquer tous les faits qu'elle se proposait d'expliquer, mieux ou au moins aussi bien que l'autre hypothèse, si elle permet de les classer et d'en marquer l'affiliation, si aucun document ne la renverse ou ne demeure irréductible, si elle suggère des observations et des aperçus nouveaux, elle réunira toutes les conditions essentielles d'une bonne hypothèse. Alors on se félicitera légitimement de l'avoir adoptée.

Mais jusqu'ici nous envisageons le cas où toutes les doctrines seraient intégralement contenues dans des monuments de même époque, où dont nous ignorerions ou négligerions la date. Or en dehors de ces monuments qui les présentent confuses et pèle-mêle, il en existe de plus anciens que l'on peut rapprocher des premiers : loin de révéler une inspiration plus haute, ils semblent au contraire, procéder de sentiments plus grossiers, d'états d'âme plus élémentaires. De plus récents, au contraire, trahissent, respirent des idées plus pures, plus élevées, ou du moins plus complexes et plus raffinées. Le système évolutionniste englobera plus facilement que le système contraire l'une et l'autre série de documents sans leur faire violence.

L'hypothèse évolutionniste permettra de prendre pour départ ces embryons de pensées et de sentiments dont l'hypothèse traditionniste ne savait que faire, se heurtant à l'impossibilité de les placer ni à l'origine, ce qui eut été se mettre en contradiction absolue avec elle-même, ni au terme de la décadence qu'elle suppose, ce qui eût été trop visiblement contraire aux faits. Grâce à l'hypothèse évolutionniste, il sera permis de reconstituer l'état de ces esprits à peu près vides : « *nihil in intellectu nisi ipse intel-* » *lectus* », où germent des idées élémentaires, grossières et viles, et se forment des mots pour les exprimer. Puis, procédant toujours du simple au complexe, on verra les idées vagues se préciser, se reprendre, se redonner de nouvelles formes, et les mots s'enrichir de nuances et d'acceptions nouvelles. On notera au passage l'origine des contradictions, des hérésies qui donnent naissance à de nouvelles théories. On observera l'influence qu'exerce sur la morale le développement parallèle de la religion et des idées relatives à la mort et à la survivance de l'homme ; on en étudiera les pénétrations réciproques et les conséquences qu'elles produisent. On tiendra grand compte du phénomène de conservation, non moins remarquable à propos des esprits qu'à propos du sol de l'Égypte. Mais on se demandera s'il ne momifie pas les formes plutôt que les choses, et on s'efforcera de découvrir quel travail de fermentation lente mais continue se cache sous une apparente immobilité.

Ainsi, la conception de la divinité ou la notion de la vie d'outre-tombe venant à changer, se trouveront elles-mêmes insensiblement modifiées les idées que les Égyptiens s'étaient d'abord faites sur le culte, ses rites et leur puissance, et, en conséquence des rapports de la religion avec la morale, leurs premières idées sur le bien et sur le mal, sur l'idéal divin de la conduite humaine, sur la sanction des lois morales. Peut-être au premier abord risquerait-on de s'y tromper : les rites sembleront les mêmes, les formules subsisteront, les mêmes mots serviront. Mais les mêmes rites n'auront plus le même objet : les mêmes formules et les mêmes mots ne se prendront plus dans le même sens. C'est pourquoi des savants illustres, tant anciens que modernes, trompés par la persistance de certaines formes, auront pu attribuer à l'antiquité la plus reculée des théories relativement récentes.

Si on a dit avec vérité que l'Égypte était la terre de la permanence et de l'immobilité, que rien n'y changeait, on eût pu, avec autant de vérité, affirmer le contraire. Ce qui eut été plus exact, c'eût été de dire que rien n'y meurt, « rien ne s'y perd, tout s'y transforme ».

Suivre l'évolution des idées morales, et la lente substitution d'idées successives dans l'enveloppe permanente de signes identiques : voilà une œuvre délicate, mais aussi un intéressant et légitime objet à notre curiosité.

En entreprenant cette œuvre, nous garderions sous les yeux cette affirmation d'un ancien sur la mutabilité universelle, pour l'opposer à la prétendue immutabilité de l'Égypte : « *Le cours du*

» *fleuve s'est écoulé les années passées ; une autre direction se*
» *fait dans l'année suivante ; les grands océans se dessèchent ;*
» *les rivages deviennent des abîmes ; il n'y a point eu d'hom-*
» *mes d'un seul dessein. Voilà ce que répond la maîtresse de*
» *la vie (la mort).* » Ces lignes échappèrent-elles de la bouche
chagrine d'Héraclite ? Non, mais du calame d'un scribe contemporain des Ramessides [1].

Si le Sphinx énorme et les massives Pyramides servent de symboles à l'Égypte, n'oublions pas qu'elle est la création du Nil,
comme l'a justement redit Hérodote ; et, dans son lit en apparence
immobile, qui oserait nombrer par combien de milliers de millions se sont succédé les gouttes d'eau fugitives ?

---

[1] Pap. IV de Boulaq (AMÉLINEAU, § 13, p. 163).

CHAPITRE II

LES SOURCES. — BIBLIOGRAPHIE

Avant la découverte des hiéroglyphes, on n'avait, pour contrôler la réputation de sagesse de l'Égypte, que ce que nous en apprenaient les écrivains grecs et chrétiens. Pour diverses raisons leur témoignage doit être accueilli avec défiance. Cependant, s'il est bon de ne pas toujours prendre à la lettre tout ce qu'il disent, on retrouve chez eux l'écho plus ou moins dénaturé de traditions anciennes et bien des renseignements utiles.

Les écrivains chrétiens sont particulièrement suspects. Ils viennent à une époque où la religion égyptienne est en pleine décadence. Les rites subsistent bien, mais le sens des mythes et des doctrines s'est altéré ou perdu. La science des prêtres a baissé avec leur puissance et leur richesse ; ils se bornent à conserver avec plus de piété que d'intelligence le dépôt qui leur a été commis. Le plus vivace, c'est la superstition populaire. Aussi est-ce à elle que s'attaquent les apologistes et les docteurs chrétiens, intéressés à rabaisser les hautes conceptions, à demi oubliées, en daubant les croyances du vulgaire. Ainsi Eusèbe affecte-t-il le mépris pour les traditions antiques [1]. Clément d'Alexandrie ne montrait pas une hostilité préconçue ; il ne regarde pas l'ancienne philosophie comme une inspiration de l'Enfer ainsi que Tertullien ;

---

[1] Eusèbe de Césarée : *Préparation évangélique* et *Histoire ecclésiastique* (1re éd. par Rob. Estienne, Paris, 1544 ; dernières éd. de la *Préparation* : Dindorf, Leipzig, 1867 ; de l'*Histoire* : Gaisford, Oxford, 1853 ; Schwegler, Leipzig, 1852 ; F. Heinichen, Leipzig 1868 ; W. Dindorf, Leipzig, 1871). — *Chronique* (Fragm. et trad. lat. de saint Jérôme : Scaliger, Leyde, 1606 ; A. Schöne, Berlin, 1866-75 ; Siegfried et Gelzer, Leipzig, 1884, etc.). — Œuvres compl. : *Patrologia græca* de Migne, t. xix-xxiv, 1856-57.

2

mais d'après ce qu'il dit des hiéroglyphes on a conclu (peut-être à tort d'ailleurs) qu'il ne les connaissait guère[1].

Les philosophes de l'École d'Alexandrie s'inspirèrent des anciennes doctrines, mais les combinèrent avec des éléments grecs, juifs et chrétiens, en faisant prédominer les idées platoniciennes[2]. La part égyptienne a été la moins mise en relief dans les études faites sur les œuvres de Plotin[3] et de ses successeurs, Porphyre[4] et Jamblique[5]. Rattachons à cette école quelques autres écrivains païens, contemporains du christianisme. Apulée de Madaure nous montre, probablement d'après Lucius de Patras, les fêtes d'Isis et les sentiments tendres des dévôts pour la déesse[6]. On lui attribue une traduction du dialogue d'Hermès Trismégiste intitulé Asclépios ; dirigée contre le christianisme, cette œuvre semble s'inspirer directement de sources égyptiennes[7]. Ælius Aristide déclame pieusement en l'honneur de Sérapis[8]. Synésius[9] devint évèque ainsi qu'Héliodore[10] ; tous deux donnent quelques détails intéressants.

D'autres Grecs ont connu l'Égypte avant que le christianisme s'y implantât. Ils ont trouvé une tradition plus pure, mais ils ont rencontré d'autant plus de difficulté à la bien connaître qu'ils étaient plus anciens. Plutarque, le bon homme de Chéronée, semble avoir voulu dans sa vieillesse couronner sa philosophie

[1] Clément d'Alexandrie : Stromates, etc. (1re éd. par Vettori, Florence, 1550 ; la plus estimée par Potter, Oxford, 1715, reproduite par Migne, t. viii-ix, 1858 ; nouv. édit. par W. Dindorf, Oxford, 1869. Cf. Deiber, Clément d'Alexandrie et l'Égypte, 1904).

[2] Histoire de l'École d'Alexandrie : J. Simon, Paris, 1845 ; Vacherot, 1846-51 ; Barthélemy-Saint-Hilaire, 1845.

[3] Plotin, Les Ennéades (1re éd. Marsile Ficin, Florence, 1491, rééd. Creuzer, Oxford, 1835 ; Dübner, Bibl. Didot, 1855 ; trad. Bouillet, 1857-1861).

[4] Porphyre : Vie de Pythagore, et De l'abstinence des viandes (Holstenius, Rome, 1630) ; Épitre apocr. à Anébon l'Egyptien (dans le Pœmander, Ficin, Venise, 1483, etc.).

[5] Jamblique : Vie de Pythagore (Kiesslino, Leipzig, 1815) ; Sur les mystères égyptiens, apocr. (M. Ficin, Venise, 1483 ; Parthey, Berlin 1857).

[6] Apulée, Métamorphoses, l. x et xi (Rome, 1469 ; Oudendorp, Leyde, 1786-1823 ; Hildebrand, Leipzig, 1842).

[7] Hermès Trismégiste, Asklepius sive de natura deorum dialogus (Hildebrand, dans Apulée, 1842) avec le Pœmander (Ficin, Trévise, 1471, trad. par L. Ménard, Paris, 1866, cf. Pierret, Mélanges d'arch., I, 3, p. 112, 1873).

[8] Ælius Aristides, Discours sacrés (Florence, 1517 ; G. Dindorf, Leipzig, 1829).

[9] Synésius, l'Égyptien ou de la Providence, De la calvitie (Turnèbe, Paris, 1553 ; Petau, Paris, 1633 ; Coll. Migne, t. lxvi, 1859 ; Druon, Paris, 1878).

[10] Héliodore, Ethiopiques (Bâle, 1534 ; Coray, Paris, 1804).

grecque au moyen des doctrines religieuses de l'Égypte[1] : le traité
sur Isis et Osiris, qu'on lui attribue très vraisemblablement, est
précieux mais trop empreint de symbolisme et de syncrétisme
pour représenter purement la tradition antique[2]. Diodore et Strabon
voient bien ce qui est sous leurs yeux ; mais comme à Hérodote,
qu'ils s'efforcent de corriger, il leur arrive de ne pas bien saisir ce
qu'on leur raconte, ou de se renseigner auprès de cicerones peu
savants, et de mêler à la vérité historique des fables et des ana-
chronismes. Diodore, brave érudit, aïeul bonasse de nos philosophes et nos humanitaires, n'a rien compris à la religion égyptienne, parce qu'il veut la ramener à la religion grecque et l'explique par l'évhémérisme. Hérodote, le merveilleux conteur, manque
souvent de critique ; il bouleverse les dates ; il aime trop les
légendes romanesques qu'il prend pour de l'histoire, et garde trop
bien le secret qu'on lui a fait promettre sur les doctrines religieuses.

* *

Heureusement l'Égypte elle-même se charge de combler les
lacunes et de redresser les erreurs de tous ces écrivains. Les
pierres et les tombes ont parlé. De longues inscriptions garnissent
les parois des temples et des tombeaux ; dans les sarcophages
gisaient avec les morts d'innombrables rouleaux de papyrus. Quel
que soit l'intérêt de ces textes authentiques, on ne pourrait les
citer tous : contentons nous d'indiquer les plus importants au
point de vue de la morale.

En première ligne, pour l'importance et pour la multiplicité des
exemplaires, vient le *Livre des morts*, improprement dénommé
par Champollion *Rituel funéraire*. Tout égyptien soigneux de
son avenir après la mort en emportait dans la tombe une rédaction plus ou moins complète, peinte ou sculptée sur son cercueil,
ou bien transcrite sur papyrus. C'était une compilation assez con-

---

[1] Cf. LAFAYE, *Histoire des divinités d'Alexandrie*, Paris, 1884, p. 60.
[2] PLUTARQUE, *De Iside et Osiride* (DÜBNER, Bibl. Didot, 1841 : PARTHEY, Berlin, 1850 ;
LEEMANS) ; *De proverbiis Alexandrinorum libellus ineditus* (CRUSIUS, 1887).

fuse d'hymnes ou de formules ritualistiques, destinée à servir aux défunts pour conjurer tous les périls et parvenir à la félicité dans l'autre monde. La plupart des morceaux, ou chapitres, sont accompagnés dans les papyrus d'une sorte de rubrique indiquant l'usage à faire de la prière ou le résultat à en attendre.

L'exemplaire du musée de Turin, un des plus complets, mais de date relativement récente (période saïte), étudié par Champollion[1] et de Rougé[2], publié en lithographie par Lepsius[3], a servi de base à tous les travaux sur le *Livre des morts* et l'eschatologie des Égyptiens : il n'est pas d'ouvrage plus cité. Beaucoup de musées possèdent d'autres exemplaires du même livre. Depuis le papyrus Cadet[4], rapporté par la commission d'Égypte, un certain nombre en ont été publiés[5]. La plus importante de ces publications, celle de M. Naville[6] collectionne quinze manuscrits, de manière à éliminer les gloses ou variantes et à retrouver une rédaction aussi pure que possible du texte en usage sous les premières dynasties du nouvel empire Thébain. Birch[7], Brugsch[8], Pierret[9] et Lepage-Renouf[10] ont traduit le livre. De nouvelles traductions et de nouvelles éditions suivirent encore[11].

[1] CHAMPOLLION LE JEUNE, *Explication de la principale scène peinte des pap. fun. ég.* 1835; *Pap. hiérat. de Petamenoph*, 1837.

[2] EM. DE ROUGÉ, *Études sur le Rituel funéraire des anciens Égyptiens* (*Rev. arch.*, 1860) ; *Rit. fun., Texte hiératique d'après le papyrus du Louvre*, 1861-1865, 5 livr.

[3] LEPSIUS, *Das Todtenbuch der Ægypter*, Leipzig, in-f°, 1843 (LIEBLEIN, *Index alphabétique*, Paris, 1875) ; LEPSIUS, *Ælteste Texte des Todtenbuchs*, 1868.

[4] CADET, *Copie figurée d'un rouleau de pap. trouvé à Thèbes*, 1805.— *Rituel fun. d'après le man. de feu M. Cadet, à la Bibl. N°* (s. d.), in-f°.

[5] LEEMANS, *Pap. funéraire hiératique, I, 167 de Leide*, in-f°, 1868-76. — DEVÉRIA et PIERRET, *Le pap. de Neb-qed* (Louvre) gr. in-f°, 1872. — LEFÉBURE et GUIEYSSE, *Le pap. de Soutimès* (Bibl. N°), 1877. — REVILLOUT, *Le rit. fun. de Pamonth* (Louvre), 1880. — MASSY, *Le pap. de Nebseni* (Pap. Burton, Br. Mus.) 1880.

[6] NAVILLE ; *Das æg. Todtenbuch der XVIII bis XXII dynastie*, Berlin, 1886.

[7] BIRCH, ap. BUNSEN, *Egypt's Place*, 1867, V, 123-333.

[8] BRUGSCH, *Æ. Z.*, 1872, 65-73, 129-134 (ch. I-XV).

[9] PIERRET, *Le Livre des Morts des anciens Ég.*, Paris, 1882 (2° éd. 1907).

[10] LEPAGE-RENOUF, *The eg. Book of the Dead* (Pr. S.B.A., t. VI, 1892-1897), achevé par NAVILLE (t. VII-VIII).

[11] MARUCCHI, *Il grande pap. eg. della bibl. Vaticana*, Roma, 1888. — BUDGE, *The Book of the Dead : Pap. of Ani* (Br. Mus.), London, 1890 (2° éd. : Fac-similé, 1894; Texte, 1895); *The chapters of coming forth by day : Eg. text according to the theban recension*, 3 v. 8°, 1897, *English translation*, 1893 ; *Pap. of Hunefer, Anhai, Kerâsher, Netchemet, Nu*, 1899 ; *An english translation of the chapters, hymnes, etc.*, 3 v. in-12, 1901. — DAVIS, *The eg. Book of the Dead*, New-York, 1894. — NAVILLE, *The funeral papyrus of Jouiya*, 1908.

De ces rédactions sur papyrus il faut rapprocher certaines inscriptions des stèles funéraires, ainsi que les chapitres et les livres qui servaient à la décoration des sarcophages et des couloirs ou chambres, soit dans les tombes privées, soit dans les pyramides et les hypogées royaux à Thèbes.

Le Livre des morts se constitua en ajoutant de nombreux chapitres récoltés de ci et de là à ceux qui composaient le « *Livre de sortir au jour* » *Pir-m-hrou*[1]; le canon n'en fut jamais clos et s'ouvrit jusqu'aux derniers temps à des chapitres supplémentaires[2]. Mais d'autres recueils antérieurs ou postérieurs coordonnèrent d'autres textes du même genre. Parmi les textes anciens tous n'obtinrent pas la même vogue : beaucoup ne parvinrent pas à la codification saïte, disparurent même avant l'expulsion des Hycsos et ne survécurent pas à leur siècle. Une publication attentive des vieux sarcophages thébains donnera en un recueil artificiel l'équivalent pour le moyen Empire de l'édition Naville pour le Nouvel Empire[3].

Les plus anciens de tous ces écrits sont les nombreux chapitres rassemblés sur les parois des pyramides de rois de l'ancien empire, qui doivent à M. Maspero, leur éditeur[4], le titre de *Livre des Pyramides*. Cette compilation, prototype du Livre des morts, lui ressemble par bien des points, mais réunit des textes plus archaïques et décèle des idées plus grossières sur la divinité et la vie d'outre-tombe.

Sur les murs des hypogées royaux, publiés par Lefébure[5], on lit plusieurs ouvrages importants, plus ou moins indépendants

[1] Lefébure, Le *Per-m-hru* (dans les *Mélanges* de Charles, IV, 219-211).

[2] Pleyte, *Chapitres supplémentaires du Livre des morts*, 164 à 176, Leyde, 1881.

[3] Lacau, *Catal. du musée du Caire*, XI, XIV, XXVII, XXXVIII, *Sarcophages antérieurs au Nouvel Empire*, 1904 sqq. : *Rec. Tr.*, XXVI sqq. : *Textes religieux*, 1904 sqq.

[4] Maspero, *Rec. de Tr.*, III-XII, 1882-1891; *Les Inscript. des Pyramides de Saqqarah*, 1894. — Cf. *La religion ég. d'après les pyramides* (*Rev. Rel.*, XII, 128-139, 1885); *La table d'offrandes* (*Rev. hist. Rel.*, XXXV et XXXVI, 1897). — Index : Von Schack-Schackenburg, 1895-1896 ; Levi, *Vocabolario*, VIII, 1891 ; Sethe, *Die altägyptischen Pyramidentexte*, 1908-1910.

[5] Lefébure (Bouriant, Lobet, Naville, Schiaparelli), *Les hypogées royaux de Thèbes*, 1886-1889 (*Mém. Mission fr. Caire*, t. II et III = *Ann. du Mus. Guimet* IX et XVI). — Cf. Maspero, *Les hypogées royaux*, 1888 (*Rev. Rel.*, XVII, 251-310; XVIII, 1-67 = *Bibl. Eg.*, II, 1-181). — Guilmant, *Le tombeau de Ramsès IX*, 1908 (*Mém. Inst. fr. Caire*, XV).

du Livre des morts. La *Litanie du Soleil*, très précieuse pour l'histoire de la théologie, invoquait en faveur du défunt la divinité suprême sous tous ses noms et sous toutes ses formes [1]. Le *Chaï-am-douaït* ou *Livre de ce qu'il y a dans l'Hadès* [2], qu'on a retrouvé aussi sur des sarcophages ou des papyrus, guidait le mort à la suite du soleil à travers les douze heures de la nuit. A la même catégorie appartiennent le *Livre des Respirations (Chaïni sinsinou)* [3], le *2e livre des respirations* [4], le *Livre des portes* [5], le *Livre des transmigrations* [6]. A ces ouvrages sont apparentés des rituels proprement dits, les *Rituels de l'embaumement* [7] et le *Rituel du sacrifice funéraire* [8] avec le *Chapitre de l'ouverture de la bouche* [9], et le *Chapitre de bien doter la table* [10].

D'autres rituels servaient au culte des dieux, tels que le *Livre d'honorer Osiris* [11] ou le *Rituel du culte d'Amon* [12], et le *Rituel*

---

[1] Tombeaux de Séti Ier, Ménéptah, Séti II, Ramsès IV, etc. (NAVILLE, *La Litanie du Soleil*, 1875), *infra*, p. 23, n. 4.

[2] Tombeaux des rois ; sarcophages divers : Pap. du Louvre, de Turin, Boulaq, Leyde, Berlin. — LANZONE, *Le domicile des esprits*, 1879. DEVÉRIA, *Catalogue du Louvre*, 1872, p. 15-18. MARIETTE, *Pap de Boulaq*, I, 40-44 ; II, 9. BIRCH, *The pap. of Neskhem*, 1863. PIERRET, *Ét. Ég.*, II, 103-118. LEFÉBURE, *Les hypogées royaux*, 1886-89. MASPERO, *Les hypogées royaux*, 1888 (*Rec. Rel.* XVII, 251-310, XVIII, 1-67 = *Bibl. Ég.*, II, 1-181. JÉQUIER, *Le Livre de ce qu'il y a dans l'H.*, 1893.

[3] Pap. du Louvre ; H. BRUGSCH, *Liber metempsychosis*, 1851 ; DE HORRACK, 1877 (et *Records of the Past*, 1874, IV, 119 sqq.).

[4] CHASSINAT, *Rev. Rel.*, 1895, t. XXXI. PELLEGRINI, *Bessarione*, fasc. 75, 1903.

[5] Sarcoph. de Séti Ier et hypogées des rois (SHARPE et BONOMI, *Sarc. of Oimeneptah I*, 1864 ; LEFÉBURE, *Rec. of Pass*, X, 79-134 ; XII, 1-33 ; MASPERO, *Hyp.* p. 113-123).

[6] Pap. Vienne (BERGMANN, *Buch vom Durchwandel der Ewigkeit*, 1877). Pap. démot. Louvre (Legrain, *Le L. des Transformations*, 1889).

[7] 1e Pap. de Boulaq 3 et du Louvre 5158 (MARIETTE, *Pap. de Boulaq*, I, pl. VI-XIV ; DEVÉRIA, *Catal. des man. ég. du Louvre*, p. 168-169 ; MASPERO, *Pap. du Louvre*, p. 14-57). — 2e Pap. de Vienne (BERGMANN, *Hierat. und hier. demot. Texte*, 1885).

[8] Pyramides, surtout Ounas, l. 1-205, et Pépi II, l. 217-593 (MASPERO, *R. Tr.*, III, 179-200 ; XII, 78-95) ; Syringes des rois thébains (Séti Ier, etc.) et nombreux tombeaux, sarcophages ou papyrus de toute époque : DÜMICHEN ; *Grapalast des Petuamenap*, 1884-1885 ; SCHIAPARELLI, *Il libro dei Funerali*, 1881-1890 (Cf. PIERRET, *Rev. Ég.*, V, 62-65 et 152-156) ; MASPERO, *Le rituel du sacrifice funéraire* (*Rev. Rel.*, 1887, XV = *B.-Ég.* I, 283-324) ; *La Table d'offrandes* (*Ib.*, 1897, XXXV-XXXVI) ; LEFÉBURE, *La vertu du sacrifice funéraire* (*Sphinx*, VII, 185-209 ; VIII, 3-sqq.) ; VIREY, *Rekhmarà*, pl. 31-36, p. 136-151.

[9] Principale section du début de l'Office de la Table d'offrande : Ounas, l. 26-81 ; Pépi II, 232-356 ; etc.

[10] Ounas, l. 166-205 ; Stèle de Nébi, XIIe d. (MARIETTE, *Cat. d'Abydos*) ; Salle d'Hatchepsou à Déir-el-Bahari (DÜMICHEN, *H. I.*, I, 36-37) — (MASPERO, *R. Tr.*, III, 195-200).

[11] Pap. du Louvre : PIERRET, *Ét. Ég.*, I, 20-44.

[12] Cella du grand temple d'Abydos (MARIETTE, 1869, I).— *Hierat. pap. zu Berlin*, 1896, I, 1-37, n° 3055. — Cf. O. VON LEMM, *Ritualbuch der Amondiensten*, 1882 ; BRUGSCH, *Egyptologie*, p. 152-154 ; DE MORGAN, *Catal. des mon.*, II, 1895, temple d'Ombos ; MORET, *Le rituel du culte journalier*, 1902 (*Ann. du Mus. Guimet, Bibl.*, t. XIV).

du culte de *Maout*[1], conservés sur les murs du temple d'Abydos et divers papyrus. La plus grande part de la surface des temples, contient, avec des scènes d'offrande, des fragments de semblables rituels.

Rien de plus sec que les *Litanies* d'Osiris[2] celles d'Horus[3] ou celles de Râ[4]. Mais parfois les stèles funéraires, en dehors des formules rituelles, contiennent des invocations poétiques plus ou moins développées, à Osiris[5], à Ptah[6], à Râ[7] surtout : les *Hymnes au Soleil* du Livre des morts en sont le type[8]. Les *Hymnes à Aton* des tombes de Tell-el-Amarna[9] rendent une note toute spéciale. Les *Lamentations d'Isis et de Neftis*[10] s'écartent de la série des chants funéraires pour rentrer dans celle des chants purement liturgiques. L'*Hymne à Isis*, de l'île d'Ios[11], donne en grec le dernier anneau d'une tradition. En Égypte même, l'*Hymne à Khnoum* d'Esnéh représente la verbosité mystique de la basse époque[12]. L'*Hymne à Thot* du papyrus Anastasi V[13] enveloppe littérairement l'éloge du métier de scribe. Une place d'honneur revient aux hymnes au Dieu suprême : à ceux des papyrus de

[1] *Hierat. pap. su Berlin*, 1896, I, 38-66, n°° 3911 et 3053. Cf. MORET, *op. cil.*

[2] *Livre des morts*, ch. CXLII.

[3] *Edfou*, entrée du sanctuaire (DÜMICHEN, *Tempelinschriften*, pl. 38-43; ROCHEMONTEIX, *M.M.G.*, X, 14-18; PIEHL, *Texte d'Edfou*, X° congrès, p. 111-131).

[4] *Hypogées royaux* : NAVILLE, *La litanie du Soleil*, 1875 (= *Rec. Past.*, VIII, 103-128.) — Tomb. de Rekhmarâ (VIREY, *Mém. Miss. Caire*, V, 152-154, pl. XXXV-XXXVI). — Sarcophage d'Anhournakht (BERGMANN, *R. Tr.*, XII, 7-9).

[5] *Hymne à Osiris*, d'Amonmès, Stèle de la Bibl. N° (CHABAS, *Rev. Arch.* 1857, XIV = *Bibl. Eg.* IX, 95-139); — du scribe Nakht, au v° de la Table de Saqqarah (MARIETTE, *M. D.* pl. 57 B; MASPERO, *Guide*, p. 432-433; — du grand-prêtre de Saïs Khemmès, Louvre C 218 (ROUGÉ, *Cat.*, p. 161-163; PIERRET, *Rec.*, II, 131; BRUGSCH, *Æg.*, p. 163); — etc.

[6] *Chants à Ptah*, du desservant Nofri-abou, au Brit. Mus. (BIRCH, *Coll. Belmore Tablets*, 1813, pl. 7; PIEHL, *R. Tr.*, II, 111-112).

[7] *Stèle des architectes*, Souti et Hor (*R. Tr.*, I, 76-72; Stèle d'Anaouaa (MARIETTE, *M. D.*, pl. 57; DE ROUGÉ, *I. H.*, 48; PIEHL, *R. Tr.*, II, 71); Stèle d'Harmhabi au Brit. Mus. (Ed. MEYER, *Æ. Z.*, 1877, 148-157), etc.

[8] *Chap.* XV (LEFÉBURE, *Traduct.*, 1868). — Cf. Hymnes au Soleil levant ou couchant de Médinet-Habou (DARESSY, *M. H.*, p. 198).

[9] U. BOURIANT, *M. M. C.*, I, 1884; *R. Tr.*, XVIII, 121-187; BREASTED, *De hymnis in solem*, 1895; MASPERO, *H. Or.*, II, 322-23; BOURIANT-LEGRAIN-JÉQUIER, *Monuments pour servir à l'étude du culte d'Atonou en Egypte* (*Mém. Inst. fr. Caire*, VIII, 1903).

[10] Pap. de Berlin (DE HORRACK, *B. Eg.*, XVII, 33-53); *Rec. Past.*, II, 1873; de Leyde (LEEMANS, *Mon.*, III); du Louvre (DEVÉRIA, *Cat.*, III, 99; BRUGSCH, *Rev. Eg.*, I, 33); Bremmer du Brit. Mus. (PLEYTE, *R. Tr.*, III, 58-64).

[11] KAIBEL, *Epigrammata græca*, p. XXI.

[12] DARESSY, *R. Tr.*, 1905, XXVII, 82-93.

[13] Pap. Anastasi V, pl. IX, l. 2 à X, 2 (CHABAS, *Mél.*, I, 119; MASPERO, *H. au Nil*, p. 8-9; G. Epist., p. 23-26; GRÉBAUT, *H. à Râ*, p. 63-67; ERMAN, *Æg.*, p. 443-444).

Leyde[1], aux *Hymnes à Amon-Râ* du papyrus de Boulaq[2] et du temple de l'Oasis[3], aux *Hymnes à Ptah*[4] et à Râ-Harmakhis[5] des papyrus de Berlin, à l'*Hymne au Nil*, signé par l'écrivain Ennana[6]. Dans ces compositions la poésie et la pensée égyptiennes s'élèvent au plus haut. La morale trouve particulièrement son compte dans les invocations à Amon-Râ justicier[7].

Dans ces rituels, ces prières et ces hymnes, de perpétuelles allusions permettent d'esquisser une théologie et une mythologie égyptienne[8], de vérifier ou de rejeter les dires des écrivains classiques. Plus directement sous forme didactique ou narrative, certains écrits ou fragments contiennent des chapitres de la *Chronique des dieux*. Les hypogées de Sóti I et de Ramsès III conservent le mythe de la destruction des hommes par Râ[9]. Les murs d'Edfou racontent la légende d'Horus[10]. Une stèle rapporte le jugement de Sibou entre Horus et Sit[11]. On doit de connaître quelques

---

[1] Pap. de Leyde 344 v° (LEEMANS, *Mon. Mus. Leyde*, pl. 114-125; CHABAS, *Not.* = *Bibl. Eg.*, X, 140-141). — Pap. de Leyde 350 r° (LEEMANS, pl. 159-163; CHABAS, 161-162; GARDINER, *Æ. Z.*, 1905, XLII, 12-42.

[2] Pap. n° 17 (MARIETTE, *Pap. Boulaq*, II, pl. 11-13, p. 6-8; STERN, *Æ. Z.*, 1873, 74-81, 125-127; GRÉBAUT, *L'H. à Amon Rd : Rev. Arch.*, 1873; *Bibl. Ec. Hautes Et.*, t. XXI, 1876; GOODWIN, *Tr. S. B. A.*, II, 250-265 et *Rec. Past.*, 1873, II, 127-136; Cf. MASPERO, *H. Or.*, II, 496, 512-513).

[3] BRUGSCH, *Reise an der grossen Oase El-Khargeh*, pl. vii, p. 27-48; BIRCH, *Inscr. of Darius*, *Tr. S. B. A.*, V, 293-302; *Rec. Past.*, 1re s., 1876, VIII, 135-144.

[4] Pap. de Berlin, n° vi et vii (L. D., VI, 118-121; PIERRET, *Et. Eg.*, I, 1-19; CHABAS, *Choix de textes*, = *B. Eg.*, XIII, 443-454).

[5] Pap. Berlin n° v (L. D., VI, 115-117 A; CHABAS, *Bibl. internat. univ.*, 1870, I, 175 sqq.; *Choix de textes* [= *B. Eg.* XIII, 436-442]; MASPERO, *Rev. Bleue*, 1872, 463 [= *B. Eg.*, II, 454-457]; *H. A.*, 4e éd., p. 480-484; LUSHINGTON, *Rec. Past.*, 1re s., VIII, 129-134).

[6] Pap. Sallier II, pl. xi-xiv; Pap. Anastasi VII, pl. vii-xii (BIRCH, *Select Pap.*, pl. 21-23; 134-139; MASPERO, *H. au Nil*, 1868; *B. Eg.*, II, 458-460; *H. Or.*, I, 40-43; COOK, *Rec. Past.*, 1re s., IV, 105-111; AMÉLINEAU, *Bibl. H. Et.*, I, 345-371; GUIEYSSE, *R. Tr.*, XIII, 1-26; BRUGSCH, *Religion*, 629-641.

[7] Pap. Anastasi II, viii,5 à ix,3 (CHABAS, *Mél.*, IV, 59-64; REVILLOUT, *Actions*, 26); — 2° Pap. Anastasi II, vi, 4-7 et Pap. de Bologne 1094, II, §4 (MASPERO, *G. Ep.*, 80-81; CHABAS, *Mél.*, IV, pl. vii, p. 135, 168-172); — 3° Ostraca du Caire 21206-21215 (DARESSY, *Catal.*, p. 41-46; ERMAN, *Æ. Z.*, 1900, XXXVIII, 20-33; PIEHL, *Sphinx*, IV, 145-158).

[8] Cf. BRUGSCH, *Die æg. Græberwelt*, 1868; *Religion und Mythologie*, 1883 (Cf. PIERRET, *Religion et mythologie : Rev. ég.*, IV, 120-123; VI, 9-15, 124-129); etc. (voir *infra*, p. 6 du chap. v).

[9] NAVILLE, *Tr. S. B. A.*, 1875, IV, 1-19; VIII, 412-420; *Pr. S. B. A.*, 1885, XV, 93-95; *Rec. Past.*, 1876, VI; BERGMANN, *H. I.*, pl. lxxv-lxxxiii et p. 55-56; BRUGSCH, *Neue Weltordnung*, 1881, LAUTH, *Aus æg. Vorzeit*, p. 70-71; LEFÉBURE, *Æ. Z.*, 1883, p. 32-33; cf. MASPERO, *H. Or.*, I, 164-167; WIEDEMANN, *Religion*, p. 32-33.

[10] NAVILLE, *Le mythe d'Horus*, 1870; BRUGSCH, *Thesaurus*, III, 607-648, *Sage des Sonnenscheibe*, 1870.

[11] Stèle du Brit. Mus. n° 135 : SHARPE, *Eg. Inscr.*, I, pl. 36-38; GOODWIN, *Inscr. of Shabaka* (*Mél. de* CHABAS, III, 246-285); BREASTED, *Æ. Z.*, 1901, XXXIX, 39-54 et pl. i-ii).

traits de la chronique de Shou et de Sibou au naos de Aït-Nob-
sou[1], à un papyrus de Turin de savoir comment Isis déroba son
cœur à Râ[2]. Le *Livre des cinq jours en sus de l'année*[3] ou *Calen-*
drier des épagomènes, confirme certaines légendes sur la naissance des dieux. Le *Calendrier Sallier*[4] et d'autres[5] renseignent
sur certains détails du culte et des superstitions populaires. Les
écrits magiques de la stèle Metternich[6], du papyrus Harris[7], de
divers papyrus démotiques ou grecs[8], du papyrus gnostique de
Leyde[9], etc., édifient amplement sur ce sujet. Enfin la magie[10]
tient autant de place que la science dans les écrits médicaux[11].

Jusqu'ici ce ne sont point à proprement parler des écrits
moraux. Certains textes de papyrus offrent plus nettement ce
caractère. En 1860, Goodwin a fait une bibliographie complète
des papyrus connus en dehors des exemplaires du Livre des
Morts. Alors on possédait les papyrus Prisse, Anastasi, Sallier,
Orbiney, Abbott, Lee, Rollin, ceux de Leyde, etc..., mais combien
se sont ajoutés depuis ! Ce chapitre ne peut que tracer des cadres
et citer les principaux textes. Le papyrus Prisse[12] renferme la fin

---

[1] Guérin, *Judée*, t. II, p. 211; Griffith, *Antiq. of Tell-el-Yahudiyeh*, pl. 23-25, p. 76-72;
cf. Maspero, *Rev. crit.*, 1891, I, 44-46; *H. Or.*, I, 162-171.

[2] Pleyte-Rossi, *Pap. Turin*, pl. 31, 77, 131-138; Lefébure, *Un chapitre de la Chro-*
nique solaire, *Æ. Z.*, 1883, 27-33; cf. Maspero, *H. Or.*, I, 162-164.

[3] Pap. de Leyde 346 (Leemans, pl. 139-140; Chabas, *Notice* = *B. Eg.*, X, 145-147; *Le*
Calendrier, p. 101-107; Barucci, *Zeit. d. D. Morg. Ges.*, 1852, VI).

[4] Pap. Sallier IV (Birch, *Select. Pap.*, pl. 144-148; de Rougé, *Cg. phénomènes* (*R. Arch.*,
1re s., t. IX, 687-691 : *B. Eg.*, XXII, 363-369); Chabas, *Le calendrier des jours fastes*,
1870; cf. Maspero, *Contes*, p. LXIII et LXIX; Erman, *Æg.* p. 470.

[5] Calendrier de Palerme (Pellegrini, *Arch. stor. Sicil.*, n°s s., t. XX, 1896, f. 3-4;
Naville, *R. Tr.*, XXI, 105-123; Schæfer, *Bruchstück æg. Annalen*, 1902. — Calendriers
des temples de Dendérah, Edfou, Esnéh, Kom-Ombo, Médinet-Habou.

[6] Golénicheff, *Metternichstele*, 1877; Baruch, *Æ. Z.*, 1879, 1-13; Naville, *Religion*,
198-203.

[7] Pap. Brit. Mus. (Chabas, *Le Pap. mag. Harris*, 1860; *Mél.*, II, 1873, p. 212-278).

[8] Cf. bibliogr. des papyrus magiques gréco-égyptiens, par Hubert, art. *Magia* du *Dict.*
d'antiq. de Daremberg et Saglio, p. 1501.

[9] Pap. copte de Leyde 383 (Leemans, *Mon.*, I, 1-14).

[10] Cf. Budge, *Egyptian magic*, 1901; Wiedemann, *Magie und Zauberei im alten Ægyp-*
ten, 1905; Moret, *La Magie dans l'Eg. ancienne*, 1907 [Bibl. Guimet XX].

[11] 1° Pap. Londres (Birch, *Æ. Z.*, 1871, 61-64).— 2° Pap. Leipzig (Ebers, *Papyros Ebers*,
2 v. in-f°, 1865; Chabas, *Egyptologie*, 1875, 177-188; D' Joachim, trad., 1890).— 3° Pap. Berlin
(Baruch, *Rec.*, pl. 85-107, p. 101-120; Chabas, *Mél.*, I, 55-79). — 4° Leyde, I, 345 et 348
(Leemans, *Mon.* pl. 126-138, 149-151; Pleyte, *Et. Eg.*, I, 1866; Chabas, *B. Eg.*, X, 142-3,
153-9).— 5° Louqsor (Devéria, *Pap. jud.*, p. 137). — 6° Kahoun (Griffith, *Petrie papyri*,
I, pl. 6-7, p. 5-11; Maspero, *B. Eg.*, VIII, 412-419).

[12] Pap. Prisse, Ostracon Carnavon, Pap. du Brit. Mus. n° 10371 et 10135 : Paisse

des *Leçons de Kaqimna*, préfet sous le roi Snofrou de la
IIIe dynastie, et les *Leçons de Ptah-Hotpou*, préfet sous le roi
Assa de la ve dynastie. On suppose que ce ne sont là que
des attributions fictives et que l'ouvrage fut écrit et composé sous la xie dynastie : il renferme une série de maximes
de conduite détachées mais encadrées entre un début et une
conclusion.

Les *Instructions d'Amonemhâït* à son fils Sénouserit [1] sont une
autobiographie du premier roi de la xiie dynastie semée de quelques conseils sur le gouvernement absolu. Le principal manuscrit est du scribe Ennana qui a pu suivre librement un ancien
modèle : il vivait sous la xixe dynastie.

Le même scribe avait rédigé l'*Hymne au Nil*, et édité les
Instructions du scribe Douaouf-si-Khroudi à son fils Pépi [2],
dont les noms reportent vers la xiie dynastie. L'ouvrage commence par une *Satire des métiers* divers et se termine par quelques préceptes de morale.

Le papyrus de Boulaq IV [3] contient le plus développé de ces
recueils de préceptes moraux. Le scribe Ani a réuni pêle-mêle
un assez grand nombre de *Maximes* pour l'édification de son fils

D'Avennes, *Fac-similé*, 1847; Chabas, *Le plus ancien livre du monde) Rev. arch.*,
1858, XIV, 1-23); *Lettre sur le pap. Prisse (Æ. Z.*, 1870, 81-85; 97-100); Heath, *Proverbs
of Aphobis*, 1856; Lauth, *Sitzungsberichte der K. Bayer. Acad der Wiss.*, 1869, 530-
579; 1870, I, 245-276; II, 1-140; Virey, *Etudes sur le Pap. Prisse*, 1887 (*Bibl. des H^{tes}
Et.*, fasc. 70); Griffith, *Proc. S. B. A.*, XIII, p. 72-76, 145-147; Revillout, *R. Eg.*, VII,
193-198 ; *Moralistes (Bessarione*, 1905); Maspero (Cf. *H. A.*, 1895, p. 78-80; *H. O.*, I,
399-401), *R. Tr.*, XXXI, 147 sqq.; Jéquier, *Le Pap. Prisse*, 1910.
  [1] Pap. Sallier I, Sallier II et Pap. Millingen, Ostraca 5629 et 5638 du Brit. Mus., 25223
du Caire (Birch, *Select Papyri*, pl. x-xii; *Egyptian Texts*, p. 16 et 20; Dümichen, *Æ. Z.*,
1874, 30-35; Maspero, *Rec. Pasl*, 1874, II, 9-16; *Rec. Tr.*, II, 70 ; XVII, 61; Schack, *Die
Unterweisung des K. Am.*, 1883-1884; Amélineau, *R. Tr.*, X, 1888, p. 99-120; XI, 1889,
p. 100-116; Griffith, *The Millingen Papyri, Æ. Z.*, 1896, XXXIV, 35-51; Daressy
Ostraca, p. 52).
  [2] Khroedi (ou Kurti), fils de Douaouf, *Instructions:* Pap. Sallier II, pl. iii-xi et Anastasi VII, pl. i-vii (Birch, *Select papyri*, pl. xii-xxi); Ostraca du Brit. Mus. (Birch,
Inscr. hierat. and. dem., pl. xi), de Gournah (Daressy, *R. Tr.*, XVI, 128-129); — Cf.
Goodwin, *Cambridge-Essays*, 1858; Maspero, *Du genre épistolaire*, 1873, p. 48-73 (*Ec.
H^{te} Et.*, Coll. philolog., 7e fasc.); cf. *H. O.* I, 311-314, 331-332); Erman, *Ægypten*, passim.
  [3] Mariette, *Pap. de Boulaq*, pl. 15-23, 1871; De Rougé, *Moniteur*, 23 août 1861, et *C. R.
de l'Acad. des Inscr.*, 1871, p. 340-350; 1873, t. VII; Barucsu, *Æg. Zeit*, 1873, p. 49-58;
Chabas, *Les maximes du scribe Ani*, 1874; Amélineau, *La morale égyptienne*, 1892. —
Cf. Maspero, *Journ. de Paris*, 15 mars 1871; *Academy*, août 1871; *Lectures histor.*, p. 46
et passim; *Etudes égypt.*, I; *Guide*, p. 193-194; *H. Or.*, II, 502-503; Erman, *Ægypten*,
p. 513 et passim.

Khonshotpou[1]. Le recueil se termine par un échange de lettres ou plutôt de répliques. Il a pu être formé vers la xix° dynastie et copié vers la xxiii°.

D'autres maximes morales subsistent sur quelques pages de manuscrits démotiques du Louvre, traduits par MM. Pierret et Revillout[2], d'un papyrus de Pétersbourg publié par M. Golénicheff[3], et d'un papyrus hiératique de Leyde[4]. Vers les dernières heures de la civilisation égyptienne, sous la même forme didactique, Phibefhor, le dernier des moralistes égyptiens, comme l'appelle son éditeur, présente encore dans ses *Sentences* la sagesse traditionnelle, mais teintée de foi chrétienne[5].

Enfin mentionnons deux ouvrages de discussions suivies sous forme de dialogues. L'*Entretien d'un Égyptien avec son âme*, ouvrage de l'époque thébaine, conservé par le papyrus de Berlin III[6], étudié par MM. Maspero[7] et Erman[8], excite à envisager la mort sans frayeur, la vie sans dégoût. Le papyrus démotique 384 de Leyde[9] contient une œuvre de l'époque romaine, les *Entretiens philosophiques d'une chatte éthiopienne et d'un petit chacal koufi*, commentés par M. Revillout et traitant de la valeur du bien et du mal et des bases de la morale traditionnelle.

A ces recueils de préceptes ou de discussions théoriques, joignons un grand nombre de lettres de scribes, dont quelques-unes

[1] Par un lapsus, le scribe présente Ani tantôt comme père de Khonshotpou, tantôt comme son fils.
[2] Pap. Louvre, 2377 et 2414 (Bacxet de Paesles, *Notices des man.*, n°° 51 et 53; Pierret, *Rec. Tr.*, 1870, p. 40-46 et pl. 1; Devéria, *Catal. des man.*, 1875, p. 139; *Rec. Past.*, VIII, 157-160; Revillout, *Rev. égyp.*, I, 162-163 et *Oq. textes traduits*, 1893.
[3] Golénicheff, *Æg. Z.*, 1875, p. 107-111.
[4] Pap. de Leyde I, 344, R° (Leemans, *Monuments*, pl. 105-113; Chabas, *B. Eg. X*, 139-140; Gardiner, *Admonitions of an eg. Sage*, 1909.
[5] Pap. moral démotique de Leyde (Pleyte, *Mon. éq. de Leide*; Revillout, *Les drames de la conscience*, 1901 [*C.-R. Acad. Sc. mor.*]; Le premier et le dernier des moralistes, 1905, p. 27-93 [*Bessarione*]; Le pap. moral de L. [*Journal. Asiat.*, 1905-1908, V-XI, passim]. — Dans les deux premières de ces études, Revillout y a joint des fragments d'un auteur anonyme à peu près contemporain.
[6] *L. D.*, VI, 112, l. 1-156.
[7] Maspero, *Et. Eg.*, I, 73; *H. Or.*, I, 399.
[8] Eaman, *Gespræch eines Lebensmüden mit seiner Seele* (*Phil. hist. Abhandlg.*, Akad. Wiss. Berlin, 1896, II, 1-77).
[9] Leemans, *Mon. de Leyde*, II° partie, pl. 215 sqq.; Revillout, *Rev. Egypt.*, I, 1880; II, 1882; IV, 1885; VIII, 1898; *Trans. S. B. A.*, 1884, VIII, 1-19; *Notice des pap. arch.*, 1896, 497-499; *Moralistes*, 1905, 94-119; Mallet *Thèse*, 1886.

ont l'air d'exercices de style. Les sujets en sont fort divers : avis sur la conduite, ordres et recommandations de toutes sortes au sujet de leurs charges, ou comptes-rendus, nouvelles, récits de voyages, éloges de la profession de scribe et satire des autres métiers, panégyriques du roi, etc. Ces *Lettres* forment, en dehors des papyrus funéraires, la plus grande partie des collections Sallier et Anastasi du British Museum publiées par Birch[1], de la collection de Leyde éditée par Leemans[2], de celles de Berlin[3], de Bologne[4], de Turin[5], de Vienne[6], etc., étudiées ou traduites plus ou moins entièrement par Chabas[7] dans ses *Mélanges* et son *Voyage d'un Égyptien*, Maspero[8], Goodwin[9], Lauth[10], Lincke[11], Brugsch[12], Erman[13], Spiegelberg[14], etc. Nous citerons notamment les correspondances d'Amon-em-anit[15] et Amon-em-apit[16] avec leurs disciples Pentaour et Penbésa, d'Ennana avec Qagabou[17], de Kaouisar[18] avec Bok-ni-Ptah, de Mahou avec Pinem[19], etc., même des lettres de femmes[20].

D'autres papyrus ne renferment aucune part de théorie, mais

---

[1] Birch, *Select Papyri*, I, 3 p., 168 pl., in-f°, 1841-44. — Cf. Goodwin-Chabas, *Rev. Arch.*, 1860, II, 231-236 [= *B. Eg.*, X, 71-75].

[2] Leemans, *Monuments ég. du Musée d'antiq.*, II, pl. 98-184, 1853-1862; Chabas, *Notices sommaires* [*B. Eg.*, X, 131-171]; Cf. Goodwin-Chabas, *loc. cit.* p. 76-77.

[3] Lepsius, D., VI, 104-124; *Mitteilungen aus orient. Sammlung*, V-VI, 1891; *Hieratische Pap. aus d. K. Mus. zu Berlin*, I-V, 1901-1909. Cf. Chabas, *Pap. hiérat. de Berlin*, 1863; *Pap. Ausstellung d. K. Museen*, 1908; Erman-Krebs, *Aus den Pap. d. K. Museen*, 1899.

[4] *Pap. Bologne* n° 1086 et 1094 (Chabas, *Mél.*, III, 226-246; IV, 140-174; Lincke, *Correspondenzen*, 1878; Brugsch, *Æg.*, p. 254-255).

[5] Pleyte et Rossi, *Les pap. hiérat. de Turin*, 1869-1878.

[6] Vienne (Von Bergmann, *Hierat. und hierat.-demot. Texte der Sammlung æg. Alt. d. Kaiserhauses*, 1885-1887).

[7] Chabas, *Mélanges égyptologiques*, 4 v., 1862-1873; *Voyage d'un Egyptien*, 1866.

[8] Maspero, *Genre épistolaire*, 1872.

[9] Goodwin, *Hieratic Papyri*, Cambridge Essays, 1858; *Rec. Arch.* 1860-1861 [= *B. Eg.*, X, 63-105].

[10] Lauth, *Moses der Hebræer*, passim; Cf. Ebers, *Egypten und die Bücher Moses*, 1868.

[11] Lincke, *Correspondenzen aus der Zeit der Ramessiden*, 1878; *Altæg. Briefliteratur* 1879.

[12] Brugsch, *Dictionnaire*, 1867-82; *Ægyptologie*, 1891, passim.

[13] Erman, *Ægypten*, 1885, passim (index des citations).

[14] Spiegelberg, *Correspondance du temps des rois prêtres*, 1895.

[15] Pap. Sallier I, pl. 1 sqq.; Pap. Anastasi II et IV (*op. cit.* et de plus : Heath, *Exodus papyri*, 1855; Guieysse, *Rec. Eg.*, 1888, VI, 21-30; Revillout, *Rec. Eg.*, VIII, 17-32).

[16] Pap. Anastasi III et Pap. Anastasi IV.

[17] Pap. Anastasi IV, vii-ix; Pap. Anastasi VI.

[18] Pap. Leyde, I, 348 (Chabas, *Mél.*, IV, 120-139).

[19] Pap. Bologne 1094.

[20] *Ibid.* (Chabas, *Mél.*, III, 153, 155). Autres dans les papyrus de Vienne, etc.

montrent en action les idées des Égyptiens sur la conduite et la justice. Au premier rang, les *Papyrus judiciaires*. Celui de Turin[1], avec les papyrus Lee[2] et Rollin[3], fait connaître le procès de conspirateurs sous Ramsès III. Les papyrus Abbott[4], Amhurst[5], Salt[6], Mayer[7], sont des pièces du procès de pillage dans la nécropole Thébaine sous la xxᵉ dynastie. Le papyrus de Nofirabou à Berlin[8] et l'inscription de Mès à Saqqarah[9], font connaître la justice civile. Les papyrus du Sérapéum[10], le dossier du procès d'Hermias[11] comprenant les papiers d'une famille de prêtres pendant plusieurs siècles, pièces civiles et contrats démotiques et grecs, et bien d'autres papyrus semblables[12] méritent une place importante parmi les sources de l'histoire pour les derniers temps de l'Égypte indépendante. Les papyrus de Thèbes[13] et ceux du Fayoum[14], provenant d'archives diverses, officielles ou privées,

[1] Texte et trad. : DEVÉRIA, *Le pap. jud. de Turin* et les *Pap. Lee et Rollin* (J. Asiat. 1865-1868 = B. Eg., V, 97-251). — Trad. et études : CHABAS, *Mél.*, III, 1-47 ; LEPAGE-RENOUF, *Criminal Proceeding* (Rec. Past., 1ᵉ s. 1876, VIII, 53-65) ; ERMAN, *Äg. Gerichtsverfahren* (Æ. Z., 1879, p. 76-86) ; *Ägypten*, p. 206-209 ; BRUGSCH, *Gesch. Æg.*, 609-617.

[2] SHARPE, *Eg. Inscr.*, 2ᵈ s., pl. 87-88 ; CHABAS, *Pap. mag. Harris*, p. 189-174 ; *Mél.*, I, 9-10 ; DEVÉRIA, etc., *op. cit.*

[3] DEVÉRIA, etc., *op. cit.*

[4] Brit. Mus. n° 10221. Texte : BIRCH, *Select Pap.* II, 1-8. — Cf. Analyse : BIRCH-CHABAS, *Le pap. Abbot* (Rec. Arch., 1853, 1ᵉ s., XVI, 257-281 = B. Eg., IX, 275-303). Traduct. et études : CHABAS, *Spoliation des hypogées* (Mél. III, 1870, 1-172) ; MASPERO, *Enquête judiciaire* (Mém. Acad. I. B.-L., Sav. étr., 1ᵉ s., LVIII, 1874, p. 211-296) ; LAUTH, *Pap. Abbot* (Sitzungsb. d. Akad. Munich, 1871, t. I, p. 707-755) ; Cf. ERMAN, *Gerichtsverfahren* (Æ. Z., 1879, p. 81-83, 113-152) ; *Ägypten*, p. 190-193.

[5] Hartwell (BIRCH-CHABAS, *Mél.*, IV, 1-26 ; Æ. Z., 1879, 131-153.

[6] Bibl. Nᵃᵗ (CHABAS, *Mél.*, III, 173-201).

[7] Liverpool (GOODWIN, *Notes* (Æ. Z., 1873, 39-40 ; 1874, 61-65) ; SPIEGELBERG, *Studien zum Rechtswesen*, 1892 ; Translation of hieratic *Papyri Mayor A-B*, 1891.

[8] Pap. de Berlin 3047 (PASSALACQUA, *Catalog.*, p. 207 ; ERMAN, *Gerichtsverfahren*, Æ. Z., 1879, 71-76 ; *Aus den Pap.* 83-86).

[9] LORET, *Fouilles*, 1899, p. 11-12 ; Æ. Z., 1901, 1-10 ; MORET, Æ. Z., 1901, 11-39 ; GARDINER, *Untersuch.* de SETHE, 1905, IV, fasc. 3.

[10] Dispersés dans les Musées de Londres (PETRON, 1841 ; KENYON, 1893), Vatican (PETRON, 1841), Leyde (LEEMANS, 1843), Paris (BRUNET DE PRESLES, 1865).

[11] REVILLOUT, *Actes et contrats de Boulaq et du Louvre*, 1876 ; *Chrestomathie démotique*, 1878-1880 ; *Nᵗᵉˢ c.Arest. dém.* (Berlin, Vienne, etc.) 1878 ; *Parachistes et taricheutes* (Æ. Z. 1879-80) ; *Le procès d'Hermias*, 1ᵉʳ fasc., 1882 ; DARESTE, *Procès d'H.*, 1883.

[12] REVILLOUT, *Corpus papyrorum* (du Louvre) 1885 ; *Notice des papyrus démotiques archaïques*, 1896 ; *Cours de droit* (Personnes, 1884 ; Obligations, 1886 ; Actions, 1897-97 ; Propriété, 1897) ; *Mélanges sur la métrologie, l'économie politique et l'histoire*, 1895 ; Quirites et Egyptiens, 1902.

[13] Dispersés dans les musées du Caire et d'Europe. Voir ci-dessus, p. 28, n. 2 à 6. — Cf. CHABAS, *Mél.*. III et IV, 1870-73, passim : LIEBLEIN-CHABAS, *Deux pap. hiérat. de Turin*, 1868 ; SPIEGELBERG, *Studien und Materialien zum Rechtswesen*, 1892.

[14] Pap. de Kahoun et de Gorab (GRIFFITH, *The Petrie papyri*, 1897-1898 ; Cf. MASPERO,

de dépôts dans les tombes, ou de cartonnages de momies, et conte-
nant des papiers d'affaires, des comptes pour entrées et sorties,
des reçus, des recensements, des notes de surveillants, des rapports, un récit de grève [1], etc., etc., permettent à l'économie politique et à l'histoire des mœurs de suivre la vie égyptienne au jour
le jour depuis le premier empire thébain.

La vie réelle se retrouve encore, mais mélangée d'éléments étrangers, fantaisie, fiction, merveilleux, dans les poèmes et les contes
que nous a légués l'Égypte. La poésie trahit les sentiments familiers
dans les *Chansons d'amour* [2] et dans les chants de festins ou
Chants du harpiste [3], ainsi que dans les *Fables* [4], les *Satires des
métiers* [5] et autres satires [6]. Elle confine à l'histoire quand elle
célèbre un roi dans les *Chants royaux* de Sanouserit III [7], les

J. des Sav., 1897-1898 [*B. Ég.*, IV, 403-464]; Révillout, *R. Ég.* VIII, 148-177); — Pap.
grecs (Grenfell-Hunt, *Oxyrrhynchus Papyri*, 7 v., 1898-1910) *Teblunis Papyri*, 1902-1907;
Recenue laws of Ptolemy Philadelphus, pap. in the Bodleian Library, 1896; Reinach-
Spiegelberg-Ricci, *Pap. gr. et démot.*, 1905; etc.).

  [1] Chabas, *Mél.*, IV, 44-58 ; Spiegelberg, *Arbeiterbewegung*, 1895.

  [2] Pap. érotique de Turin : Pleyte et Rossi, *Pap. hiérat. Turin*, pl. 79-82; Chabas,
L'épisode du jardin des fleurs (*C.-R. de l'Ac. I.B.-L.*, 1874, II, 117-124 ; *Rec. of Past.*,
1876, VI, 151-156); Maspero, *Ét. ég.*, 1883, 217-230. — *Les chansons récréatives* du Pap.
Harris 500, pl. 9-15; Goodwin, *Tr. S. B. A.*, III, 380-388 ; Maspero, *Ét. Ég.*, I, 230-236;
Erman Ægypten, 518-521. — Daressy, *Ostraca*, p. 48, n° 25218. — Cf. Spiegelberg, *Neue-
Liebeslieder* (Festschrift für Ebers, 1897); W. Max Müller, *Liebespoesie*.

  [3] *Chants du harpiste de la demeure d'Antouf* : Pap. Harris 500, pl. xiv-xv et tombe de
Patenemhab à Leyde (Goodwin, *Tr. S.B.A.*, III, 333-337; *Rec. of Past.*, IV, 116-118; Mas-
pero, *Ét. Ég.*, I, 177-185; *Commentaire sur Hérodote* [*Ann. Ét. gr.*, 1876, 190 = *B. Ég.*,
VII, 407-403]; Erman, *Ægypten*, 516-517; Leemans, *Catal.*, 134-140; *Mon.*, III, pl. 12;
Wilkinson, *Manners*, I, 493). — *Chant du harpiste de Nofirhotpou* (Dümichen, *H.-I.*, II,
40; Stern, *Æ. Z.*, 1873, 58-63, 72-73; 1875, 174-175; *Rec. Past.*, 1° s., VI, 127-130 ; Lauth,
Sitzb. Akad. Munich, 1873, 577-580; Maspero, *Ann. Ét. gr.*, 1876, 18? [= *B. Ég.*, VII,
405]; *Ét. Ég.*, I, 164-177; Bénédite, *M. M. C.*, V, pl. 4, p. 529-531 et 505-510 ; Erman,
Ægypten, 517-518).

  [4] *Les membres et la tête* : tablette Drovetti à Turin (Maspero, *Ét. Ég.*, I, 260-264).
— *Le lion et le rat* : Pap. de Leyde, I, 334, p. xviii (Leemans, *Mon.*, I, pl. 223; Zündel,
Esope juif ou égyptien (*Rec. arch.*, 2° s, III, 354-369); Lauth, *Thierfabeln* (*Sitzb. Ak.
Münch*, 1868, I, 357-358; II, 43-51); Batcsch, *Rec. arch.*, 1878; *Æ. Z.*, 1878, 47-50, 87).—
Autres dans les Entretiens de la chatte et du chacal; même papyrus; Révillout, *R. Ég.*,
I, 153-159; IV, 82-83.

  [5] Voir les *Instructions de Douaouf-si-Khrond* (ci-dessus, p. 26, n. 2), quelques autres
mêlées aux correspondances des Papyrus Sallier II et Anastasi III, IV et V (Cf. Maspero,
G. Ep. 38-47; et op. cit. supra, p. 28, n. 1) et l'Ostracon de Florence 2619 (*Æ. Z.*,
1880, 96).

  [6] *La satire du harpiste* ; Pap. démot. de Vienne, n° 31 (Révillout, *R. Ég.*, III, 98-100,
pl. 2-3; *Poème satirique [contre] Hor-ufa*, 1885; Krall, *R. Tr.*, V, 76-85; Batcsch,
Æ. Z., 1888, 1-32).

  [7] Griffith, *Petrie Papyri*, I, pl. 1-3 et p. 1-3; Maspero, *J. des Savants*, 1897, p. 203-210
(= *B. Ég.* VIII, 406-410).

Chants triomphaux d'Aménôthès[1], de Thoutmès III[2], de Séti I[3]
et de Ramsès III[4], ce qu'on nomme les *Décrets des Dieux* Ptah
ou Amon en faveur de Ramsès II[5] ou Ramsès III[6], les *Chants de
victoire* de Ménéptah[7] et de Ramsès III[8], les poèmes épiques comme
le *Poème de Pentaour* en l'honneur de Ramsès II[9]. Les *Contes*

---

[1] Hymne aux quatre points cardinaux : Stèle Flinders Petrie, 1. 26-31 (PETRIE, *Six temples*, pl. 11-12 ; SPIEGELBERG, *Ib.*, p. 25-26 ; R. *Tr.*, XX, 43 et 46-47).

[2] Chants parallèles : Stèle de Karnak au Caire n° 127 (L. *D.*, III, 4 ; MARIETTE, *Rev. d'arch.*, 1860, XVII, col., 59-60 ; *Album de Boulaq*, pl. 32 ; *Notice de Boulaq*, 3e éd. p. 78-80 ; *Karnak*, pl. 11 ; DE ROUGÉ, *Rec. arch.*, 1861, p. 5-31 ; BIRCH, *Archæologia*, XXVIII, 374 sqq. [= *Rec. Past*, 1e s., II, 29-34] ; MASPERO, *G. Ep.*, 88-89 ; *Guide*, 72-74 ; *H. Or.*, II, 267-270 ; BRUGSCH, *Gesch.*, 332-356 ; WIEDEMANN, *Gesch. d. XVIII dyn.*, 74-76 ; PIEHL, *Pr. S. B. A.*, 1892-93, XV, 259-261 ; SETHE, *Urkunden*, IV, 610-619) ; — 2e stèle de Karnak (LEGRAIN, *Ann. Serv.*, V, 17-20 ; Sethe, *Urkunden*, IV, 619-624).

[3] Les 2 : Karnak, mur N. (CHAMPOLLION, *Not.* p. 93-97 et 106-112, *Mon.* pl. 294 ; ROSELLINI, *Mon. stor.*, 60-61 ; L. *D.*, III, 129 ; BRUGSCH, *Rec.*, 50 b c d ; MASPERO, *G. Ep.*, 90 ; GUIEYSSE, *R. Tr.*, XI, 61-67, 76-77).

[4] Les 2 : Médinet-Habou, 1er pyl. N. et S. (L. *D.*, III, 210 a ; DÜMICHEN, *H. I.*, pl. 11-12, 16-17 ; DE ROUGÉ, *I. H.*, 109-113 ; CHABAS, *Études*, 115 ; BIRCH, *Rec. Past*, 1876, VI, 17-20 ; DARESSY, *Méd.-Habou*, p. 61-62, 71-73, cf. p. 51 ; BREASTED, *A. Rec.*, IV, 76-77).

[5] Ibsamboul (CHAMPOLLION, *Mon.*, pl. 38 ; *Not.*, p. 610 ; ROSELLINI, *Mon. stor.*, pl. 103 ; REINISCH, *Chrestom.*, 13 ; L. *D.*, III, 194 ; NAVILLE, *Le Décret* [*Tr. S. B. A.*, 1880, VII, 117-138 = *Rec. Past*, 1881, XII, 81-92] ; BRUGSCH, *Gesch.*, 537-540 ; BREASTED, *A. Rec.*, III, 173-182).

[6] Médinet-Habou, 1er pyl. Sud (CHAMPOLLION, *Mon.*, 201 ; ROSELLINI, *Mon. Stor.*, 123 ; L. *D.*, III, 209 e ; *Text.*, III, 170 ; DÜMICHEN, *H. I.*, 7-10 ; DE ROUGÉ, *I. H.*, 131-138 ; NAVILLE et BRUGSCH, *loc. cit.* ; DARESSY, *Méd.-Habou*, p. 64-68 ; BREASTED, *A. Rec.*, IV, 78-80).

[7] Karnak, Memphis, Athribis (CHAMPOLLION, *Not.*, II, p. 193 ; L. *D.*, III, 199 a ; BRUGSCH, *Géogr.*, I, pl. 35 ; DÜMICHEN, *H. I.*, I, 26 ; MARIETTE, *Karnak*, pl. 52-55 ; DE ROUGÉ, *I. H.*, pl. 179-198 ; *Attaques*, p. 6-13 [*Rec. arch.*, 1867, II, 43-50] ; LAUTH, *Z. d. M. Morg. Ges.*, 1867, XXI, 652-699 ; BIRCH, *Rec. Past.*, 1e s., IV, 37-48 ; CHABAS, *Études*, 2e éd., 191-201 ; *XIXe d.*, 81-92 ; BRUGSCH, *Gesch.* 507-577 ; LEGRAIN, *Ann. Serv.*, 1903, IV, 2-6 ; MASPERO, *Æ. Z.*, 1881, 118 ; 1883, 65-67). — Inscr. du Ménéptahium (PETRIE, *Egypt and Israel* [*Contemp. Rev.* n° 363, p. 622] ; *Six temples at Thebes*, pl. 13-14, p. 26-28 ; SPIEGELBERG, *Sitzb. Akad. Berlin*, 1896, XXV, 593 sqq. ; *Æ. Z.*, 1896, 1-25 ; NAVILLE, *R. Tr.*, XX, 32-37 ; BREASTED, *A. Rec.*, III, 256-264). — Pap. Anastasi II, pl. iv-v, et III, pl. vi-vii ; MASPERO, *G. Ep.*, p. 82-83 et 77-78 ; CHABAS, *XIXe d.*, 93-94 ; *Et.*, 219-220 ; DE ROUGÉ, *Attaques*, p. 31.

[8] Médinet-Habou : An V (2e pyl. S.-O.) ; BURTON, *Exc.*, pl. 43-45 ; CHAMPOLLION, *Mon.*, pl. 205-208 ; ROSELLINI, *Mon. Stor.*, pl. 130-141 et IV p. 85-91 ; DÜMICHEN, *H.-I.*, II, pl. 46 a ; CHABAS, *Et.*, p. 227-233 ; MASPERO, *H. Or.*, II, 459-461 ; CHABAS, *Médinet-Habou*, p. 108-116. — An VIII (2e pyl. N.-E.) : GREENE, *Fouilles*, pl. 1-3 ; DE ROUGÉ, *Notice*, p. 5-11 ; CHABAS, *Et.*, 246-253 ; BRUGSCH, *Gesch.*, 598-600 ; MASPERO, *H. O.*, II, 465-470 ; DARESSY, *M.-H.* 92-93. — Mésori an XI (1er pyl. S.-O. et N.-O.) ; DÜMICHEN, *H. I.*, I, pl. 18-19 et 22-27 ; LIEBLEIN, *R. Tr.*, I, 96-98 ; CHABAS, *Et.*, 239-243 ; DARESSY, *M.-H.*, 80-87. — Mékhir an XI (1er pyl. N.-E.) ; DÜMICHEN, *H. I.*, I, pl. 13-15 ; DE ROUGÉ, *Et.*, 121-126 ; CHABAS, *Et.*, 238-239 ; MASPERO, *H. O.* II, 471-482 ; DARESSY, *M.-H.*, 69-71.

[9] Textes : Karnak, mur S. (CHAMPOLLION, *Mon.*, II, p. 124, BRUGSCH, *Rec.*, 1862, pl. 29-32 ; MARIETTE, *Karnak*, pl. 48-51 ; DE ROUGÉ, *I. H.*, pl. 206-231) ; — Louqsor, pylone Sud (BRUGSCH, *Rec.*, p. 40-42), N. (DE ROUGÉ, *I. H.*, pl. 232-238) ; — Abydos (MARIETTE, *Ab.*, II, pl. 4-5) ; — Pap. Sallier III, Brit. Mus. (CHAMPOLLION, *Lettres*, 2e éd. p. 21 ; BIRCH, *Sel. Pap.*, pl. 21-34 et p. 3-4 ; SALVOLINI, *Campagnes de Ramsès*, 1835) ; Pap. Raifet, Louvre (DE ROUGÉ, *R. Tr.*, I, pl. 1). — Trad. DE ROUGÉ, *Le poème de P.*, 1856 ; R. *Tr.*, I, 1870, 1-9 ; R. *Eg.*, 1883, II-VIII ; GOODWIN, *Cambridge Essays*, 1838, p. 239-243 ; BRUGSCH, *Hist.* 140-145 ; *Gesch.*, 501-513 ; LUSHINGTON, *Rec. Past.*, 1e s., II, 65-78 ; MASPERO, *H. O.*, II, 393-398 ; BREASTED, *Battle of Kadesh* ; *A. Rec.*, III, 135-142.

appartiennent à tous les âges, depuis la xii° dynastie, sinon l'ancien empire, jusqu'à l'ère chrétienne, sans parler des contes coptes et des vies de saints de l'Egypte chrétienne[1], MM. Maspero[2], Petrie[3], Wiedemann[4], en ont traduit ou réuni un grand nombre, plusieurs édités récemment[5]. Pour une histoire des faits, sans doute des des contes n'ont point de valeur; mais ce sont des documents de premier ordre pour une histoire des mœurs.

Enfin la morale peut tirer grand parti des inscriptions historiques[6] ou biographiques[7] que renferment les tombes et les

---

[1] AMÉLINEAU, *Contes et romans de l'Eg. chrétienne*, 2 vol., 1888 (Coll. de *Contes populaires*, XIII-XIV) ; *Monum. pour servir à l'histoire de l'Eg. chrétienne*, S¹ Pakhôme, 1888, II, S¹ Paul, etc., 1895 (*M. M. C.*, IV, 2° f. = *Ann. Mus. Guimet*, XVII, XXV); *Le patriarche Isaac*, 1890 (Ec. d'Alger, II) ; *Hist. Lausiaca*, 1887 ; *Les moines ég.*, *Schnoudi*, 1889 (Bibl. Mus. Guimet) ; *Les actes des martyrs*.

[2] MASPERO, *Les contes populaires*, 1882 (Bibl. des litt. popul. IV, 2° éd. 1889, 3° éd. 1906. Chacun est précédé d'une bibliographie assez complète). — Citons brièvement : *Le conte des 2 frères* (Pap. d'Orbiney : *Sel. Pap.*, II, pl. 9-19 ; DE ROUGÉ, 1852) ; *Le paysan* (Pap. Berlin II et IV ; *L. D.*, VI, 108-110, 113-114 ; Pap. Butler, n° 527 ; CHABAS, 1863) ; *Khoufou et les magiciens* (Pap. Westcar : ERMAN, 1886) ; *Sinouhit* (Pap. Berlin 1 : *L. D.*, VI, 104-107 ; CHABAS, 1863) ; *Le naufragé* (Pap. St-Pétersbourg, GOLÉNICHEFF, 1881) ; *Thouti à Joppé* (Pap. Harris 500 : GOODWIN, 1874) ; *Satni-Khamois* (Pap. Boulaq n° 3 : MARIETTE, I, pl. 29-32 ; BRUGSCH, 1867) ; *La princesse de Bakhtan* (Stèle de Karnak, Paris, Bibl. N¹° : PRISSE, *Mon.*, pl. XXIV ; DE ROUGÉ, 1856) ; *Le Prince Prédestiné* (Pap. Harris, 500 : GOODWIN, 1874) ; Etc...

[3] FL. PETRIE, *Egyptian Tales*, 2 v., 1895 (2° éd. 1899).

[4] WIEDEMANN, *Altægyptische Sagen und Mærchen*, 1906.

[5] *La cuirasse* : 1° Pap. démot. Vienne (KRALL, *Neuer hist. roman*, 1897 ; *Demotische Lesestücke*, pl. 10-22, 1903 ; *Roman aus Zeit Petubastis*, 1902 ; MASPERO, *J. de Sav.*, 1898, 649-659, 717-731 ; REVILLOUT, *Le roi Petibastit II*, 1905), 2° Pap. de Strasbourg et Paris (SPIEGELBERG, *Sagenkreis des Petubastis*, 1910). — *Sénosiris* : Pap. 604, Brit. Mus. (GRIFFITH, *High Priest of Memphis*, 1900 ; MASPERO, *J. d. Sav.*, 1901, 473-503 ; *Contes*, 3° éd., 130-155).

[6] Mettons à part le *Pouillé de l'Egypte* et le *Discours du trône de Ramsès III*, contenus au Pap. Harris I (BIRCH, *Fac similé*, 1876 ; EISENLOHR (et LAUTH) *Der grosse pap. H.*, 1872 ; *Tr. S. B. A.*, 1872 ; (et BIRCH) trad. *Æ. Z.*, 1872-74 ; *Rec. Past.*, VI, 21-70 ; VIII, 5-52 ; CHABAS, *XIX° dyn.*, 1873, 1-75). — Citons encore à titre d'exemples : les *Annales de Thotmes III* à Karnak (*L. D.*, III, 30-32 ; CHAMPOLLION, *Not.* II, 154-158 ; BIRCH, *The Annals of Th. III*, 1853 ; MASPERO, *R. Tr.*, II, 48-56, 139-150 ; SETHE, *Urkunden*, IV, 615-763 ; etc.) ; celles de *Seti I* à Karnak (*ubi supra*) ; le *Bulletin de la bataille de Kodech* à Ibsamboul (CHAMPOLLION, *Mon.* 27-29 ; *Not.*, 65 ; L. D., III, 187 ; GUIEYSSE, *R. Tr.*, VIII, 126-132) ; la stèle de Piânkhi (DE ROUGÉ, *Chrest.* IV, 1876 ; SCHÆFER, *Urkunden*, III, 1-56) et les autres stèles éthiopiennes (MARIETTE, *Mon. div.*, pl. 1-10 ; MASPERO, *B. Eg.*, VII, 5-18 et 217-286 ; SCHÆFER, *Urk.*, III, 57-152 ; BUDGE, *Annals of Nubian Kings*, 1912).

[7] Entre beaucoup d'autres, celles des personnages suivants : — Sous l'Ancien Empire : *Amten*, fonctionnaire de la III° dyn. ; *Hirkouf*, sire d'Éléphantine ; *Ouni*, ministre des Papi ; — Sous les X° à XIII° d.: les princes de Siout, *Hapizaoufi*, les *Khiti*, *Téfabi* : ceux de Berchéh, *Thothotpou*, *Ahanakhti* ; ceux de Bénihassan, *Amoni*, *Khnoumhotpou*, *Nakhti* ; du thébarque *Montounsisou* ; des barons *Montouhotpou* et *Sahotpou-ab-Rà* ; — Sous le nouvel empire thébain : *Ahmès* fils d'Abina le marin et son cousin *Ahmès Pennékhabit* ; le vice-roi, prince de Thinis, *Antouf*, le gouverneur *Anna*, les guerriers *Amonemhabi* et *Harmhabi* ; les barons *Amnizeh* et *Tenna* ; le ministre *Amonhotpou-Houi* ; les thébarques *Rekhmard* et *Ramès* ; le prêtre *Nofirhotpou* ; le grand-prêtre d'Amon, *Bak-ni-*

temples à côté des textes religieux ou funéraires. On ne peut les citer tous. On les retrouverait, édités, étudiés et traduits, soit dans les recueils de textes et monuments transcrits sur place en Égypte[1] ou dans les Musées du Caire et d'Europe, soit dans les monographies de centres épigraphiques, ruines[2] et musées[3], soit dans les

Khonsou ; l'intendant Boka ; le baron Zodkhonsouaoufânkh : le ministre Haroua ; — Sous les Saïtes et les dynasties étrangères : le grand-prêtre de Saïs, Ouza-Hor-risinti ; celui de Troja. Ounnofir ; celui d'Alexandrie Pachéréni-Ptah , etc., etc. Leurs bibliographies se produiront par la suite.

[1] Description de l'Égypte, 1809-1813, 9 v. f° et 12 v. gr. f° [2° éd. 1821]. — YORSA, Hieroglyphica, pl., f°, 1825. — BURTON, Excerpta hieroglyphica, 4 fasc., 1825-1830. — ROSELLINI, Monumenti dell Eg. : I, Storici, 5 v. ; II, Civili, 3 v. ; III, Del culto, 1 v., 1833-44. — CHAMPOLLION le j., Monuments d'Ég., ol., 4 v. gr. f°, 1835-1845 ; Notices, 2 v., 1844-72. — WILKINSON, Manners and customs, 2°1, 3 v., (2° éd. 1878, par BIRCH). — LENORMAND, Musées des antiq. ég., 1844. — PRISSE D'AVENNES, Monuments Ég., 1847. — SHARPE, Eg. inscriptions from the Brit. Mus. and others sources, I, 1837-1841 ; II, 1854-55. — LEPSIUS, Auswahl der wichtigsten Urkunden des Æg. Alterth…ns, pl., f°. 1812 ; Denkmæler aus Æg., pl., 14 v., gr. f°, 1850-58 ; Text (NAVILLE, BORCHARD. S…THE), 6 v., f°, 1897 sqq. (PIERRET, Explication, 1er fasc., 1885). — GREENE, Fouilles à Thèbes, 11 pl., 1855. — BRUGSCH, Geograph. Inschr., 3 v., f°, 101 pl., 1857-60 (et DÜMICHEN), Recueil de Monum. ég., 4 v., f°, 307 pl., 1862-64 ; Thesaurus inscr. ég., 6 v., f°, 1882-1891. — DÜMICHEN, Kalendarinschr., 120 pl., f°, 1866 ; Histor. Inschr., 2 v., f°, 117 pl., 1867-69 ; Tempel Inschr., 2 v., f°, 160 pl., 1867 ; Resultate, 1869. — MARIETTE, Mon. divers recueillis en Eg., 107 pl., f°, 1868 ; Texte (MASPERO), 1889. — LIEBLEIN, Die æg. Denkmæler in Sanct-Petersburg, Helsingfors, etc., 1 v. 8°, 37 pl., 1873-75. — DE ROUGÉ, Inscr. hiérogl. copiées en Eg., 4 liv., 4°, 1877-79. — VON BERGMANN. Hierog. Inschr., 84 pl., 1879. — WIEDEMANN, Hierat. Texte aus den Museen zu Berlin und Paris, 84 pl., 1879. — REVILLOUT, Actes et Contrats de Boulaq et du Louvre, 4°, 1876 ; Chrestomathie démotique, 4 fasc., 4°, 1875-1880 ; Nle Chrest. dem., f°, 1878 ; (et EISENLOHR), Corpus papyrorum Æg., 3 t., 1885-1892 ; Notices des pap. démot., 1 v. f°, 1896. — PIEHL, Inscr. hiérogl. recueillies en Europe et en Eg., 3 t., 6 v., 1885-1895. — GRIFFITH, The Petrie Papyri, f°, pl., 1898. — DE MORGAN, etc., Catalogue des Monuments et Inscr. de l'Eg. antique, 3 v. f°, 1894-1902. — SPIEGELBERG, etc. Æg. Grab und Denksteine aus süd-deutschen Sammlungen, 3 v. 4°, 1902-1903. — STEINDORFF (SATHE-SCHÆFER), Urkunden der æg. Alterthums, 1903, sqq.

[2] MARIETTE, Abydos, 3 t. f°, 1869-80 ; Dendérah, 1 v. 4°, 5 v. pl. f°, 1870-75 ; Karnak, 4°, pl. f°, 1881-86 ; Deir el Bahari, f°, 1877 ; Sérapeum, 1 v. f°, 1857 ; 1 t. 4°, 1882-83 ; Mastabas, f°, 1881-86. — DE ROUGÉ, Edfou, f°, 1880. — NAVILLE, Pithom, 1885 ; Bubastis, 2 v. 4°, 94 pl., 1891-92. — MASPERO, Pyramides de Saqqarah, f°, 1882-1894. — PETRIE, Tanis, 2 v. f°, 70 pl., 1885-88 ; Naucratis, 2 v. f°, 1887 ; Deshashe, 1 vol. 4°, 1898 ; Dendérah, 38 pl., 1899 ; Abydos, 2 v. 4°, 1902-1904 ; Diospolis parva, 1901 ; Memphis, 1909. — GRIFFITH, Siut und Deir Rifeh, f°, 2 pl., 1889. — ROCHEMONTEIX-CHASSINAT, Edfou, 1891-1894. — BÉNÉDITE, Philæ, 1893. — NEWBERRY et GRIFFITH, Beni-hasan, 4 vol. 4°, 1893-1900 ; El-Bersheh, 2 v. 4°, 57 pl., 1894-95. — GAYET, Louxor, 4°, 1894. — DARESSY, Louxor, 8°, 1893 ; Notice de Médinet-Habou, 8°, 1897. — QUIBELL, Ramesseum, I (et GRIFFITH), 4°, 44 pl., 1898 ; II (et SPIEGELBERG), Ostraca, 54 pl., 1898 ; El Kab, 27 pl., 1898 ; Hieraconpolis, 2 v., 89 pl., 1900-1902. — NAVILLE, Deir el Bahari, 5 v. f°, 136 pl., 1893-1901. — DAVIES, Sheikh-Saïd, f°, 3 pl. 1901 ; Deir el Gebrawi, f°, 26 pl., 1902.

[3] Paris, Louvre : CHAMPOLLION, Notice, 1827 ; DE ROUGÉ, Notice sommaire, in-16, 1855 ; PIERRET, Rec. d'Inscr., 2 v. f°, 1874-1878 ; MASPERO, Papyrus du Louvre, 1883 ; GAYET, Stèles de la XIIe dyn., 8°, 50 pl., 1886-89. — Bibl. Nle : LEDRAIN, Mon. ég., 3 liv. 4°, 1879-1881. — Leide : LEEMANS, Æg. monumenten, 2 v. 8°, 1839-46 ; atlas, 35 livr., f°, 1830-1905 ; Description, 8°, 1840 ; HOLWERDA (A. et J.) et BŒSER, Beschreibung, 2 v. in-f° sqq. 1906-1909. — Turin : ORCURTI, Catalogo illustrato, 1852 ; FABRETTI, Rossi et LANZONE, Catalogo antiquita Eg., 2 v. f°, 1882-88 ; PLEYTE-ROSSI, Pap. hieratici, 1869-1878. — Berlin : LEPSIUS, Verzeichniss der æg. Alterthämer, in-12, 1879 ; Wandgemælde, 1879 ;

collections de publications égyptologiques [1], soit dans les diverses revues consacrées à l'égyptologie [2] ou lui accordant une large hospitalité [3].

ERMAN, *Ausführliche Verz.*, in-12, 1894; *Aus den Papyrus*, 1899; Generalverwaltung : *Mittelungen aus d. orient Sammlung*, 1889 sqq., f°; *Æg. Alterthämer*, 2 v., 138 phot. f°, 1895-1897; *Hieratische Papyrus*, 5 v., f°, 1901-1909; *Æg. Inschriften*, 4°, 1901, sqq. — Londres, British Museum: YORKE-LEAKE, *Mon. ég. du Br. M.*, 1827; SHARPE, *Eg. Ins.*, 1837-1855; ARUNDALE et BONOMI (BIRCH), *Gallery of (Eg.) antiq.*, 4°, 57 pl., 1844; BIRCH, *Eg. Antiquities*, 1838; *Select Papyri*, 1844-44; *Collection Belmore (Tablets; Papyri)*, 1843; *Inscr. in hieratic and demotic character*, gr. f°, 1868; *Synopsis (Eg. rooms, Vestibule)*, 1874; *Guide*, 1879; BUDGE, *Hierog. Texts*, 1911. — Florence: MIGLIARINI, *Indication succincte des Mon. ég.*, 1859; BEREND, *Principaux mon.*, I, 8°, 8 pl., 1882; SCHIAPARELLI, *Catalogo*, 4°, 1887. — Bologne: ROSSI, *Catalogo*, 4°, 1871. — Le Caire: MARIETTE, *Notice du Musée de Boulaq*, 1864; *Album*, 40 pl., 1872; MASPERO, *Guide au M. de Boulaq*, in-16, 1883; *Guide au M. du Caire*, 1902 [4° éd. angl. 1908]; VIREY, *Notice du M. de Gizeh*, 1893; Divers : *Catalogue général des Antiq. du M.*, 50 v. 4°, 1904-1910, sqq.

[1] *Mélanges ég.* (CHABAS), 4 v., 8°, 1862-1873. — *Etudes égyptologiques* (PIERRET, E. DE ROUGÉ, REVILLOUT, etc.) 16 v., 4°, 1873-1880. — *Mémoires de la Mission archéologique F** du Caire (M. M. C.)*, (MASPERO, LEFÉBURE, BOURIANT) 19 t. 44 v. f°, 1884-1904. *Mémoires de l'Institut français d'archéologie orientale au Caire* (CHASSINAT), 29 v., 1900-1910, seq. — *Bibliothèque égyptologique* (MASPERO), 31 t., 8°, 1893-1911 seq. — Passim, dans *Bibliothèque des H** Etudes*, 1869 seq.: *Annales du Musée Guimet*, 1880 seq. etc. — *Records of the Past*, 1° série (BIRCH) 1873-81, t. II, IV, VI, VIII, X, XII; 2° s. (SAYCE) 1888-92, t. II-VI. — *Egypt Exploration Fund: Memoirs*, 29 t. 4°, 1885-1910 seq.; *Archæological Survey* (GRIFFITH), 11 t. 4°, 1893-1902 seq; *Annual Arch. Reports*, 1890-1, sqq. — *Egyptian Research Account* (QUIBELL), 16 v., 1898-1909 seq. — *Untersuchungen zur Geschichte und Altertumskunde* (SETHE), 5 v. 4°, 1896-1910 seq. — *University of California publications* (REISNER), 3 v., 1908-1909.

[2] *Zeitschrift für äg. Sprache und Altertumskunde* (Æ. Z.: LEPSIUS, BRUGSCH, ERMAN, STEINDORF), 48 v. 4°, 1863-1910 seq. — *Recueil de travaux relatifs à l'archéologie et la philologie ég. et assyr.* (MASPERO), 37 v. f°, 1870 à 1899-1910, seq. — *Mélanges d'archéologie ég. et assyr.* (DE ROUGÉ), 3 v., f° 1873-18... — *L'Egyptologie* (CHABAS), 2 v. 4°, 1874-77. — *Sphinx* (PIEHL, ANDERSON), 15 v. 8°, 1897-1911 seq. — *Revue égyptologique* (REVILLOUT), 10 v. 4°, 1880-1902, seq. — *Le Musée égyptien* (GRÉBAUT, MASPERO), 1 v. 1890-1900. — *Annales du Service des Antiquités de l'Eg.* (LORET, MASPERO), 12 v., 1900-1911, seq. — *Bulletin de l'Institut français d'archéologie orientale*, 10 v., 1902-1911, seq.

[3] *Revue archéologique*, 120 v., 8°, 1844-1911 seq. — *Journal Asiatique*, 160 v., 1822-1911, seq. — *Zeitschrift der Deutschen Morgenländischen Gesellschaft*, 65 v., 1846-1910. — *Actes des Congrès internat. des Orientalistes*, 17 c., 1872-1910. — *Revue critique d'hist. et de litt.* 68 v., 8°, 1877-1904 seq. — *Revue de l'hist. des religions*, 62 v., 8°, 1880-1910 seq. — *Transactions of the Society of Biblical Archæology* (RYLANDS), 9 v. 1872-1893. *Proceedings*, 26 v., 1878-1904 seq. — *Transact. of the R* Soc* of Literature*, 2° s. — *Comptes rendus* ou *Mémoires de*: l'Académie des Inscriptions, des Académies des sciences de Berlin, Amsterdam, Münich, Vienne, des Sociétés des Sciences de Saxe, de Gœttingue, de Châlon-sur-Saône, etc., etc.

CHAPITRE III

MORALE THÉORIQUE ET MORALE PRATIQUE

Dans cette revue des sources où puisera une étude sur les idées morale de l'Égypte, une chose frappe : c'est l'absence d'un livre de morale à proprement parler. Aucun ne professe explicitement un système de morale ; aucun ne révèle la préoccupation de rattacher à un principe commun toute une série d'actes ; aucun ne décèle une analyse raisonnée des idées de moralité des actes, d'obligation des devoirs, de sanction des transgressions à la loi morale. Nous y voyons seulement (et c'est là déjà une suffisante matière d'études) des individus récompensés et d'autres punis, des actes approuvés, recommandés ou vantés, d'autres blâmés et signalés comme dangereux ou mauvais. Mais rien de semblable à un traité de Platon ou de Cicéron.

Le *Livre des Morts* est un recueil de prières, d'hymnes et de formules magiques. Sans doute il renferme sur la religion de très nombreux et très précieux renseignements ; mais il n'enseigne pas. Il nous instruit par voie d'allusion ; mais il ne ressemble à rien moins qu'à un exposé méthodique et à une série de chapitres régulièrement rangés. Il doit servir à des initiés ; il nous transporte *in medias res* et nous nous égarons à droite et à gauche sans fil conducteur. Quand un docteur prend soin de nous donner des explications, ses gloses se rapportent à tel ou tel détail, au hasard de la suite du texte. De même pour la morale ; on pourra recueillir de ci de là de précieuses indications, mais toujours dans le même état de morcellement.

Les divers livres de préceptes prennent une allure plus dogma-
tique. L'intention d'instruire les a dictés, il est vrai. Nous enten-
dons un moraliste qui professe, prescrit certaines manières d'agir
et blâme certains actes ou certaines habitudes. Cependant nous ne
tenons encore entre les mains qu'un recueil sans suite et sans
ordre. Oui, sans doute, il est encadré entre un préambule et une
conclusion où se montre une personnalité. Mais, au milieu, s'accumulent des préceptes sans lien entre eux : on pourrait en retrancher, en ajouter quelques-uns, les réduire presque à deux ou trois
ou en doubler, en multiplier indéfiniment le nombre, sans qu'il y
paraisse. Aucune idée générale ne préside à l'agencement ; aucun
plan n'est suivi ; aucune conclusion n'est le terme et le but vers
lequel tendent toutes les observations de détail.

A les juger par ces exemples, les Égyptiens ne semblent pas
avoir jamais formulé de vue d'ensemble sur la religion ou sur la
morale. Vraisemblablement ils n'en sentaient pas le besoin. L'esprit de méthode leur aurait donc manqué. Ils ne connaissaient
pas la dialectique qui part de définitions et de principes, desquels
elle tire toutes les conséquences par voie de déduction. Ils ignoraient également l'art de la généralisation scientifique : ils ne savaient pas classer une série d'observations et en extraire une loi
permanente, en distinguant la cause et la raison de tous les faits
rapprochés. Leur science s'était constituée autrement, leur morale
aussi. La philosophie n'existait pas encore, ou du moins la morale
n'en était pas une branche.

Les savants et les moralistes de l'Égypte ne se fiaient qu'à la
tradition, au bout de laquelle on n'eût pu retrouver que des tâton-
nements et les intuitions de l'instinct individuel. Le grand effort
de leur enseignement portait sur ce point, répéter bien exactement
les leçons des ancêtres.

Cette tradition même, comment s'était-elle formée ? Au jour le
jour, d'observations dont la justesse s'était fait sentir dans la répétition de circonstances analogues. Les Égyptiens, s'ils manquaient
de vue d'ensemble, et peut-être précisément à cause de cette disposition, étaient très observateurs de détails. Ils notaient tous les

événements dont ils étaient témoins, les faits qui piquaient leur curiosité[1]. Les collèges de prêtres faisaient gloire des archives de leur temple[2]. Souvent les monuments anciens les mentionnent[3]. Hérodote témoigne du soin avec lequel on relevait tous les phénomènes célestes[4]. Une pensée ingénieuse, une remarque utile jetée en passant s'enregistrait dans la mémoire; plus tard on la répétait comme d'un maître anonyme et elle entrait dans la tradition pour être citée à propos de tout ou de rien. Chacun, en la transmettant à d'autres, la modifiait quelque peu à son insu, soit à cause de la différence des occasions auxquelles il les appliquait, soit à cause de la différence de tournure d'esprit entre lui et le premier auteur. Ainsi volent de bouche en bouche les proverbes populaires, susceptibles d'interprétations multiples, mais d'ailleurs toujours applaudis malgré l'existence d'autres dictons qui les démentent : les uns et les autres reposent sur des faits, nombreux peut-être, mais imparfaitement classés et expliqués, et ils servent tour à tour selon l'occurence. Le tout forme une tradition, fragmentaire et instable malgré son apparente immutabilité.

Est-ce à dire qu'il n'y eût ni doctrines, ni écoles, ni livre? Non; nous avons des indices du contraire. Mais les livres ne ressemblaient sans doute point à des traités ; les écoles différaient comme centres géographiques d'étude et se groupaient autour d'un temple et non d'un système ; des doctrines existaient mais non des corps de doctrines.

---

[1] Zaïnni, chef du recrutement sous Thotmès III, dit : « *J'ai vu les victoires du roi... alors moi j'ai établi en écritures les victoires qu'il a remportées sur tous les pays, comme elles ont été faites.* » (MASPERO, *R. Tr.*, IV, 130; SCHEIL, *M. M. C.*, V, 59). De fait, on lit une partie des *Annales* de Thomès III, sur les murs de Karnak. — La pierre de Palerme contenait déjà une page des Annales de l'Ancien empire.

[2] « *Les prêtres avaient consigné l'histoire de tous ces rois dans les livres sacrés et transmis de toute antiquité à leurs successeurs. On y voit quelle était la puissance de chacun d'eux, quel était leur aspect physique et ce que chacun avait fait pendant son règne.* ». (DIODORE, I, 44). — Les livres de médecine attribués aux plus anciens rois, Housapatti, Khoufou, Menkari, témoignent, entre autres, de ces observations archaïques.

[3] Cf. notamment : Inscr. de Ramsès II à Abou-Simbel : « *Cela n'avait pas été entendu depuis les divines Annales cachées dans les archives.* » (Ap. BURTON, *Excerpta*, pl. xi, p. 27). — Pap. Anastasi I, p. 1, l. 7. — Inscr. de Séti Ier à Karnak (BRUGSCH, *Geog. Insch.*, II, pl. 23, c. 33).

[4] HÉRODOTE, II, 82 : « *Les Egyptiens ont observé plus de prodiges que tous les autres hommes ; car ils n'en laissent passer aucun sans l'examiner et prendre note de ce qui s'ensuit* ».

Pas de livres[1] ! Que faisaient donc, que lisaient, qu'écrivaient tous les scribes, basilicogrammates et hiérogrammates[2] de l'Égypte? De quoi s'occupait en particulier l'antique « *gouverneur de la maison des livres* »[3] ? Que renfermaient ces « *écrins à livres de la crypte de Thot* » recherchés par les rois[4] ?

Pas de livres ! Mais chaque temple ne possédait-il pas sa bibliothèque dans une salle à part ? La déesse Safekhit appelée quelque part « *Dame de la bibliothèque* », dit en parlant de la bibliothèque d'Abydos, dont elle-même avait posé les fondements : « *J'y transporte moi-même les grandes pensées de Thot ; j'y porte ses livres* »[5]. Diodore cite celle du Ramesséïon, dont il admira l'inscription : « *Officine médicinale de l'âme* »[6]. Nous-mêmes, nous pouvons lire sur les murs du temple d'Edfou[7] un catalogue de sa bibliothèque[8]. Nous possédons un livre qui se dit provenir de la collection des « *Ouvrages du Palais royal* »[9]. Même des particuliers, comme le prince Satni dans le roman de Sénosiris, ont leur bibliothèque privée, où les rouleaux de papyrus sont

---

[1] Sur les livres égyptiens, cf. DARESSY, *Bull. Inst. Eg.*, 1894.

[2] Sur les hiérogrammates, cf. DIODORE, I, 16, 70, 87 ; ELIEN, *Hist. animal.*, XI, 10 : EUSÈBE, *Prépar. évangél.*, IX, 8.

[3] « *Mour hâit ddit sekha* », titre d'un grand fonctionnaire de la VI° dynastie (L. D., II, 50 : DE ROUGÉ, *Six dyn.*, 73-74 ; MASPERO, *H. Or.*, I, 398). On trouve également des « maîtres ou gardiens en chef des livres » sous la XIX° d. (Cf. Anastasi, VI, 3, 15 ; Sallier, I, 3, 5 ; Orbiney, *in fine*). — Mais leur charge paraît avoir été surtout celle d'archivistes chargés de conserver des actes judiciaires ou administratifs du genre de ceux qu'énumèrent les papyrus de Berlin et de Vienne comme renfermés dans des cruches. — Sur les archives « *kha sekhaou* », cf. BRUGSCH, *Æ. Z.*, 1876, p. 1-4 et *Ægyptol.*, p. 217, 253 : ERMAN, *Ægypten*, p. 167 : SPIEGELBERG, *Studien*, p. 53-54 ; CAPART, *Esquisse du droit*, p. 33-34. — Un pap. de Turin mentionne la « *bibliothèque des millions de livres grands* » (PLEYTE-ROSSI, pl. 18, l. 9, p. 29).

[4] Tel Khoufou, d'après un conte, « *afin de s'en faire une copie pour sa pyramide* », (MASPERO, *Contes*, 3° éd., p. 31).

[5] MARIETTE, *Abydos*, pl. 50, l. 11. — NAVILLE, *Æ. Z.*, 1873, p. 30. — Le pap. Malcom se donne pour copié sur un exemplaire trouvé sous Aménôthès III « *dans la Bibliothèque d'Osiris à Abydos* ». BIRCH, *Æ. Z.*, 1871, 117.

[6] Ἰατρεῖον. (DIODORE, I, ch. 49). Au chap. 18, il dit que le grand juge, sculpté dans la grande salle du tombeau d'Osymandias, avait devant lui beaucoup de livres. C'est ce que confirme une peinture du tombeau de Rekhmarâ : on voit le préfet à son tribunal avec 40 rouleaux devant lui (VIREY, *M. M. C.*, V., pl. II et III, p. 26 ; NEWBERRY, *Rekhmará*, pl. IV, p. 25 ; REVILLOUT, *Mélanges*, p. 490-493).

[7] BRUGSCH, *Æ. Z.*, 1871, p. 44, sqq. — J. DE ROUGÉ, *Inscr. recueillies à Edfou*, II, pl. 121.

[8] A Dendérah, un tableau de la crypte 3 contient deux listes de livres qui devaient appartenir à sa bibliothèque. A celle du temple d'Héliopolis, fait allusion le *Livre des morts* (ch. XVII, l. 47-48) : « *Le grand chat qui est au bassin du perséa dans An....., c'est Shou, quand il agit dans la demeure des livres de Gahou et d'Osiris.* »

[9] Pap. des Heures, p. III, l. 7 (MASPERO, *Pap. du Louvre*, p. 73).

rangés dans des vases, comme les amphores en un sellier [1].

Pas de livres ! Mais les archives historiques, astrologiques, judiciaires de l'Égypte, grossissaient d'année en année ! Mais pour
se familiariser avec l'érudition égyptienne, le scribe Pancrate fait
gloire d'avoir passé 23 ans ; Clément d'Alexandrie compte 42 livres
comme formant l'encyclopédie de la science hiératique [2] ; les prophètes devaient en savoir par cœur dix, ceux qui avaient pour
objets la législation divine et la discipline des prêtres ; les hymnodes
devaient chanter les hymnes aux dieux et les préceptes applicables
à la vie d'un roi renfermés dans deux autres livres.

L'Égypte avait donc des livres. Mais comment étaient-ils consti-
tués ? Ou bien nous n'en possédons aucun ; tous sont perdus
comme le livre *Qémi* dont l'auteur de la *Satire des métiers* recommande l'étude à son fils pour y puiser la sagesse ; et il faut
attendre du hasard quelque heureuse révélation. Ou bien le *Livre
des morts* et les *Préceptes* du papyrus Prisse ou ceux du papyrus
de Boulaq nous en offrent le type. Or la vraisemblance de cette
dernière supposition s'appuye sur ce fait que beaucoup de stèles
funéraires semblent s'inspirer d'un formulaire commun qui ne
serait autre que l'un de ces livres [3].

Des écoles ! certes il en existait. Chaque temple, chaque ville
au moins avait la sienne [4], et le temps n'avait pu réaliser entre
toutes l'unité de vues. Déjà le glossateur du chapitre XVII du
Livre des morts accole, sans chercher à les concilier, des interprétations multiples d'un même texte. Plusieurs peuvent s'expliquer par de mauvaises lectures des scribes anciens, comme cer-

---

[1] « *Mon père Satni*, dit Sénosiris, *va aux chambres du rez-de-chaussée de ton logis,
et chaque livre que tu tireras de son vase, je te dirai quel livre c'est...* » (MASPERO,
Journ. des Sav., 1901, p. 481 : *Contes*, 3e éd., p. 141.)

[2] CLÉMENT D'ALEXANDRIE, *Stromates*, l. VI, 268 sqq. Cf. *Année encyclopédique* de MILLIN,
nov. 1818 : BRUGSCH, *Æg.*, 119.

[3] Le formulaire des Pyramides se répète de l'une à l'autre, puis 15 siècles après sur
des sarcophages thébains (*R. Tr.*, III et sqq.), et se retrouve enfin dans la chapelle
salle d'Améniritis à Médinet-Habou (*R. Tr.*, XXIII, 4-18) et dans un tombeau de la
XXXe dynastie à Saqqarah (*R. Tr.*, XVII, 17-25).

[4] Les hiérogrammates versés dans la connaissance des livres sacrés et de leurs enseignements liturgiques, magiques, astrologiques, médicaux, etc., formaient dans chaque
temple une compagnie dénommée la « *Double maison de vie* » ; leurs paroles et leurs
écrits faisaient autorité. (Cf. DE ROUGÉ, *Stèle de la Bibl. Imp.*, p. 71-99 ; MASPERO,
Contes, p. 173 et 174).

taines variantes qui contrairement à la tradition d'Héliopolis[1] placent à Héracléopolis[2] ou à Hermopolis[3] l'avènement de Râ[4] ; d'autres s'expliquent par les traditions de divers sanctuaires. Plus tard Jamblique, ou quel que soit l'auteur de l'ouvrage sur les *Mystères égyptiens*, constate une grande variété. Il oppose particulièrement les écoles idéalistes ou pneumatistes, auxquelles il se rattache, aux écoles matérialistes, dont se sont inspirés Manéthon, Hécatée d'Abdère et Chérémon. Mais n'était-ce point l'esprit grec qui réduisait en systèmes des éléments épars ?

La science du prêtre égyptien devait consister avant tout dans l'énumération des noms des dieux, et des vocables sous lesquels on peut les invoquer (comme les chapitres CXLI et CXLII du *Livre des morts* en offrent des listes), dans la connaissance de toutes les fêtes de l'année, des rites qu'elles exigeaient, parures à mettre aux dieux, cérémonies à exécuter, paroles à dire, gestes à faire, enfin dans le souvenir d'une explication quelconque à donner à propos de chaque détail des rites ou de chaque nom propre. Chacune de ces explications, étymologique, symbolique, théologique ou pseudo-historique, est empreinte de matérialisme ou de spiritualisme, parce qu'il faut bien qu'elle tienne de l'un ou de l'autre, comme tout langage est prose ou vers ; mais bien longtemps les prêtres Égyptiens ont dû philosopher ainsi sans le savoir. Cette métaphysique latente retentissait dans leur enseignement moral ; leurs préceptes, également sans qu'ils le voulussent, s'inspiraient d'une morale de l'intérêt ou d'une morale du devoir. Un système inconscient circulait sous toutes les réponses, mais n'arrivait pas à se formuler. Dégageons-le, si nous voulons ; c'est notre droit. Seulement ne perdons pas de vue que nous n'aurons rencontré que les matériaux disséminés, et que c'est nous qui édifions la théorie, et qui, par le couronnement que nous y ajoutons, faisons croire à la préexistence d'un plan d'ensemble.

---

[1] An du Nord (Matariyéh).
[2] Soutenkhenen ou Khenensouten (Hnès, Hénassiyéh).
[3] Ounnou ou Chmounou (Achmounéïn).
[4] *Cf.* MASPERO, *Proceed. Soc. Bibl. Arch.*, 1891.

Comment donc naquit la morale, ou plutôt la théorie morale ?
Voici ce qu'on peut imaginer.

L'instinct religieux précéda toutes les religions positives.
L'homme s'est trouvé écrasé en face de la puissance de la nature
et il a cherché des explications ; il a créé des dieux. Il a senti sa
dépendance ; et il a créé le culte. Il a senti le besoin pour sa
nature incomplète de s'élever vers un idéal de perfection et
d'amour ; et il a créé la mysticité. Toujours le besoin a créé
l'organe (comme disait un philosophe contemporain précisément
à propos des créances et des sentiments religieux). Tout au moins
le besoin a éveillé la faculté sommeillante, et, à travers des hési-
tations et des essais parfois ridicules, lui a fait trouver son mode
d'action le plus propre pour se satisfaire par une possession au
moins illusoire ou temporelle de son objet.

De même l'instinct moral précéda partout la science de la morale;
la moralité a précédé la règle formulée.

Certains sentiments moraux ont dû exister de tout temps, ou au
moins dès les origines lointaines de la civilisation, au delà des-
quelles nous ne cherchons pas à remonter : ainsi l'attachement
réciproque des parents et des enfants, ou celui de l'obligé au
bienfaiteur. On ne les remarque cependant qu'à la vue d'actes contraires. Des passions, qui n'ont pas besoin non plus pour agir d'être
déjà nommées et analysées, poussent à commettre des parricides
ou des actes d'ingratitude ; et c'est la répulsion naturelle, inspirée
par la vue ou le récit de ces actes, qui fait par contraste discerner
et nommer la reconnaissance ou l'amour filial. Même les sentiments et actes sont jusqu'alors instinctifs plutôt que moraux à
proprement parler, puisqu'on ne les a pas choisis et voulus en
vertu d'un motif conscient.

Les hommes, ayant distingué plus ou moins grossièrement leurs
sentiments bons ou mauvais, se sont fait part de leurs observations avec un but pratique, recommander les uns en blâmant les
autres ; ils ont formulé des préceptes. Puis, quand ils ont fait des
suppositions sur le but de la vie, ils ont établi une relation entre
ce but et leurs préceptes. A leur tour les préceptes formulés réa-

gissent sur la conduite. Des cas de conscience se posent. Les définitions premières ne suffisent plus. On s'est trompé ; on s'en aperçoit lorsqu'un nouveau progrès de la moralité échappe aux explications antérieures ; alors on se propose des explications et des théories nouvelles, croyant cette fois toucher la perfection. Surtout se transforment les idées qu'on se faisait sur l'origine et les fondements, sur l'idéal et la sanction de la morale. Souvent aussi on se contente de détourner le sens d'un mot, de modifier inconsciemment l'idée qu'il recouvre ; à combien d'idées correspond le mot « dieu » depuis le fétiche jusqu'à l'Idéal Éternel ! et combien de sentiments intermédiaires entre l'appétit brutal et l'extase désintéressée devant la beauté abstraite s'expriment par le mot « amour » ! Aujourd'hui encore, comme au temps de Cicéron et comme longtemps auparavant, la définition du bien et du mal est un problème aussi controversé que fondamental. Ainsi s'enrichissent de sens contraire les mots d'une langue, s'accumulent les théories et se masquent néanmoins les changements.

Toutefois, si aux faits nouveaux répondent les théories nouvelles, les anciennes suffisent toujours à expliquer les premiers faits observés. Aussi, soutenue par l'emploi permanent de mots identiques, les unes et les autres continuent à servir conjointement. En effet, si l'humanité progresse et tient pour acquis tout progrès effectué, chaque homme refait pour son propre compte le même chemin dans la voie de la moralité ; tel, dans le monde physique, le fœtus parcourt les principaux états intermédiaires depuis le protoplasma jusqu'à l'homme. A chaque étape de civilisation un peuple retrouve les instruments, le mobilier, les institutions de ceux qui l'ont précédé ; de même à chaque étape de la vie morale, l'individu use des conceptions et des raisonnements de ses devanciers, en passant à son tour par leurs épreuves et leurs luttes.

Ainsi, malgré l'apparente contradiction de très nombreuses défaillances individuelles, le progrès moral s'opère. En Égypte, il a précédé d'un long temps le progrès de la science morale ; il l'a suscité ; il en a été la cause, non l'effet.

L'absence initiale de théorie n'impliquait pas l'absence de sen-

timents moraux ; pas plus que l'existence de théories n'empêcha
jamais les actes immoraux. Dans notre société chrétienne et philosophique, il y a des assassins, des voleurs, des adultères, dont la
philosophie et le christianisme réprouve également les crimes. Il
y en eut de tout temps en Égypte, malgré les progrès de la morale.
Même les progrès de la civilisation donnent lieu, là comme ailleurs, à de nouveaux crimes, comme aussi à de nouvelles vertus,
et par suite à des analyses et des théories nouvelles. Pour juger
cette société, il faut tenir compte non seulement des infractions qui
s'y commettent mais aussi du blâme qu'ils y rencontrent, et, inversement non seulement des préceptes mais des exemples. Il ne
faut perdre de vue ni l'état moral moyen du peuple, ni les envolées
des sages qui tendent à en faire remonter le niveau. En effet l'équilibre de ces deux éléments est une condition essentielle du progrès constant ; si le peuple doit se guider sur le conseil des sages,
le philosophe doit s'éclairer par l'observation des mœurs. Quand
l'intelligence qui édifie la science morale veut marcher plus vite
que le sentiment qui dirige la conduite, elle risque d'opérer à
vide et de ne plus entasser qu'utopies et chimères. C'est ainsi que
la spéculation égyptienne a fini par se perdre dans des subtilités
nuageuses et infécondes. Mais avant d'en arriver là, que de progrès
réels ses sages, fameux à bon droit, avaient fait accomplir à
l'humanité !

Qu'étaient-ils donc ces sages si vantés ?

CHAPITRE IV

LE MORALISTE ÉGYPTIEN

———

Parmi les sages de l'Égypte, en connaissons-nous en particulier aucun que l'histoire ou la légende aient immortalisé comme Moïse ou Job, Socrate ou Épicure? Traditions et légendes populaires avaient bien conservé le souvenir de princes lettrés, savants, habiles dans toutes les connaissances de leur temps. C'était Hardoudouf, le poète pessimiste de méditations sur la mort. C'était Nénofirkaptah, l'archéologue qui passait sa vie à déchiffrer des stèles archaïques dans de vieux cimetières. C'était Satni-Khamoïs, le fils de Ramsès-Sésostris, sur qui nul ne l'eût emporté dans l'art de magie. Mais comment poètes et conteurs qui les nomment passeraient-ils pour de sûrs garants? Les érudits citeront bien encore comme auteurs d'ouvrages parvenus jusqu'à nous Kaqimna et Ptah-hotpou, Khrodi ou Ani; mais ils ne sont pas très sûrs que ce ne soient des personnages apocryphes. En tous cas, qui oserait dire que ce soient là aujourd'hui des noms populaires? Vivants, les sages Égyptiens s'abritaient sous le double voile de la tradition et du mystère; morts, ils y ont été ensevelis. La gloire qu'ils obtinrent dure encore, retentissante mais anonyme. Pour ressusciter le type de ces sages, force est donc de rapprocher des renseignements épars et des personnalités multiples.

L'auteur d'un des plus anciens recueils de préceptes [1] se pré-

---

[1] Il vivait sous Assa, roi de la V⁰ dynastie. Prisse pensait que le manuscrit de ses *Préceptes* provenait des fouilles qu'il avait faites dans la tombe d'un des Antouf de la XI⁰ dynastie.

sente à nous comme un très grand personnage. Voici comme après quelques plaintes sur la vieillesse et une invocation à la divinité, il fait les honneurs de sa propre personne : « *Le noble* » *seigneur, le divin père, aimé de Dieu, le fils du roi, aîné de* » *sa race, le préfet Ptah-hotpou* [1] » ; et, comme dernière recommandation, il rappelle les honneurs que lui a valus sa sagesse : « *Cela m'a fait sur terre gagner 110 années de vie, avec le* » *don de la faveur du roi parmi les premiers de ceux que* » *leurs œuvres ont fait nobles : en faisant la satisfaction du* » *roi dans une place considérée* [2]. » Kaqimna auteur d'un autre recueil plus ancien encore, était aussi préfet [3] ».

Cette haute position ne doit pas étonner. N'était pas sage n'importe qui, à la seule condition de réfléchir. Il fallait du loisir pour philosopher, et la puissance donnait seule le loisir et le crédit. Hors d'Égypte, Salomon écrivait sur son trône, et les premiers sages de la Grèce furent des potentats, tyrans comme Périandre, ou très riches citoyens comme Thalès. Socrate, disant à Ischomaque, bien avant Figaro, qu'il n'est pas nécessaire de tenir les choses pour en raisonner, semblait émettre un paradoxe : que le fils de la sage-femme méritât le nom de sage, seul le témoignage de la Pythie put accréditer nouveauté pareille. En Égypte, on considère que, pour raisonner des choses, il faut les tenir ; par sages, ce sont les grands qu'on entendra. Possédant seuls le pouvoir, seuls ils possèdent prudence et bon conseil ; ils sont savants parce qu'ils sont les maîtres.

Le mot *sart* « sagesse » [4], qui a pour synonymes *aqert* « perfection » et *mât* « vérité, justice » [5], dérive du mot *sar* [5] qui souvent alterne dans les textes avec le mot *ouer* « grand » [6].

---

[1] Pap. Prisse, pl. v, l. 6-7 (Virey, *Études*, p. 32) : *répat hd, noutir atef, noutir meri, souton si our ni khet-ouf, mour noutl sat.*

[2] *Ibid.*, pl. xix, l. 7 (p. 107).

[3] Il vécut sous Houni et Snofrou de la III° dynastie (Pap. Prisse, pl. ii, l. 9).

[4] Prisse (*Æ. Z.*, 1886, p. 81) cite une douzaine d'exemples complétant Brugsch (*Dict.*, IV, p. 1363), où le mot est en relation avec *nous-ro* conseils, *sekherou* desseins, *qalouou* qualités, *md hati* justice, *batou* qualités.

[5] On peut objecter que *sart* s'écrit souvent par le syllabique *sa*, et *sar* jamais, ou que les déterminatifs des deux mots ne se remplacent pas.

[6] Très souvent les deux mots sont écrits seulement par le déterminatif, ce qui permet de

Que l'on traduise leur nom par « sages », ou par « magistrats »[1]
ou par « fonctionnaires », les *sarou* étaient à la fois des personnages éminents dans l'État, les directeurs du peuple et les maîtres
de la sagesse. On les nomme parmi les énumérations de vivants
qui peuvent passer devant une stèle[2] ou respecter une donation[3].
Comme *our*, « grand », *sar* s'oppose à « petit ou vassal » *noxes*[4].
Mais la grandeur comporte des degrés ; sans doute un *sar* des
offrandes[5], ou un *sar* de l'atelier[6], ne sont pas de très grands
personnages. Quand les serviteurs du prince d'El-Kab Pahiri s'encouragent à travailler pour leur maître « *le sar* »[7], on peut se
demander s'ils le qualifient par rapport à eux-mêmes ou aux
grands de l'État. Mais on voit aussi qualifier *sar* le gouverneur
chef des constructions de Karnak sous Thotmès III[8], et de même
des nomarques de Thèbes[9] ou d'Abydos[10], des barons héréditaires[11] et des premiers ministres[12]. Les rois mêmes ne dédai-
gnèrent pas ce titre[13] : très anciennement ils le portaient jusque

---

lire l'un ou l'autre et augmente la confusion. Contrairement à Barcscu (*E. Z.*, 1871,
p. 25 et 83), Lepage-Renouf eût voulu qu'on lût toujours *our* (*E. Z.*, 1872, p. 78, n. 3) :
à l'exemple qu'il cite de Anebou-our (Dümichen, *R.* III, 82, a), on peut opposer celui de
Sar-Amon, écrit lui aussi tantôt phonétiquement (ses 3 coffres à Besançon) et tantôt par
le déterminatif seul (Pap. Luynes au Louvre). — Cf. Lieblein, *R. Tr.*, I, p. 89, d'après une
note de Chabas.

[1] Chabas (*Mél.* I, 13), lisant *ourou*, voit dans le mot *magistrat* un correspondant exact.

[2] « O vous vivants sur la terre, officiant, prêtre, scribe, prophète de double, *sar*,
hommes et femmes, etc... » Insc. de Hori, XII-XIIIe d., niche du Vienne (*R. Tr.*,
IX, 31).

[3] « Si un *sar*, si un message royal, transgresse ce décret... » Donation à Ptah par
Apriès (*Æ. Z.*, 1890, 103).

[4] « *Sar neb, noxes neb* » : Insc. d'Hapi-zouß, l. 30.

[5] « Le *sar* des oblations partit, et voilà qu'il vit les constructions. » Stèle du Louvre
C 12, l. 16-17, XIIIe d. (ou Horack, ap. Chabas, *Mél.*, IV, p. 205, pl. XIV). C'était une
sorte d'inspecteur des temples.

[6] « *Sar n khopesch* », stèle Louvre C 91 (Cf. Chabas, *Mél.*, III, 163).

[7] « *Bokou n pa sar* » (L. D., III, 10 ; Maspero, *E. Z.*, 1879, 59 ; Brugsch, *Dict. suppl.*
166).

[8] Tableau du tombeau de Rekhmarâ (L. D., III, 41 ; Brugsch, *Hist. d'Eg.*, p. 106 ; *Æ.
Z.*, 1876, 76-77 ; Virey, *M. M. C.*, V, pl. 17, p. 62).

[9] Inscr. du tombeau d'Amounizêh, XVIII[e] d. (*R. Tr.*, VII, 46).

[10] Stèle d'Amonisonbi, *métensa* ou censeur d'Abydos : Louvre C 12, l. 5 (Cf. *supra*,
n. 5) : « *Sar pen* », dit-il du *Zat mour noult*.

[11] Amonemhabi, *ropdt-hd*, s'intitule *mour sarou* (L. D., III, 119[c]. — Cf. 150[a]).

[12] Montouhotpou et Sehotpou-ab-Râ, XII[e] d., se louent comme « *sar* trouvant l'arrangement » : Stèles d'Abydos (Mariette, *Ab.*, II, 23, 24-26 ; III, n° 617 et n° 670, p. 111 et 183 ;
Daressy, *R. Tr.*, X, 144-149) à Boulaq (*Guide*, n° 125, p. 71). Cf. Leyde, stèle V, 4.

[13] Ptolémée Lagus est dit : « grand *sar* ». Insc. du Satrape, l. 3, 7, 13, 17 (Brugsch, *Æ. Z.*,
1871, 1-3) et *Chéchanq* « le grand *sar* des *sarou* ». Stèle d'Abydos (Brugsch, *ib.*, 85 ;
Mariette, *Ab.*, II, 36-37 ; III, n° 1235). Dans ces deux exemples il n'y a que le déterminatif.

dans l'autre monde [1], où il équivaut à celui de souverain [2]. Enfin
on le trouve même appliqué au dieu d'Héliopolis [3].

Peut-être le nom de *sar* ne donnait-il droit à exercer aucune
fonction particulière et ne constituait-il même pas une distinction
officielle comme celui d'ami (*semir*) ou de décoré du collier
(*sahou*); ce serait un terme générique ou vague, comme celui de
« grand », non un titre officiel. Cependant il s'applique à des
gens respectés et naturellement appelés aux plus hautes dignités.
Le roi les réunissait autour de lui en son conseil [4]; il les consul-
tait avant de prendre une décision importante et leur déléguait
de grands pouvoirs soit administratifs, soit judiciaires [5]. De même
les barons féodaux, rois au petit pied, s'entouraient de *sarou* [6],
conseillers et juges.

Les qualités qui classaient un *sar* parmi les grands semblent
bien d'ordre intellectuel et moral. Pour prouver qu'on était un
sar, on vantait sa science et sa sagesse [7]. Il y a des cas cependant
où le sens de « sage » disparaît et celui de « grand » reste
seul [8]. Peut-être, si le mot dérive bien du verbe *sar* ou *sarr*
« écrire » [9], a-t-il désigné primitivement les plus instruits des

[1] Ils trouvent Pépi, comme la double neuvaine des dieux, occupé à juger ce *sar* (c'est
lui-même) et tout *sar* » Pépi I, 313 (*R. Tr.*, VII, 151). — « Déclare que ce Pépi est *sar*
parmi ces Lumineux, rois des biens divins » *kiqou-hotpou*. Pépi I, 435 (*R. Tr.*, VII, 166).

[2] « Les dieux... qui ne sont point gouvernés par un roi, et que des *sarou* ne dirigent
pas ». Pépi II, 1231 (*R. Tr.*, XIV, 139).

[3] Le nom du principal temple d'Héliopolis est orthographié dans les pyramides *Hâir-
sar*, soit « le château du chef ». Pyr. Pépi II, 533.

[4] « Donne ton avis dans le conseil de ton seigneur... c'est au *sar* à reconnaître
l'erreur ». (Pap. Prisse, pl. VIII, l. 11-13 : VIREY, p. 57-58. — Cf. XI, 16-17, p. 72.) — Cf. :
« *sarou rmi-f* » (Pap. Berlin, 3023, l. 43) et « *sahou rmi-f* » (Stèle de Kouban, l. 11).

[5] BOUCHARDT (*Æ. Z.* 1890, p. 84) cite notamment l'exemple du paysan dont la plainte
est renvoyée par le majordome Nsi-mirouit devant les *sarou* qui sont près de lui. (Pap.
Berlin 3023, l. 43 sqq.: MASPERO, *Contes*, p. 44, traduit : « les jeunes gens qui forment
son cabinet »), — celui d'Ouna, dans le procès de la grande favorite : « J'étais seul, il
n'y avait là ni grand-juge, ni aucun *sar* » (Inscr., l. 11), — et la mention de « procès
devant les *sarou* » (DE ROUGÉ, *I. H.*, 1).

[6] Outre l'exemple des assesseurs de Nsi Mirouit, citons celui des deux *nti-m-sar*
« gens dans la dignité de *sar* » signalés parmi les grands officiers de Khnoumhotpou,
prince de Méh, à Béni-hassan (*R. Tr.*, I, 180).

[7] « Je suis un *sar* qui a pénétré la science, je suis un sage consommé (*sar uhd tessi*,
nok sa sôk), qui connaît la place de sa jambe..., le sacrificateur Sénouserit ». (Stèle
Louvre C 170, an II de Sénouserit II : PIEHL, *R. Tr.*, IV, p. 120).

[8] « Si un *sar* transgresse ce décret » (Acte de donation d'Apriès à Ptah : *Æ. Z.*, 1890,
p. 103). Un sage ne commettrait pas ce sacrilège ; mais l'acception de grand a pu seule
subsister à la date relativement basse de ce texte.

[9] Dans les pyramides, le *sar* a parfois pour déterminatif l'homme muni du calame au

mandarins d'Égypte, ceux qui primaient les scribes ordinaires, *ânou* ou *sekhaou* et les simples *rekhiou*[1], ceux qui non seulement savaient ou lisaient, mais écrivaient et « arrangeaient la bonne parole »[2]. A coup sûr, c'étaient eux, sous l'ancien empire, les docteurs qui commentaient les leçons de morale et en jugeaient les applications ; c'était à eux que le fils et disciple de Ptah-hotpou devait s'efforcer de plaire, et ses enfants après lui, pour devenir maîtres à leur tour : « *Instruis en ton fils*, lui » *dit-il, un homme docile dont la sagesse* (aqert) *soit agréable* » *aux grands* (sarou)[3]. *Ces paroles feront un canevas à embel-* » *lir, sur lequel les grands* (sarou) *parleront pour instruire* » *l'homme. Après les avoir écoutées, il passera maître, celui* » *qui aura bien écouté... Le savant est rassasié par sa science,* » *il est un grand* (sar) *par son mérite*[4] ». « *Que les pensées* » *soient abondantes, mais que la bouche soit retenue et tu rai-* » *sonneras avec les grands*[5]. *Que les grands* (sarou) *qui l'en-* » *tendront disent : deux fois bon ce qui sort de sa bouche.* » Mais Ptah-hotpou ne regarde pas ces grands comme des protec-teurs : il est l'un d'eux et marche leur égal, car il se fait répondre à lui-même par le dieu qu'il a invoqué au sujet de son fils : « *Ins-* » *truis-le dans la parole d'autrefois : c'est elle qui fait le* » *mérite des enfants des grands* »[6].

---

lieu de la canne ; ex. g. Pépi II, l. 1231. *R. Tr.*, XIV, 138. — Cf. aussi le verbe *ser* « préparer » : *ser moudilou* « qui prépare les paroles » (*L. d. M.*, CXLV, 3).

[1] On ne sait pas ce qu'étaient les *rekhiou*, symbolisés par l'alouette huppée aux ailes éployées et douée de mains. Ils formaient une classe noble mais nombreuse : peut-être c'étaient-ils les descendants des conquérants qui fondèrent l'empire des Pharaons, sous la conduite des *Mesennou* et des *Chemsou-Hor*. S'il est permis de rapprocher leur nom du verbe « *rekh*, savoir », leur science aurait sans doute consisté dans la connaissance d'abord des métaux, et du maniement des armes de bronze, puis de toutes les tradi-tions religieuses et autres qu'ils importaient et qu'ignoraient les aborigènes. — Parmi eux on distinguait les *rekhi rekhiou* dont le savoir devait exceller (Cf. Chabas, *Mél.*, IV, 131, n. 2). — De leur nom on pourrait alors rapprocher celui d'une classe de prêtres, les *rekh khet neb* ou *rekh khetou*, ceux « qui connaissent les choses » ou « toute chose » nommés dans le décret de Canope (Cf. Chabas, *Mél.* III, 158) et dans certaines adresses aux vivants (Cf. Stèle de Pa-snozem-hâti-n-âch : *M. M. C.*, I, 375).

[2] Cf. : « Commencement des arrangements de la bonne parole : *hâ m tesou n moudit nofirt* » (Pap. Prisse, pl. xvii, l. 6).

[3] Pap. Prisse, pl. xvii, l. 1 (Virey, p. 98).

[4] Pap. Prisse, pl. xv, l. 10, 11, 13 (Virey, p. 93-94).

[5] Pap. Prisse pl. xviii, l. 12-13 ; XIX, 2-3 (Virey, p. 104-105).

[6] Pap. Prisse, pl. v, l. 5 (Virey, p. 32).

C'est par la sagesse[1] ou la science que l'on conquiert honneurs
et fortune avec la faveur du roi d'où découle toute puissance.
Aussi est-il fort important de s'en prémunir par une sérieuse instruction. La naissance et les protections servent bien à quelque
chose : un grand s'efforcera de tout son pouvoir de transmettre
ses charges à son fils. Mais encore faut-il que le sujet offre des
garanties s'il veut faire son chemin. S'il y a des princes féodaux
jaloux de leurs droits, le roi et les grands eux-mêmes aiment à
s'entourer de gens capables, et bien des charges échappent à l'hé-
rédité : « *Il n'y a point de fils pour le chef de la double maison*
» *blanche, il n'y a point d'héritier pour le chef du sceau. Les*
» *grands apprécient le scribe; sa main c'est sa profession*[2] *;*
» *on ne la donne point aux enfants.* » Même certains titres
équivalents à celui de prince du sang peuvent s'obtenir par le mérite. Aussi le plus sûr moyen pour un grand de rendre sa charge
héréditaire, c'est de transmettre à son fils sa propre expérience
par de bons conseils. Voilà pourquoi, en des temps divers, Ptah-
hotpou et Ani[3] dédient à leurs fils leurs recueils de préceptes moraux. Il n'est pas de précepteur plus dévoué qu'un père, ni d'élève
mieux en mesure qu'un fils de profiter des meilleures leçons.

Les monuments nous offrent en effet plusieurs exemples de personnages partis d'humble extraction et parvenus aux plus hauts
honneurs[4]. Ptah-hotpou met en garde son fils contre une destinée
inverse : il le prévient contre la décadence qu'il pourrait subir.
Qu'il ne croie point que la morgue supplée à l'étude ! Sa noblesse
ne lui a point conféré la science infuse : « *Ne sois pas hautain*
» *à cause de ce que tu sais; entretiens-toi avec l'ignorant*
» *comme avec le savant; car on ne ferme pas la barrière de*
» *l'art, nul artiste n'étant en possession de la perfection où il*

---

[1] « Deviens un savant, mon ami, tu parviendras aux honneurs. » (*Conte du Naufragé*,
MASPERO, p. 116). — De grands personnages, en tête de leur éloge, prennent des titres
tels que ceux-ci : « Sage unique, muni de sciences », Antouf (Stèle du Louvre, C 26).

[2] Pap. de Boulaq (AMÉLINEAU : max. 35, p. 256).

[3] Kaqimna de même, d'après la traduction que AMÉLINEAU (*Étude sur le papyrus de
Boulaq*, IV, p. 121) donne d'un passage du papyrus Prisse (II, 3) : « Le chef fit appel de
ses enfants, etc. »

[4] Amden, par exemple (L. D., II, 3-7 ; SETHE, *Urk.*, I, 1-7 ; MASPERO, *Et. Eg.*, II, 113-
246 ; H. Or., I, 290-296).

» *doit prétendre. La sagesse est plus difficile à trouver que*
» *l'émeraude ; car celle-ci c'est par des esclaves qu'elle est dé-*
» *couverte parmi les roches de pegmatite*[1]. »

En dépit des nombreux passages où les moralistes proscrivent toute innovation, on a interprété ces mots « on ne ferme pas la barrière de l'art », en supposant qu'ici Ptah-hotpou admettrait la possibilité du progrès[2]. J'y crois plutôt reconnaître la négation de l'existence des castes, comme si l'auteur disait : « Le champ de la science n'est fermé à personne, et personne ne le connaît tout entier ; écouter tout le monde c'est se donner des chances de connaître une plus grande partie de la tradition immuable, et de vaincre plus sûrement ses rivaux. »

Cette leçon d'humilité vis-à-vis de la sagesse, surtout donnée par un puissant, ne semble pas tout à fait primitive. Pourtant le ton diffère bien encore de celui que plus tard prendront les scribes pour chanter leur *cedant arma togæ*.

.·.

L'orgueil des sages montera, en effet, à mesure que leur condition sociale baissera. Au temps de Ptah-hotpou le sage occupait les plus hauts postes de la société féodale. Sous l'empire Thébain l'instruction se répand et la sagesse s'embourgeoise. Le *sar* cède la place au scribe, *ân* ou *sekha* : le lettré, fonctionnaire subalterne, hérite des connaissances et aussi de toutes les prétentions du mandarin grand seigneur.

Les scribes[3] contemporains des Ramessides forment une corporation redoutable et arrogante. Dès les plus anciens temps, de grands personnages s'honoraient du titre de scribe : des fils de rois étaient hiérogrammates de leur père[4]; Antouf, premier mi-

---

[1] Pap. Prisse, pl. v, 8-10 (Virey, p. 33-34).
[2] Virey, *l. c.*, p. 9.
[3] Sur les scribes, cf. : Maspero, *Genre épistolaire*, p. 24, sqq. ; *2 fonctionnaires (Ét. Eg.*, II, 123-126) ; Lieth, *Die altægyptische Hochschule zu Chennu (Sitzungsberitche Akad. Munich*, 1873, p. 29, sqq.) ; Erman, *Ægypten* (p. 442-447, Wissenschaft, Schule ; 503-514, Briefe, Lehre).
[4] *Nouter ân ni atif*, par exemple : Nib-m-akhout, fils de Khâfrâ, V⁰ d. (L. D., II, 12 ; De Rougé, *Mon. 7 dyn.*, p. 57. — Kaou-ni-Râ (L. D., II, 47 ; De Rougé, *l. c.*, 62).

nistre et gouverneur de la Thébaïde, se qualifie « scribe parfait »[1]; avant son avènement, Ménéphtah, successeur de Ramsès II, joignait à ses autres titres celui de basilicogrammate[2].

De tels exemples n'étaient pas pour humilier ou décourager les
scribes. Comme nos juristes du tiers état sous les Capétiens, ils ont,
à l'ombre de la protection royale, supplanté en grande partie les
anciens barons héréditaires. Parmi eux il s'en trouve de toute en-
vergure, depuis le ministre du roi et les nomarques, jusqu'à
l'humble gratte-papier qui toute sa vie comptera les moutons
envoyés au marché ou additionnera les mesures de blé entrées
dans les greniers d'un cultivateur campagnard. Mais tous affiche-
ront le même dédain pour quiconque ne sait pas lire et écrire.
Encore aujourd'hui, ce mépris s'est perpétué, et le moindre
kateb qui sort à peine de l'école primaire traite de haut l'ignare
fellah.

A leurs yeux donc, le scribe seul mérite du respect sur la terre ;
seule sa profession leur paraît enviable : « *Il n'y a que le scribe ;*
» *lui il prime tout ce qui est dans cette terre*[3].... *Celui qui*
» *comprend les mérites des lettres et s'y est exercé prime tous*
» *les puissants, tous les courtisans du palais. Sache le bien*[4]. »

Aussi bien invoquent-ils un puissant patron et un glorieux modèle. C'est le dieu Thot, le scribe du ciel et des enfers ; dieu de
l'intelligence, il personnifie pour eux l'Être Suprême sous sa forme
la plus parfaite. Les prières qu'ils lui adressent sont d'autant plus
ferventes qu'ils supposent participer aux mérites du dieu, et que
l'éloge de leur protecteur retombe sur eux-mêmes : « *Viens, Ibis*
» *vénérable, dieu qu'adore Khmounou*[5] (Hermopolis), *secré-*
» *taire du cycle des grands dieux dans Ounnou* (Héliopolis),
» *viens à moi ! Fais-moi une destinée ! Rends-moi expert par les*

---

[1] Stèle d'Antouf, Louvre C 26 (PIERRET, *Rec.*, II, 25 ; GAYET, *XII⁰ dyn.*, pl. 14 ; ROUGÉ, *Cat.*, p. 84).
[2] MARIETTE, *Catal. Boulaq*, p. 320, 321, 324.
[3] Pap. Anastasi II, pl. 7, l. 5 (MASPERO, *G. ép.*, p. 35).
[4] Pap. Sallier, I, pl. v, l. 11 (MASPERO, *G. ép.*, p. 28). — Cf. Pap. Anastasi V, pl. 16 (MAS-
PERO, p. 39), et Pap. Sallier, II, pl. 9, l. 2 ; Pap. Anastasi VII, pl. IV, l. 7 (MASPERO, p. 66).
[5] Longtemps on a lu à tort « Sesounnou ». Le nom de Khmounou s'est perpétué dans
celui d'Eschmoun.

» *mérites. Tes mérites sont supérieurs à tous les autres mérites ;*
» *celui qui les possède, y ayant trouvé l'habileté, devient un*
» *magistrat. Mes œuvres nombreuses, c'est toi qui les fais ; aussi*
» *elles sont parmi les chefs-d'œuvre, elles sont fortes et puis-*
» *santes... Chaï et Rannouit* (les deux principes procréateurs)
» *sont avec toi !... La terre entière dit avec moi : « Les institu-*
» *tions des hommes et leurs grandeurs, c'est Thot qui les fait...*
» *Tes mérites sont des mérites supérieurs à tout ; force, valeur*
» *et joie à qui les possède*[1]. » Sous un tel patronage le scribe ne
peut manquer de couler une vie facile et heureuse : tout lui vient à
point : « *O Thot, que je sois dans Khmounou, la ville douce à vivre,*
» *où tu me feras des revenus de pain et de bière, où tu garde-*
» *ras ma bouche des paroles de contradiction prononcées contre*
» *moi !*[2] » — « *Le scribe, c'est un autre qui le rassasie ; il ne*
» *remue pas, il se repose... Rannouit* (la déesse des moissons
» et de la richesse) *le scribe l'a sur son bras... Certes il n'y a*
» *point de scribe qui ne mange les choses du palais du roi*[3]. »

Avec de telles préventions sur leur propre dignité, ils pour-
suivent toutes les autres conditions sociales de leurs moqueries,
aucune ne trouve grâce devant eux. Tour à tour, tous les métiers
défraient leur verve. La *satire des métiers* devint un lieu commun
sur lequel s'escrimaient les scribes, maîtres ou disciples, dans
leurs correspondances ou leurs exercices de style. Pour nous, ces
charges dessinées avec mépris, forment une très intéressante ga-
lerie de types de l'ancien peuple égyptien. Le tableau le plus com-
plet est celui que le scribe Enna, dans les premières années du
règne de Ramsès II, a composé ou recensé d'après une version du
scribe auquel il l'attribue Doûaou-f-si-Khroudi, c'est-à-dire Khroudi
fils de Douaouf[4], dont le nom, ainsi que le style du pamphlet,
nous reporte au temps de la xiie dynastie. Il débute par un ardent
éloge de l'état de scribe qu'il va comparer aux divers métiers :

---

[1] Pap. Anastasi V, pl. 9, l. 2 : à pl. 10, l. 2 (MASPERO, p. 23-26).
[2] Pap. Sallier I, pl. 8, l. 1 (MASPERO, p. 27).
[3] Pap. Anastasi VII, pl. 1, l. 3 et pl. 7, l. 3 (MASPERO, p. 19 et 72) ; Sallier II, pl. 4, l. 1 et
pl. 11, l. 1-2 (MASPERO, p. 49).
[4] En tenant compte de l'inversion du nom de père.

« *J'ai vu des métiers figurés ; aussi le fais-je aimer la littéra-*
« *ture, la mère. Je fais entrer les beautés en ta face ; elle est*
» *plus importante que tous les métiers ; elle n'est pas un vain*
» *mot sur cette terre. Celui qui s'est mis à en tirer profit, dès*
» *l'enfance il est honoré ; on l'envoie pour remplir des mis-*
» *sions ; celui qui n'y va pas reste dans la misère.* » Puis il
énumère tous les métiers manuels et montre les misères de chacun
d'eux. Il fait ainsi défiler, pour les bafouer, le forgeron, l'artisan
en métaux, le tailleur de pierre, le barbier, le batelier, le petit
pâtre, le maçon, le jardinier, le fermier, le tisserand, l'armurier,
le courrier, le teinturier, le cordonnier, le blanchisseur, le chasseur et le pêcheur[1]. Il les montre malpropres et peinant sans
relâche pour gagner leur vie, pendant que le scribe honoré jouit
du doux farniente.

A cette satire échappe le métier militaire. Pourtant un moment
vint où le guerrier servit à son tour de plastron. Amon-em-anit,
chef des bibliothécaires et scribe du trésor royal, semble avoir
voulu réparer les omissions de son collègue. Il professe le même
dédain pour les métiers manuels : « *Il ne brille pas, dit-il, celui*
» *qui fait les travaux manuels d'un journalier, il n'inspire*
» *pas le respect... Des travaux désagréables sont devant lui,*
» *et il n'y a point de serviteur qui lui apporte son eau, point*
» *de femme qui lui fasse son pain[2].* » Il passe en revue, lui
aussi, toutes les professions en les raillant[3]. Il s'étend sur les
travaux des champs[4]. Mais il insiste particulièrement sur les
misères du capitaine qui va chercher fortune en Syrie[5]. Le jeune
Penbésa aurait envie de s'engager ; son maître, le chef des
affaires étrangères Amonemapit, lui peint de manière à l'en
dégoûter « *le sort de l'officier d'infanterie et l'étendue de ses*

---

[1] Pap. Sallier II (pl. 3, l. 9 à pl. 11, l. 4) ; Pap. Anastasi VII (pl. 1, l. 1 à pl. 7, l. 4) ;
Ostracon du British Museum *(Inscr. in the hieratic an demotic characters,* pl. xii) : (Good
win, *Cambridge Essays,* 1858 ; Maspero, *G. ép.,* p. 48-73).
[2] Pap. Sallier I, pl. 5, l. 5-8 (Maspero, *G. ép.,* p. 58).
[3] Anastasi II, pl. 6, l. 7 à pl. 7, l. 5 (Maspero, 34-35) et Sallier I, pl. 6, l. 9 à pl. 7, l. 9
(Maspero, p. 37-38).
[4] Pap. Sallier I, pl. 5, l. 11 à pl. 6, l. 9, et Pap. Anastasi V, pl. 13, l. 6 à pl. 17, l. 3
(Maspero, p. 39).
[5] Pap. Sallier I, pl. 7, l. 3, sqq. (Maspero, p. 38).

misères [1] ». Mais peut-être Penbésa montrerait-il des préférences pour la cavalerie : « *Arrive*, lui dit le maître, *que je t'expose les devoirs fatigants de l'officier des chars* » ; et il lui fait un tableau non moins décourageant [2].

Les temps sont changés ; la mode n'exalte plus le métier des armes où devait primitivement se complaire le *sar* aussi bien que le baron du moyen âge, comme lui investi du droit de justice et appelé aux conseils du roi. C'est que plusieurs siècles de guerres et de conquêtes ont traîné derrière les Thotmès et les Ramsès à travers l'Asie tous les soldats que pouvaient armer l'empire ; de retour ils ont crié grâce, comme les vieux grognards de Napoléon, saouls de gloire et affamés de repos. Seule, la classe sacerdotale a grandi, paisiblement enrichie par les dépouilles du monde vaincu ; bientôt elle détrônera les héritiers indignes des conquérants pour mettre ses propres chefs à leur place [3].

Mais, par un juste retour, des conquérants viendront de l'étranger, Assyriens, Éthiopiens, Perses ou Grecs. Tout en montrant beaucoup de déférence envers les sages de l'Égypte, ils les dépouilleront des belles places lucratives d'où l'on exerce une influence politique, et, tout en usant de leurs services, ils les réduiront à la portion congrue. On leur abandonnera les temples comme derniers refuges. C'est là qu'ils se renfermeront, ombrageux, soupçonneux, s'enveloppant de mystère ; c'est là que les voyageurs, les curieux, les philosophes ou les dévots iront les consulter.

Féodale d'abord et réservée à un petit nombre d'initiés, plus libéralement répandue ensuite parmi la classe dirigeante des scribes, la sagesse égyptienne finira par être l'apanage du personnel sacerdotal.

• •
•

A toute époque d'ailleurs la doctrine des sages s'appuye sur les

---

[1] Pap. Anastasi III, pl. 5, l. 5 à pl. 6, l. 2 ; — Pap. Anastasi IV, pl. 9, l. 4 à pl. 10, l. 1 (DE ROGÉ, *Discours d'ouverture*, p 31-33 ; MASPERO, *G. ép.*, p. 11-12).
[2] Pap. Anastasi III.pl. vi, l. 2-10 (MASPERO, p. 12-13).
[3] La XXIe dynastie à Thèbes, contemporaine de celle de Tanis.

mêmes fondements. Leur méthode d'enseignement ne varie pas
d'école à école, ou de siècle à siècle. Partout et toujours, règnent
la tradition et l'autorité[1].

En tout temps, les Égyptiens prétendent ne rien inventer; n'enseigner que la pure doctrine des ancêtres, les « *conseils d'autrefois* », les « *conseils entendus des dieux*[2] ». Que cette profession de
foi répondît à la réalité, et que la perfection résidât dans le passé,
c'est bien une autre affaire, et nous savons à quoi nous en tenir
sur cette question. Mais enfin telle était la prétention constante.

Loin d'admettre une belle émulation avec les anciens, Ptah-
hotpou interdit formellement toute initiative personnelle et se
montre très rigoureux sur ce point : « *Que nul n'innove dans les
» préceptes de son père, que les mêmes préceptes fassent ses
» leçons à ses enfants... N'ôte pas une parole; n'en ajoute pas
» une, ne mets pas une chose à la place d'une autre. Garde-
» toi de découvrir les idées qui germent en toi, mais enseigne
» selon la parole des savants*[3]. » A ses yeux la vérité est
immuable, et toute modification jetterait dans l'erreur. « *Grande
» est la justice, invariable et assurée; elle n'a pas été troublée
» depuis l'époque d'Osiris... Les limites de la justice sont
» invariables*[4]. » Il lance l'anathème aux novateurs qui captent
une popularité éphémère : « *Si les instructeurs se laissent
» aller à des leçons qui ne soient pas conformes (à la tradi-
» tion), certes les gens ignorants répéteront leurs erreurs, et
» les auditeurs, s'ils sont dociles, règleront leur conduite sur
» ces principes erronés. Alors tout le monde considère ces
» maîtres, et ils inspirent confiance au public; mais leur
» gloire ne dure pas autant qu'il leur plairait*[5]. »

La controverse même passe pour malséante. Il faut traiter
sérieusement les choses sérieuses et l'enseignement de la morale

---

[1] « *Si tu es habile dans les écritures, si tu les as pénétrées, place-les en ton cœur; tout
» ce que tu dis devient alors parfait. Si le scribe est employé dans une profession quel-
» conque, il discourt d'après les écrits.* » (Pap. Boulaq IV, xx, 4-5; AMÉLINEAU, § 33, p. 122).
[2] Pap. Prisse, v, 3 (VIREY, p. 31).
[3] Pap. Prisse, xvii, 11-13 ; xviii, 7-9 (VIREY, p. 101 et 103).
[4] Pap. Prisse, vi, 5 et 7 (VIREY, p. 39-40).
[5] Pap. Prisse, xviii, 2-7 (d'après VIREY, p. 102-103).

n'est pas un jeu dont on ait le droit de s'amuser. S'irriter de la contradiction prouve de la faiblesse d'âme ; vouloir tenir tête à l'interrupteur n'avancerait point votre cause ; le silence est la meilleure des armes. Écoutez plutôt les préceptes de Ptah-hot-pou : « *Si tu as affaire à un disputeur pendant qu'il est en* » *train (qu'il sévit) et s'il t'est supérieur en habileté, abaisse* » *les mains contre le dos, ne l'emporte pas contre lui. Comme* » *il ne te laissera pas détruire l'effet de son discours, il est* » *tout à fait mauvais de l'interrompre ; cela proclame que tu* » *n'es pas capable de te tenir tranquille quand tu es contra-* » *rié. Si donc tu as affaire à un disputeur pendant qu'il est* » *en train, fais celui qui ne bouge pas. Tu as l'avantage sur* » *lui, rien qu'en gardant le silence, quand il est dans une* » *parole mauvaise.* « *Mieux vaut celui qui s'abstient* », dit » *l'auditoire ; et tu as raison à la connaissance des grands.* » *Si tu as affaire à un disputeur pendant qu'il est en train,* » *ne le méprise pas, parce que tu n'es pas du même avis. Ne te* » *courrouce pas contre lui quand il est mauvais ; à bas cela !* » *Il combat contre lui, lui-même. Ne lui demande pas de* » *flatter les sentiments. Ne t'amuse pas du spectacle que tu as* » *devant toi ; c'est odieux, c'est petit, c'est d'une âme mépri-* » *sable. Au moment de te laisser aller à ton sentiment, com-* » *bats cela, comme chose réprouvée des grands* [1]. » Au lieu de rire de son adversaire ou de se mettre en colère contre lui, il faut s'expliquer gravement, lui laisser le temps de se reconnaître et loin de le brusquer, dissimuler ses torts : « *Ne discute avec* » *lui qu'après lui avoir laissé le temps d'imprégner son esprit* » *du sujet de l'entretien. S'il laisse échapper son ignorance,* » *et s'il te donne occasion de lui faire honte, traite-le* » *plutôt avec égards* [2]. »

Si le principe de la science consiste dans l'exacte reproduction des doctrines reçues, l'instruction requiert avant tout chez l'élève

---

[1] Pap. Prisse, pl. v, l. 10 à 14 ; vi, l. 1-3 (Virey, p. 35-38).
[2] Pap. Prisse xiv, 8-10 (Virey, p. 85-86). ,

des qualités passives; on exercera sa mémoire plutôt que son intelligence; on exigera de lui moins d'effort que d'obéissance [1]. L'éducation d'un enfant sera un dressage semblable à celui des animaux, et les scribes ne se font pas faute de les comparer. « *Le* » *chameau entend la parole, on fait l'éducation du lion, on* » *dompte le cheval* [2] », comment l'homme ferait-il exception? L'analogie donne toute confiance dans la valeur de la méthode et la sûreté des résultats. Reprenant l'argument avec des variantes d'amplification sur les oiseaux apprivoisés, le lion domestique, le chien de chasse, le chameau de charge ou de cirque, l'oie qui sert d'appeau [3], le maître exhorte à compulser les livres, à écouter l'enseignement et promet au disciple de lui infuser toute sa science et de le conduire à son tour à la maîtrise : « *On fait nicher le* » *vautour, on apprend à voler à l'épervier : je ferai un* » *homme de toi, méchant garçon, sache-le bien !* [4] » Pénétrez-

---

[1] Cependant l'instruction n'est pas infaillible. Pentaour, le disciple d'Amonemapit, la reçoit et menace de tourner mal. Elle est précieuse, elle est nécessaire, mais elle ne suffit pas, dit Phibeſhor dans un chapitre qu'il consacre à l'éducation ; il faut qu'y corresponde l'effort personnel et s'y surajoute la grâce de Dieu. Mais chez Phibeſhor, des éléments nouveaux se mêlent à la tradition. « *C'est une statue de pierre que l'homme sans cergo-* » *gne que son père n'a pas éduqué. C'est une bonne part dans la bénédiction du fils que* » *de recevoir un enseignement pur... Ne donner aucun enseignement rend mauvais.* » *(Aucun enseignement ne peut faire être [comme il doit 'tre] un être mauvais. R)... La* » *perdition, malgré toute disposition naturelle, résulte de ne pas écouter.... Tel, sans* » *éducation, suivrait les préceptes des sages ; tel autre, connaissant les préceptes, ne* » *saurait y conformer sa vie. Pour un fils, ce n'est pas assez qu'un homme de bien l'ins-* » *truise pour l'éduquer (Aliter R.) : c'est Dieu qui a donné le cœur, qui a donné le fils,* » *et qui rend bonne la nature.* » Pap. moral démot. de Leyde, p. VIII,22 à IX, 19. PHIBEſHOR, ch. X, l. 2-4, 9, 20, 23 (REVILLOUT, *Le pap. de L.*, *J. Asiat.*, 1905, I. 213-219).
[2] Lettre de Mahou à Pinem : Grand Pap. Bologne 1094, p. 3 (CHABAS, *Mél.*, III, 167 *Etudes*, p. 413).
[3] Cf. CHABAS, *Etudes*, p. 112-115.
[4] Pap. Sallier I, pl. 8, l. 1-2 (MASPERO, *G. Ep.*, p. 75). — Cf. « *On apprend au chameau* » *à danser; on dompte le cheval ; on fait nicher le petit oiseau ; on guide l'aile de* » *l'épervier. Telle est la puissance du raisonnement. Ne néglige donc pas les livres ;* » *ne t'en dégoûte pas ; que ton cœur écoute la parole, tu y trouveras profit.* » Pap. Anastasi III, pl. IV, 2-4 ; et Anastasi V, pl. VIII (CHABAS, *Etudes*, p. 414-415. Cf. MASPERO, *G. Ep.*, p. 74). — « *Le taureau vieilli... affermi par l'instruction qu'on lui a donnée, il* » *agit comme le veut l'engraisseur. Le lion furieux laisse sa férocité et il dépasse le* » *pauvre âne (en obéissance). Le cheval entre sous le joug, marche avec obéissance au* » *dehors. Le chien, il entend la parole et marche derrière son maître. La chamelle* » *porte des vases que n'a point portés sa mère. L'oie, descendue dans les eaux, attire* » *dans le filet les oiseaux qui la suivent. On enseigne aux nègres la langue des* » *hommes d'Egypte; le Syrien et toutes les nations étrangères font semblablement.* » *Connais (?) ce que j'ai fait en toutes mes fonctions; si tu as écouté, tu sais comment on* » *les accomplit.* » (Pap. Boulaq IV, pl. 22, l. 17 à p. 23, l. 9 : Réponse d'Ani à son fils. — AMÉLINEAU, p. 222 sqq.).

vous donc de l'esprit de docilité la plus complète, si vous voulez recueillir avec profit les leçons des sages et jouir de tous les fruits que procure leur parole.

Franchissons la première enceinte d'un temple révéré. C'est celui d'An (Héliopolis) dont les docteurs ont vu leur réputation s'étendre plus loin que celle de toute autre école. Ou bien c'est celui d'Abydos, où l'on coudoie des fils de rois venus pour s'instruire[1]. Ou encore, c'est celui de Khennou (Silsilis), où les étudiants affluent de tout le pays de langue égyptienne[2]. Chaque université professe non seulement ses doctrines propres, mais des spécialités scientifiques, et certains étudiants vont de l'une à l'autre[3]. D'ailleurs, la méthode est la même dans toutes les écoles; et ce qui importe pour être un « scribe de nom authentique », c'est de se rattacher à une école quelconque ; on se défierait d'un indépendant, sans maître et « sans école »[4]. Aussi la prospérité de ces écoles était-elle liée à celle des temples, et, quand Darius voulut faire refleurir l'Égypte, son premier soin fut d'en réorganiser les écoles. 'y réunir maîtres et élèves, sans omettre de leur assurer (revenus[5].

---

[1] « [Mon précepteur] n'est-il pas le dieu Hou ? N'ai-je pas été instruit auprès de toi » parmi tous les grands de la ville ? » Stèle d'Abydos, l. 8-9, an IV de Ramsès IV (PIERRET, Prière de Ramsès IV à Osiris : R. Arch., 1869, p. 280). Peut-être cette école a-t-elle été restaurée, en même temps que le temple, par Thotmès Ier qui dit : « J'ai fait savoir » aux prêtres leurs fonctions ; j'ai conduit l'ignorant hors de son ignorance ». Stèle d'Abydos, l. 19 (MARIETTE, Ab., I. 31 ; ROUGÉ, I. II., 23 ; SETHE, Urk. IV, 121).

[2] Pap. Sallier II, pl. IV, l. 1 ; Anastasi VII, pl. I, l. 2 (MASPERO, G. Ep., p. 48. Cf. REVILLOUT, R. Ég., 1883, p. 100 ; LAUTH, Die Hochschule zu Chennu).

[3] « Je suis sorti de l'école de médecine d'Héliopolis, où les Vieux du grand temple » m'ont indiqué leurs remèdes. Je suis sorti de l'école gynécologique de Saïs, où les Mères » divines m'ont donné leurs recettes. » Pap. Ebers, trad. LORET, l'Égypte, p. 219).

[4] « Tu n'es pas un scribe de nom authentique ; tu es sans école, tu portes la palette de » travers ». Pap. Anastasi I (CHABAS, Voyage, p. 57).

[5] « S. M. le roi Darius... m'ordonna d'aller en Égypte... afin de rétablir bon nombre » de collèges d'hiérogrammates [et les faire revivre] après leur destruction... Je les » recolligeai dans tous les adyta de leurs hommes au moyen de fils de gens (de la caste) » sans aucun mauvais sujet absolument. Je les plaçai (ces enfants) sous la main de » tous savants (pour les guider) dans tous leurs travaux. — Sa Majesté ordonna qu'on » leur donnât toutes sortes de bonnes choses à cause du plaisir avec lequel ils faisaient » tous leurs travaux. Je les mis largement en possession de tous leurs honneurs et de » tous leurs approvisionnements concernant à leur profession de scribe, comme dans le » principe on faisait pour eux. — S. M. fit ces choses parce qu'elle savait (que c'était » le meilleur moyen pour) réveiller une vie nouvelle au milieu de toutes les ruines, » pour rétablir le nom de tous les dieux, de leurs temples, de leurs revenus sacrés, et » pour renouveler leurs fêtes à jamais. » Statue d'Ouza-Hor-ri-snti au Vatican (oz

Introduisons-nous dans l'enceinte d'un de ces fameux sanctuaires. S'il est soir, nous apercevons, au pied d'une colonne ou
d'un palmier : quelques groupes devisant avec une gaîté franche
mais calme, ou bien entourant un homme à l'air majestueux, vêtu
d'une robe de lin toute blanche, chauve, quoique la vieillesse n'ait
pas dégarni ses tempes, mais les rites sacrés obligent le prêtre à
se raser tous les deux jours. Assis sur une banquette de terre où
dormira tout-à-l'heure un gardien du temple, il raconte aux jeunes
gens suspendus à ses lèvres l'histoire du passé, ou leur donne de
bons conseils qu'il a reçus de son père. Quand il s'arrête : « *Cer-
» tainement, cela fait merveille*, disent-ils, *d'accomplir ce que
» tu dis*[1]. »

Si le soleil brûle de ses rayons le sol qui s'effrite en poussière,
les cours désertes se taisent. Entrons dans une de ces grandes
salles hypostyles qui précèdent les sanctuaires dans l'architec-
ture du nouvel Empire. Là, maitres et élèves jouissent de l'ombre
et de la fraicheur. Entre les colonnades, des nattes de roseaux
jonchent le sol. De ci de là, un dormeur étendu se repose, ou bien
un étudiant dévore ses maigres provisions, son petit pain cuit sous
la cendre et ses oignons.

Dans un coin c'est un murmure confus ; un groupe d'enfants
accroupis, les fils des scribes du pays, se dandinent de droite et
de gauche, hochant la tête, en répétant une leçon à mi-voix, car
ils veulent « la mettre dans leur ventre » c'est-à-dire l'apprendre
par cœur pour la réciter mot à mot.

D'autres tiennent à deux mains une « pierre écrite » ou une
tablette de bois[2], où sont tracés les principaux signes de l'écriture
sacrée et ils s'efforcent plusieurs ensemble d'en énoncer correcte-
ment la prononciation[3]. Quelques-uns se disputent ; alors le bâton

Rocek, *Statuette naophore* : *Rec. Arch.*, 1851, VIII, 37-61 [=*B. Eg.*, 257-268] ; Revillout,
R. Eg., I, 77-78).
[1] Pap. Prisse, xvii, 13 (Virey, p. 101).
[2] Celle que représente avec ses liens un des hiéroglyphes les plus communs, celui qui
détermine toute idée abstraite (Cf. Maspero, *Et. Eg.*, II, 213).
[3] M. Petrie a découvert et publié un syllabaire égyptien (*Two hieroglyphic papyri from
Tanis*, London; 1889). Sur chaque feuille à droite est dessiné avec soin un grand signe
hiéroglyphique ; dans la 2e colonne, son correspondant en écriture cursive (dite hiératique) ; dans la 3e, une courte phrase qui marque l'emploi du signe et du mot.

archaïques sur une peau usée. J'ai trouvé ce rouleau entre les jambes du dieu Thot en sa chapelle sacrée. Je l'ai transcrit de ma main, *de son commencement à sa fin, conformément à ce qui se trouve en écrit*[1]. Je vais vous les lire, ces préceptes, *comme ils sont faits*[2], et les commenter selon la tradition[3]. *Si tout ce qui est écrit sur ce rouleau est écouté comme je le dirai pour le plus grand bien et l'utilité, vous l'apprendrez par cœur et le réciterez tel qu'il est dans l'écrit; le bien sera dans votre cœur au-dessus de ce qui est dans la terre entière, quelle que soit votre position*[4]. »

En réalité, c'est lui qui l'a composé[5]. Mais, à part les noms propres et les détails sur la trouvaille, il ne se croit l'auteur que d'une très innocente supercherie. Il n'a même pas besoin d'invoquer pour excuse qu'il travaille à une œuvre pie et par là même agréable aux dieux, comme certains collèges sacerdotaux pour

---

[1] Pap. Prisse, xix, 9 (Virey, 107).

[2] « *Il parcourt rapidement le texte des livres... Il explique les livres et les chroniques comme elles sont faites.* » Pap. Anastasi I, pl. 1, l. 6-7 (Maspero, *G. ép.*, p. 107).

[3] Des trouvailles analogues étaient fréquemment invoquées. On attribuait celle du chap. lxiv° du *Livre des Morts*, « *à Hermopolis sur un cube d'albâtre, écrit en bleu, sous les pieds du dieu* », au prince Doudou-f-Hor, sous Menkarâ, « *lorsqu'il voyageait pour l'inspection des temples* (*L. des M.*, LXIV, 31-33. Cf. Brugsch, *Æ. Z.*, 1857, p. 54).— Le CXXX° passait pour « *trouvé dans la grande salle du palais du roi Housapaiti* (*Loc. cit.*).— Les restaurateurs du temple de Dendérah, en avaient retrouvé les plans sous une pierre. (Dümichen, *Baourkunde*; Brugsch, *Æ. Z.*, 1871, p. 103-104).— Le *Livre de chasser les gonflements* « *fut trouvé rédigé en écriture antique, dans un coffre à livres, sous les pieds d'une statue d'Anubis, dans la ville de Létopolis, sous le règne du roi Housapaiti (I° d.) Ce livre fut copié, sous le règne de Sondou (II° d.), par le scribe savant, chef des médecins Nofir-hotpou. Ce livre fut réuni à la statue dans une vénération commune, et on lui fit des offrandes en pains, en bière, en encens, au nom d'Isis, d'Horus athribite, de Khonsou et de Thot.* » (Pap. médical de Berlin, Brugsch, pl. xv; Erman, pl. cii, l. 1-2. Cf. Chabas, *Mél.*, I, 61 ; Lobet, l'*Egypte*, p. 220-221). — Un autre traité médical « *fut rencontré dans la grande salle du temple de Coptos par un prêtre de ce temple. Tandis que le reste de la terre était plongé dans les ténèbres, la lune, se levant soudain, tomba sur ce livre et l'éclaira de ses rayons. Aussi on l'apporta en miracle au roi Khoufou.* » (Pap. inédit : Brugsch, *Æ. Z.*, 1871, p. 61-64; Maspero, *H. A.*, p. 66 et *Lectures*, p. 129). — Cf. Pap. 1116 de St-Pétersbourg, p. 12 (Golénischeff, *Æ. Z.*, 1876, p. 107). — Maspero compare (*Contes*, p. 168, n. 2) les livres de Thot trouvés par Satni dans la tombe de Nénoûfrkaptah à ceux d'Apollobèchis de Coptos et Dardanus le Phénicien, trouvés dans la tombe de ce dernier par Démocrite d'Abdère au dire de Pline (*H. N.*, XXX, 2). — Contrairement à Maspero (*H. Or.*, I, 224-225 ; III, 506-508) qui ne voit dans ces attributions que supercherie et illusions, Naville y reconnaît une part de faits historiques, s'appuyant sur la découverte de dépôts de fondations et des socles de statues épigraphes (*La découverte de la loi sous le roi Josias*, p. 2-9, 13-16 : *Mém. Acad. I. B.-L.*, XXXVIII, II, 138 sqq.)

[4] Cf. *Traité de* Kaqimna : Pap. Prisse, ii, l. 4-7 (Virey, p. 23 ; Amélineau, *Etudes sur le Pap. de Boulaq* n° 4, p. 124).

[5] Cf. Amélineau, *Et. les*, p. vii-x.

inspirer le respect de leur patron : tels les prêtres d'Isis de Philé
qui, dans une incription de l'île Sehel, faisaient remonter la donation du Dodécaschœne à un roi Tatchérès ou Zosiri de la v⁰
dynastie [1]. Non, il est entièrement de bonne foi, lorsqu'il ennoblit
de la sorte les origines de son traité apocryphe. Ce n'est pas lui
qui a inventé ces beaux préceptes qu'il admire et commente avec
conviction : il les tenait de son père à qui son aïeul les récitait, et
ainsi, l'origine s'en perdant dans la nuit des temps, celle qu'il
indique lui paraît suffisamment authentique. Pour lui son rôle
s'est borné à des « *arrangements de la bonne parole* »[2]. Il voulait préserver les beaux préceptes de l'oubli, et les a mis en vers,
en « *paroles cadencées* ». En effet, « *malgré leur prix, leur*
» *mémoire s'éloignerait de la bouche des hommes. Mais grâce*
» *à la beauté de leur arrangement, toutes les paroles en seront*
» *portées sans altération sur cette terre éternellement*[3]. »

Il recommande à ses élèves de bien l'écouter. Lui-même connaît
trop bien les avantages de la docilité pour omettre de la prôner.
« *Dans la docilité d'un fils* », leur dit-il donc, « *on voit sa sa-*
» *gesse*[4] ». Il répète ce précepte sous toutes les formes et le mot
« écouter » revient dans sa bouche à satiété : « *Si vous écoutez*
» *mes leçons*, leur dit-il, *votre sagesse sera en progrès*[5] ». Pour
les encourager, il leur cite son propre exemple[6], et toutefois af-
fecte d'envier leur sort et de regretter le temps où, comme eux, il
recueillait les leçons d'un maître : « *Ecoutez les paroles des*
» *grands ! Ah ! puissé-je faire comme vous qui venez pour les*
» *recevoir !... Combattez les paroles dirigées contre l'obéis-*
» *sance ;...de plus vieux que vous ont suivi ce chemin*[7]*.... Vous*
» *devez être pour moi des auditeurs dociles, parce que j'ai*
» *écouté. A bien écouter, on apprend à bien parler. Qui onque*

[1] BRUGSCH, *Die biblischen sieben Jahre der Hungernoth.*
[2] Pap. Prisse, v, 6 (VIREY, p. 32).
[3] *Ib.*, xv, 8-10 (p. 92).
[4] *Ib.* xviii, 2 (p. 98).
[5] *Ib.* xv, 8 (p. 91).
[6] Tel le scribe Amoni-Amonâa qui copia le roman du Naufragé. « On m'a dit :
« *Deviens un savant mon ami ; tu parviendras aux honneurs* », et voici, je le suis
» *devenu.* » (MASPERO, *Contes*, p. 146).
[7] Pap. Anastasi VII, pl. 6, l. 7-9.

» *a écouté profite, et il est profitable d'écouter celui qui a écouté.*
» *Écouter vaut mieux que toute chose[1].* »

Recueillir exactement les leçons du maître forme l'esprit ; le cœur se forme en acceptant docilement les réprimandes : « *Écoute* » *toute parole de reproche : tu sais ce qu'elle dit de bon....* » *Celui qui dit « Je ne puis recevoir d'observation » qu'on le* » *laisse[2].* ».

A l'appui de ses paroles, le maître invoque l'autorité divine : « *Ce* » *qu'aime Dieu, c'est qu'on écoute ; si l'on n'écoute pas, cela est* » *en horreur à Dieu[3].* » Ce n'est pas une supposition arbitraire ; le précepte de la docilité vient bien réellement des dieux : « *C'est* » *une leçon de Dieu qui est dans le cœur de tous les hommes :* (à savoir) : « *Celui-là prospère qui est dirigé dans la bonne* » *voie pour ses actions[4].* » Insistez, il citera le nom du Dieu auteur du précepte : Thot n'a-t-il pas dit à Isis : « *Viens ici, il est* » *bon d'obéir* (à un bon conseil) ; *l'un vit qu'un autre con-* » *duit[5].* » En écoutant, on suit donc l'exemple d'Isis, on se conforme à des modèles divins : « *Un fils qui écoute est comme un* » *suivant d'Horus ; il est heureux, après avoir écouté ; il gran-* » *dit, il parvient à la considération[6].* »

Quelle que soit la force d'un tel argument pour des esprits très religieux, le maître vise avant tout à des leçons pratiques, aussi appuie-t-il principalement sur les avantages immédiats et d'ordre naturel. L'esprit d'indépendance ne mènerait qu'à l'ignorance et n'engendrerait que des conséquences funestes : « *L'homme* » *sans expérience, qui n'écoute pas, ne fait rien du tout. Il voit* » *la science dans l'ignorance, le profit dans le dommage ; il* » *fait toutes sortes d'erreurs, à prendre ainsi toujours l'inverse* » *de ce qui est louable. Il vit de ce qui est mortel de cette façon.* » *Son aliment c'est la mauvaise parole dont il est émerveillé.*

---

[1] Pap. Prisse, xvi, 3-5 (Virey, p. 93-96).
[2] Pap. moral du Louvre (Revillout, *Rev. Eg.*, I, 163).
[3] Pap. Prisse, xv, 6-7 (Virey, p. 96).
[4] Stèle d'Antouf, Louvre C 26 (De Rougé, *Cat.*, p. 88 ; Piehl, *Rec.* II, 23).
[5] Stèle Metternich (Brugsch, *Æ. Z.*, 1879, p. 10).
[6] Pap. Prisse, xvii, 10-11 (Virey, p. 101).

» *De ce que les grands connaissent pour être mortel, il en vit*
» *chaque jour ; fuyant ce qui lui convient (s'éloignant du*
» *succès), à cause de la multitude d'erreurs qui se présentent à*
» *lui chaque jour¹.* »

Au contraire les élèves attentifs et dociles se féliciteront des
bons résultats de leur application : « *Si vous êtes habiles dans*
» *les écritures, si vous les avez pénétrées, placez-les en votre*
» *cœur ; tout ce que vous dites devient alors parfait. Si le*
» *scribe est employé dans une profession quelconque, il discourt*
» *d'après les écrits².* » Le maître leur promet la réussite dans
leurs affaires, la faveur des grands et du roi, et la santé jusque
dans un âge avancé : « *Il n'y aura pas d'erreur dans tous vos*
» *plans..... Votre conduite sera parfaite, tandis que l'erreur*
» *ravit l'indocile ; demain la science vous soutiendra, tandis*
» *que l'ignorance sera écrasée..... Pour avoir reçu ma parole,*
» *vous deviendrez vieux..... Par là j'obtiendrai que votre*
» *corps soit bien portant, que le roi soit satisfait de vous en*
» *toutes circonstances et que vous gagniez des années de vie*
» *sans défaut³.* » Il n'a garde d'oublier de faire luire à leurs yeux
l'appât des bons emplois, des places lucratives et honorifiques :
« *Ceux qui s'adonnent aux lettres, y ayant trouvé l'habileté*
» *pour être faits juges, sont faits puissants ; car tu fais pour*
» *eux (ô Amon) qu'ils soient dans l'Assemblée des Trente⁴.* »

Ces exhortations et ces promesses produisent le meilleur effet
sur les élèves. Ils écoutent en silence, bouche bée, et recueillent
dans leur mémoire tout ce qui tombe des lèvres du maître : « *Ce*
» *qu'il leur dit, cela leur est à cœur ; pour le satisfaire gran-*
» *dement, ils feraient pour lui plus qu'il n'a dit..... Pour leur*
» *maître, ils font ce qui est satisfaisant, se mettant de tout*
» *leur cœur dans cette voie..... Écoutant celui qui (jadis) a*
» *écouté, (leur répéter) ce qui lui a été dit, ils gravent dans*

---

¹ Pap. Prisse, xvii, 4-9 (Virey, p. 99-100).
² Pap. Boulaq IV (Amélineau, max. 33, p. 122).
³ Pap. Prisse, xvi, 13-14 ; xvii, 2-3 ; xvi, 6 ; xix, 6-7 (Virey, p. 99, 99, 96, 106).
⁴ Hymne à Amon-Râ (Grébaut, *Hymne*, p. 65-66).

» *leur cœur ce qui est approuvé (de lui) ; et la mémoire s'en*
» *conserve (ainsi) dans la bouche des vivants qui existent sur*
» *la terre*[1]. »

D'ailleurs ses élèves aiment à l'entendre. Ils connaissent sa
valeur ; ils savent l'exactitude de son érudition ; en retour de son
dévouement, ils lui témoignent une admiration et une reconnaissance profonde. Si on leur demandait l'éloge de leur maître, ils
ne tariraient pas et, pour exprimer toute leur vénération, accumu-
leraient sans fin les épithètes et les métaphores : « *Sa science*
» *est une montagne en poids et en volume, une bibliothèque*
» *cachée qu'on ne voit pas*[2]. » — « *Scribe d'élite, cœur large,*
» *bouche éloquente ! c'est une joie que son langage quand on*
» *l'entend ! Artisan des paroles divines, qui n'ignore rien,*
» *c'est un homme distingué par la valeur et les travaux de*
» *Safekhit, la servante du seigneur de Khmounou c'est-à-dire*
» *Thot), dans la salle des livres, un professeur actif dans*
» *l'archive des écrits..... Adonné aux sciences, y consacrant*
» *tout son cœur, son autorité lui donne de l'assurance. Il est*
» *aimé des cœurs..... On recherche son affection, loin d'éprou-*
» *ver de la répulsion pour lui..... Tout ce qui sort de sa*
» *bouche est frotté de miel, il fait par là germer les cœurs*
» *comme des fleurs*[3] »

Le maître déroule enfin le papyrus. Il en lit le contenu d'une
voix ferme mais lentement, de manière que ses auditeurs puissent
en bien imprégner leur esprit et retenir par cœur les formules
versifiées qu'il débite. Puis il les explique en détail, car sans
explication on risque de n'y rien comprendre comme le lui écrit
un de ses disciples : « *Tu viens à moi bien muni de grands*
» *mystères : tu me dis au sujet des formules du prince Dou-*
« *doufhor : « Tu n'y as rien connu, ni bien ni mal. Un mur*
» *d'enceinte est par devant que nul profane ne saurait forcer.* »

[1] Pap. Prisse, xix, 4-6 ; xvi, 11-13 (Virey, p. 106, 97).
[2] Pap Anastasi I, pl. xi (Maspero, *G. Ep.* p. 111).
[3] *Ibid.*, pl. i, l. 1 à pl. ii, l. 7 (Maspero, *G. Ep.*, p. 107. Cf. Chabas, *Voyage*; Lieth, *Moses*; Loret, *R. Tr.*, xiv, p. 112).

« *Toi, tu es un scribe habile parmi ses compagnons, instruit*
» *dans les livres, châtié de cœur, parfait de langue; et, quand*
» *les paroles sortent, une seule phrase de la bouche est trois*
» *fois importante; tu m'as donc laissé muet de terreur*[1]. »

Il éclaircit de ses commentaires, il « embellit » le texte pour la
plus grande instruction de ses disciples. Peut-être se livre-t-il
parfois à de longues digressions : les orientaux ont l'éloquence
verbeuse. Du moins les spécimens de ses leçons qui nous sont
parvenus, se bornent au contraire au strict nécessaire.

Tels sont entre autres les chapitres XVII et XVIII du *Livre des
Morts*. Les anciens exemplaires, tant memphites que thébains,
du Moyen empire ne contiennent point la glose; elle existe au
contraire dans ceux du Nouvel empire. E. de Rougé s'est efforcé
de distinguer le texte du commentaire qui en interrompt le fil.
En voici le début :

« L'Osiris (un tel) dit :
Verset 1. « Je suis Toum, en Être Unique dans le Noun. Je suis Râ en ses levers,
» lorsqu'il a commencé le principat qu'il a exercé. »
Scholie. « Qu'est-ce que cela : « Râ en ses levers, lorsqu'il a commencé le prin-
» cipat qu'il a exercé »? Ce Râ a commencé de se lever sur le trône où il est monté,
» quand ne s'étaient pas produits encore les soulèvements de Shou sur l'escalier de
» la ville de Khmounou (Hermopolis). Il a anéanti les enfants de la rébellion sur
» l'escalier de Khmounou [2].
Verset 2. « Je suis le dieu grand qui s'est donné la forme à lui-même (c'est-à-
» dire l'eau, c'est-à-dire Noun, le père des d'eux). »
Scholie. « Qu'est cela ? C'est Râ, créateur de ses membres qui deviennent les
» dieux de la suite de Râ. »
Verset 3. « Je suis celui à qui nul ne fait obstacle parmi les dieux. »
Scholie. « Qu'est cela ? C'est Toum dans son disque. Autrement dit : C'est Râ
» dans son disque se levant à l'horizon oriental du ciel » [3].
» Etc... »

Si nous nous attendions à quelques larges aperçus sur la religion ou la morale égyptienne, nous sommes déçus. Le commenta-
teur nous donne des détails précieux, mais toujours des détails :

---

[1] Pap. Anastasi I, pl. x, l. 8 à xi, 4 (MASPERO, *H. A.*, p. 67).
[2] MASPERO, *Proc. Soc. Bibl. Arch.*, 1891. Le texte porte : « Ce Râ a commencé de se
lever dans Héracléopolis qu'il a faite ». Maspero a bien démontré que cette leçon provenait d'un copiste distrait ou prétentieux qui a pris « *em soutenit* — dans la royauté »
pour un nom de ville « *em Khenensou* », « *em Âh-khenen-souten* — dans Héracléopolis. »
[3] E. DE ROUGÉ, *Rituel*; PIERRET, *Livre des Morts*, p. 53-54.

jamais il n'effleure les questions générales. Peut-être même, si on lui demandait davantage, alléguerait-il la défense des livres sacrés, car il y lit ces mots : « *N'en fais pas (de ce livre) de nombreux* » *commentaires fournis par ton imagination ou ta mémoire* [1].»

D'autres fois, le maître lit à ses élèves quelque ancienne composition morale. Ce sont les conseils d'un père à son fils, comme ceux de Kaqimna à ses enfants, de Ptah-hotpou à son fils, de Doûaoûf-si-Khroùd à Papi, ou d'Ani à Khons-hotpou. Tous ces vieux sages ou ces scribes distingués ont rédigé, pour leur élève de prédilection « issu de leur chair », des instructions où se cristallise en doctes sentences le meilleur de leur sagesse. On respecte plus que tous les autres les recueils les plus anciens ; mais sans doute on revient de préférence aux plus nouveaux qui contiennent de plus nombreux préceptes. Les développements et les commentaires ne sont pas difficiles à trouver. Puisque ces préceptes ne s'inspirent guère que du spectacle de la vie quotidienne, il suffit de jeter les yeux autour de soi, pour voir surgir en foule les applications. Si l'on préfère, il est loisible de recourir à l'histoire pour lui emprunter des exemples : « *Ainsi n'agissait pas le roi* » *Rá* »[2]. Ou bien encore on cite, ce qui revient presque au même, la littérature romanesque, fort en vogue et riche en thèmes de morale en action. L'auteur du papyrus moral de Saint-Pétersbourg n'interrompait-il pas la série de ses maximes pour narrer un ou deux contes[3] ?

Souvent même, c'est la réalité qui provoque la leçon. Quand les jeunes gens quittent l'école pour se lancer dans une carrière, le maître ne les perd pas de vue. Il use de son influence pour les aider à réussir, et ne leur refuse jamais son concours. « *C'est* » *un appui ferme pour tout jeune homme qui sort de ses* » *mains ; ses doigts agrandissent le petit.* [4] » Lors donc qu'un de ses anciens disciples recourt à son expérience et veut

[1] *Livre des Morts*, CXLVIII, l. 6 (PIERRET, p. 500).
[2] Pap. St-Pétersbourg, 1116, § 10.
[3] GOLÉNICHEFF, *Æg. Zeit.*, 1876, p. 107.
[4] Pap. Anastasi I, pl. 1, l. 3 (MASPERO, *G. ép.*, p. 107).

s'éclairer de ses lumières, il met en pratique le précepte que lui-
même a souvent donné ; « *Si l'on vient pour te demander un*
» *conseil, que cela te soit une raison pour consulter les livres*
» *divins... Si le scribe est employé dans une profession quel-*
» *conque, il discourt d'après les écrits* »[1].

Et de fait l'occasion se présente fréquemment. C'est un jeune
homme qui consulte sur sa vocation ; il se sent attiré vers le métier des armes ou vers la vie des champs : il faut lui en montrer
les inconvénients. Ou bien il se dérange et mène une mauvaise
conduite : il faut le redresser et le remettre dans la bonne voie.
Ce sont des plaies morales à panser : vite on fouille dans « l'officine de l'âme » et on découvre le baume voulu ; car la bibliothèque renferme des écrits de toute sorte. Si les *Recueils de préceptes* ne font pas l'affaire, ce qui convient au cas présent se
trouvera bien dans la collection de *Lettres choisies* des anciens.

En feuilletant parmi tous ces doctes ouvrages, notre sage
hésite entre les panégyriques enthousiastes de l'état de scribe
et les virulentes satires des autres métiers, entre les judicieux
conseils sur la conduite à tenir près des grands et les invectives
indignées contre la paresse, l'ivrognerie ou la débauche[2]. Il rencontre enfin la page voulue ; et, en y introduisant les modifications que réclament les circonstances, il libelle une jolie épître.
La versification ne protège pas plus les « paroles cadencées » que
les autres contre ces sortes d'imitations, d'interpolations ou de
plagiats[3]. C'est une manière de témoigner son respect pour les
œuvres des ancêtres[4]. Notre scribe, d'ailleurs, ne suit-il pas
l'exemple des rois qui admirent tant certains éloges de leurs pré-

---

[1] Pap. de Boulaq IV (ANÉLINEAC, max. 3, p. 16 ; max. 33, p. 122).
[2] MASPERO, *Genre épistolaire*, p. 24-76.
[3] MASPERO (*Genre épistolaire*, p. 33 et suiv.) montre comment le rédacteur du papyrus
Sallier I a « contaminé » de la sorte l'œuvre transcrite au papyrus Anastasi II. Cet
exemple se recommande par sa dimension et son caractère typique, mais il n'est pas du
tout un fait isolé.
[4] On dépeçait sans vergogne les textes littéraires pour les appliquer à un usage personnel. L'ostracon 5629 du British Museum reproduit la fin du conte de Sinouhit : « *On me fit
construire une pyramide en pierre, etc.* » (MASPERO, *Contes*, p. 90-91 ; GOODWIN, *Æ. Z.*,
1872, p. 20-21). — Ainsi les hémistiches de Racine et Molière étaient plagiés au XVIIIe s.
Que dirait-on aujourd'hui de l'inscription sur une tombe d'une page de Balzac ou de
Zola ?

décesseurs qu'ils les font inscrire, en changeant seulement les noms, sur les monuments élevés en leur propre honneur [1]? Il se ferait donc gloire de son démarquage, s'il n'avait peur qu'on ne l'accusât, non d'avoir trop emprunté, mais de n'avoir pas copié assez servilement son modèle. Néanmoins, avant d'envoyer son épitre au destinataire, il la récite à ses élèves pour leur édification. Ceux-ci l'écoutent pieusement et la gravent dans leur mémoire. De souvenir, ou sous la dictée du maître, ils la transcrivent, et l'on en dépose un exemplaire aux Archives du temple. Eux-mêmes en gardent une copie pour enrichir leur bibliothèque qui les suivra dans la vie et jusque dans la tombe pour l'éternité, à moins que des voleurs ou des archéologues ne l'y dérobent.

. * .

Mais toutes ces belles et profitables leçons, ne les entend pas toujours qui veut. Les Égyptiens se montrent très jaloux de leur science; ils ne la communiquent que petit à petit; on ne parvient à la pleine connaissance que par une longue initiation. S'ils exigent de leurs disciples la plus complète docilité, s'ils haïssent les novateurs, ils redoutent au moins autant les indiscrets, et tout initié doit jurer un silence absolu. Ne croyez pas toutefois qu'il y ait dans ces précautions l'unique souci de conserver un monopole!

Voyez-y d'abord une indifférence absolue pour le prosélytisme. En effet, l'Égyptien ne cherche pas à répandre sa doctrine. Hors des initiés, les hommes se divisent à ses yeux en deux classes : les hommes du peuple et les étrangers. Ces derniers sont des infidèles, des révoltés, des ennemis des dieux; on ne songe pas à les instruire. Que le roi les subjugue, les réduise en esclavage ou les

---

[1] Par exemple, Séti I sur les murs de Karnak, copie le chant triomphal d'une stèle de Thotmès III ; CHAMPOLLION, *Not.*, II, 96 ; MASPERO, *Genre épistolaire*, p. 89-90 (cf. : *Guide*, p. 73-74 ; *Hist. anc.*, p. 202). Puis Ramsès III fait de même à Médinet-Habou (DÜMICHEN, *Hist. Inschr.*, I, pl. 11-13 ; MASPERO, *Hist. A.*, p. 203, n. 1) et y juxtapose une adaptation du *Décret de Ptah*, fait pour Ramsès II à Ibsamboul (CHAMPOLLION, *Mon.*, pl. 38 ; L. D., III, 194 ; DE ROUGÉ, *I. H.*, 131-138 ; NAVILLE, *Trans. S. B. A.*, 1880, VII, 117-138). — Dans le papyrus Anastasi IV, le chant de triomphe de Ménéptah est copié presque mot à mot et approprié à Séti II par simple substitution de nom (MASPERO, *Hist.*, p. 259).

détruise! voilà tout ce qui leur convient. Le bonheur de l'Égypte
le préserva longtemps de voir ces mêmes étrangers pénétrer sur
son sol en vainqueurs. Mais enfin le jour de l'humiliation arriva :
Cambyse, introduit dans le temple de Ptah un des dieux les plus
révérés, éclata d'un rire indécent à la vue de la statue divine;
un autre jour, il blessa de sa main le taureau sacré Apis [1]. Le silence
n'offrait-il pas un abri suprême contre de pareils sacrilèges ?
Quant au peuple, aux hommes de métier, ce sont gens incapables
de pensées quelque peu élevées; s'ils prétendaient par hasard
s'égaler aux scribes, ils ne mériteraient que sarcasmes : la *Satire
des métiers* rappelle leur infériorité. Les théories du monde intel-
ligible doivent donc leur rester fermées parce qu'ils ne sauraient
les comprendre; la religion bonne pour eux c'est celle qui amuse
les yeux et étourdit les sens, celle des rites bizarres, des proces-
sions majestueuses et des fêtes bruyantes; point de conseils de
morale à ces esprits bornés! il suffit de leur donner des ordres.
Traitez vos subordonnés avec douceur, mais « *jetez l'ordre sans
» ménagement à ceux qui font mal* » [2]. Inspirez confiance, par
votre habileté et vos lumières, à ceux qui vous suivent; mais « *le
» travail manuel les dégrade* » [3] : qu'ils vous suivent donc
aveuglément!

Ce mépris pour le vulgaire et la prétention de lui cacher les
mystères, sont anciens et ne datent pas seulement du jour où l'on
craignit les profanations des étrangers. Au temps où l'Égypte étendait ses conquêtes au dehors, plusieurs chapitres du *Livre des
morts* recommandaient le secret. Le fameux chapitre cxxv n'est pas
très explicite, il dit seulement que « *le livre se transmettra de
» génération en génération sans accident* » [4]. D'autres défendent
brièvement de le laisser voir à aucun homme [5], « *sauf ton père ou
» ton fils* », ajoutent les chapitres cxxxiii [6] et clxi [7]. Ce dernier

---

[1] HÉRODOTE, III, 27-29 et 37.
[2] PTAH-HOTPOU, pap. Prisse, vii, 12 (VIREY, p. 52).
[3] *Ibid.*, xv, 5 (p. 90).
[4] *Livre des Morts*, ch. cxxv, l. 68 (PIERRET, p. 283).
[5] *Ib.*, cxxxvi, l. 15 (p. 426). — cxliv, l. 33 (p. 461). — clxvii, l. 20 (p. 503).
[6] *Ib.*, cxxxiii, l. 13 (p. 415).
[7] *Ib.*, clxi, l. 6 (p. 551).

mentionne expressément le vulgaire qui « *ignore ce chapitre… le*
» *véritable mystère que ne connaît aucun homme, en aucun*
» *lieu* »[1]. Mais le plus expressif est le chapitre cxlviii : « *Ne*
» *laisse voir ceci à aucun homme autre que le roi ou le* khorheb
» *(prêtre). Ne le laisse pas voir à un esclave allant et venant…..*
» *Ce livre mystérieux et vrai, nul autre ne l'a connu, nulle*
» *part, jamais. Aucun homme ne l'a déclamé, aucun œil ne*
» *l'a interprété, aucune oreille ne l'a entendu. Qu'il ne soit*
» *vu que par toi et celui qui te l'a enseigné….. C'est un véri-*
» *table mystère que ne connaît aucun homme du vulgaire,*
» *nulle part*[2]. » Le *Livre des Respirations* interdit de même toute
divulgation[3]. De même encore, un manuscrit du *Livre pour faire*
tomber Apophis recommande de « cacher ce livre dans le trésor
» pour que nul individu ne le voie »[4]. L'artiste Iritisen se vante,
comme d'une chose peu commune, de « connaître les mystères
» des paroles divines »[5].

Sans doute les indiscrétions sur la morale eussent été moins
périlleuses qu'en matière de religion. On n'aurait pas eu à craindre
un bouleversement de l'univers comme si l'on avait violé le secret
des mystères d'Isis ou du tombeau d'Osiris à Abydos, duquel
dépendait le salut du monde, ou comme si l'on avait abusé des
formules sacrées pour ébranler le ciel[6]. Mais l'habitude du mystère[7] était prise. Aussi bien la morale touche-t-elle par plus d'un
point à la religion.

Du reste cette habitude du mystère s'étendait à toutes les parties

---

[1] *Livre des morts*, clvi, l. 5-7 (p. 550).
[2] *Ib.*, cxlviii, l. 3-7 (p. 500).
[3] « *Cache, cache, et ne fais réciter cet écrit à personne ; il profitera à la personne qui*
» *est dans le tombeau et elle vivra en vérité des millions de fois.* » *Chaï-ni-sinsinou*
(De Horrack, *Livre des Respirations*, pl. i, l. 6-7, p. 5 [*B. Eg.*, XVII, 113-114]).
[4] Pap. Brit. Mus., p. xlviii, l. 16 (Pleyte, *R. Tr.*, III, 63).
[5] Stèle d'Iritisen, Louvre C 14 (Lepsius, *Auswahl*, iv, 3 ; Chabas, *Mél.*, II, 116) : *au
rekh ku secheta n nuter kherou.*
[6] Chabason, *apud* Porphyre, *Ep. ad Anebonem*, et Jamblique, *De mysteriis*, vi, 7, p. 149.
Cf. le livre de Thot qui, selon le *Conte de Satni*, permet d'enchanter le ciel, la terre et
les eaux (Maspero, *Contes*, 2e éd., p. 175).
[7] Il ne faut pourtant pas voir mystère ou mysticisme partout. Ainsi Mariette supposait que « dans les salles divines la décoration est banale de propos délibéré afin de
dissimuler le dogme ». A quoi bon ? dit Rochemonteix, peu d'initiés y pénètrent ; ces inscriptions sont nécessaires pour protéger le temple, et l'ensemble des figures (sinon le
texte) est très instructif (*R. Tr.*, III, 81-85). N'exagérons rien.

de la science. Strabon reproche aux Égyptiens d'avoir fait mystère si longtemps aux Grecs de leurs connaissances astronomiques et de leur avoir laissé ignorer l'existence de l'année complète ; (il est vrai que mercenaires ou trafiquants devaient peu s'en soucier). « Mystérieux et peu communicatifs », dit Strabon, « ils se laissaient » décider, à la longue et à force d'attention et de politesse à révé- » ler quelques-uns de leurs préceptes ; mais néanmoins ils en » cachaient la plus grande partie[1] ». Même, selon Origène, ils refusaient d'enseigner l'écriture hiéroglyphique à qui ne voulait pas se soumettre à la circoncision, et Pythagore seul parmi les Grecs se serait prêté à cette opération[2].

C'était d'ailleurs chose si commode, pour se délivrer des questions gênantes de voyageurs trop curieux, que de se retrancher derrière le mystère religieux ou une sorte de secret professionnel ! Il suffisait, pour les convaincre qu'on n'y mettait pas de mauvaise volonté, de leur citer quelques versets des livres sacrés, par exemple celui-ci : « *Ce que dit le prêtre-auditeur* (sotem) *les* » *hommes ne le racontent pas, les dieux ne le répètent pas,* » *réciproquement*[3], » ou encore cet autre qui termine le recueil : « *Ce livre est le plus grand des mystères. Ne le laisse* » *voir à aucun homme, c'est une abomination de le faire* » *connaître. Cache son existence. Le* Livre *de la demeure* » *cachée est son nom*[4]. » Que répondre à une pareille citation ?

Aussi les Grecs s'en plaignaient-ils vivement, à moins de craindre sincèrement la vengeance des dieux comme le bon Hérodote. Les prêtres interrogés par celui-ci le voyaient si plein du désir de connaître et animé de si bonnes intentions qu'ils n'avaient pas toujours le cœur de lui refuser les explications qu'il sollicitait avec toute sa curiosité de Grec à l'esprit enquêteur. Mais ils ne lui faisaient ou n'affectaient de lui faire des concessions que s'il leur promettait de garder un secret éternel sur leurs révélations. Que

[1] STRABON, 17, p. 806.
[2] ORIGÈNE, *Comm. in Ep. ad. Rom.*, *Opp.* IV, 423 : PORPHYRE, *Vita Pyth.*: THÉODORET, *Therap.*, p. 467.
[3] *Livre des Morts*, ch. CXII, l. 2 (PIERRET, p. 349).
[4] *Ibid.*, CXLII, l. 12 (p. 553).

valaient ensuite ces explications confiées ainsi mystérieusement ?
Si nous en jugeons par le désordre qu'il a introduit dans la chro-
nologie, par les confusions qu'il a commises, par les légendes et
les romans populaires qu'il a pris pour de l'histoire toute pure,
nous pouvons supposer qu'on ne le renseignait pas toujours exactement ; et même nous pouvons poser cette question : ceux qui le
renseignaient étaient-ils eux-mêmes bien informés, et avait-il affaire
à des subalternes peu instruits [1] ? ou bien s'adressait-il à des malins
qui le jouaient avec un grand appareil de mystère et d'appels à sa
discrétion ? Ce qu'il y a de sûr c'est que le bonhomme tint parole.
Parfois il interrompt son récit, pris de peur de transgresser ses
serments et de s'attirer la colère des immortels. Tantôt il s'agit
des rites mêmes et tantôt de l'interprétation qu'en donnaient les
prêtres : « *Quoique je les connaisse, et de plus tout ce qui s'y*
» *rattache,* » dit-il des cérémonies accomplies sur le lac de Saïs
» pendant la fête de Néïth, « *que cela repose en un silence reli-*
» *gieux* [2]. » Et ailleurs : « *Si je disais pourquoi ils les consacrent*
» *(les animaux réputés sacrés), je pénétrerais en mon récit*
» *jusqu'aux choses divines, dont j'évite surtout de rien racon-*
» *ter : car s'il m'est arrivé de les effleurer, je ne l'ai point*
» *fait sans être contraint par nécessité* [3]. »

Diodore montre plus de scepticisme et de mauvaise humeur.
C'est justement à propos de la même question des animaux sacrés.
Il rapporte un certain nombre d'opinions qu'il a recueillies de ci et
de là ; mais aucune ne le satisfait. Aussi tient-il rancune aux
prêtres de leur taciturnité : « *Les Égyptiens pratiquent en*
» *l'honneur des animaux sacrés beaucoup de cérémonies*
» *incroyables dont il nous est impossible de donner l'explica-*
» *tion et l'origine ; car les prêtres ont des doctrines secrètes*
» *dont il est défendu de parler* [4]. »

Pour lui clore la bouche il a fallu que les prêtres lui avouassent

[1] Cf. MASPERO, *Sur les sources populaires du second livre d'Hérodote* (*Annuaire des Études grecques*, 1875, p. 126-174) [B. Eg., VII, 333-426].
[2] HÉRODOTE, II, 171.
[3] *Ib.*, II, 63.
[4] DIODORE, I, 86 ; cf. I, 21.

qu'eux-mêmes se cachaient les uns aux autres certains mystères, et cela dès l'origine de l'Égypte et depuis le règne des dieux, lorsqu'Isis eut enseveli les restes d'Osiris en divers endroits, feignant de confier aux prêtres du lieu tout son corps, « elle convoqua toutes leurs classes et leur fit jurer le secret sur cette confidence ».

Laissons donc ces héritiers du dépôt de la pensée égyptienne dans leurs temples et leurs petites chapelles. Puisqu'ils s'obstinent à ne point parler, ne tentons pas ces sphinx.

N'interrogeons pas les Grecs, parvenus à leur arracher quelques confidences incomplètes, qu'ils comprenaient plus ou moins bien et qu'ils s'empressaient de combiner avec leurs propres élucubrations. A plus forte raison n'écoutons pas des ennemis qui cherchent ouvertement à répandre sur eux le ridicule.

Mettons-nous plutôt à l'école de ces anciens seigneurs ou de ces anciens scribes, qui s'étaient faits les précepteurs de leurs propres fils. D'heureux hasards nous ont livré quelques-uns de leurs livres: jour et nuit, comme dit Horace, tenons-les entre nos mains ; feuilletons-en les pages assidûment. Interrogeons leurs œuvres muettes et leurs tombes silencieuses ; car le monde n'a pas vécu sans profit. Sans doute nous nous dirons que notre sagesse vaut mieux ; mais nous saurons d'où elle nous vient. Nous apprendrons à respecter à bon escient ces sages antiques. Puérils parfois dans leurs conceptions, se complaisant trop peut-être en eux-mêmes, cédant plus que tous autres à la vanité qui piquait souvent leurs compatriotes, méprisant le peuple auquel ils ne jetaient que des lambeaux de vérité, c'étaient pourtant des observateurs, des gens d'expérience et de bon conseil. Directeurs de consciences en même temps que directeurs d'études, ils ont vu clair dans le cœur de leurs contemporains. Leurs préceptes sont souvent terre-à-terre, mais toujours pratiques. Ils ont trouvé dans la religion un auxiliaire puissant pour la morale et s'en sont servis pour prêcher la haine du mal et la pratique de vertus sociales assez précieuses. Somme toute, ils ont largement contribué à la civilisation et bien mérité de l'humanité.

CHAPITRE V

FONDEMENTS DE LA MORALE

La Rochefoucauld a dit que *toutes les vertus se perdent dans l'intérêt, comme les fleuves dans la mer*. Que l'intérêt soit ainsi la fin suprême des actes vertueux : on l'a légitimement contesté. Que cependant il se découvre à l'origine de la morale, qu'il en marque sinon le terme au moins la source, qu'il soit le guide véritable de l'instinct avant que la raison lui dispute l'empire de l'âme : on pourrait le soutenir avec vraisemblance.

Toutefois la considération de l'intérêt ne suffit pas pour fonder la morale. Celle-ci repose sur l'idée d'obligation. Or, si l'on cherche à expliquer par l'intérêt cette idée d'obligation qu'il n'a pas fait naître et qui provient d'un autre principe, c'est seulement par un retour en arrière de la pensée. La chose agréable exerce par elle-même un certain attrait, mais elle ne s'impose pas : on peut s'en priver. La chose utile apparaît telle seulement à titre de moyen d'atteindre un but que nous nous proposons comme bon : nécessaire, elle le devient sans doute si nous voulons ce but, mais seulement d'une nécessité conditionnelle. Le plaisir que nous procurerait un acte par lui-même, ou par ses conséquences calculées à plus ou moins longue échéance, nous entraîne, il est vrai, et souvent nous déterminera, mais sans nous donner le sentiment que nous fussions obligés de choisir cet acte.

L'idée de devoir ne naît, au contraire, ou ne se révèle que grâce à la lutte engagée en nous, à propos d'un acte à faire, contre l'instinct avide de plaisir ; on fait sans réflexion ce que l'on aime, on ne se déciderait pas à un acte contraire si l'on ne se persuadait devoir le faire.

L'Égyptien ne nie pas que l'instinct soit le premier guide de la conduite ; mais il lui refuse toute clairvoyance pour distinguer le bien du mal. La passion mène l'homme ; mais elle est aveugle et le mène à sa perte, s'il ne cherche hors de lui une lumière : « *Le* » *cœur se fait son maître quand il écoute et quand il n'écoute* » *pas ; mais s'il écoute, c'est pour l'homme un (maître) bien-* » *faisant que son cœur*[1]. »

Comme l'instinct domine d'abord en l'homme, c'est sous la forme d'un commandement étranger à lui-même, que d'abord il se figure le devoir : il prend donc, à tort ou à raison, pour base de la morale, l'autorité. Mais alors, qui écoutera-t-on ? Qui dira que tels actes sont bons et tels autres mauvais ? Quelle autorité sera la lumière du cœur ? En Égypte, cette autorité, d'où émanent commandements et défenses, paraît avoir été double. Les principes de conduite s'y énonçaient toujours au nom de la tradition ou au nom de la religion. Il fallait recourir au prêtre ou au sage. D'ailleurs, le plus souvent, prêtre et sage ne faisaient qu'un.

Comment n'écouterait-on point le sage ? Lorsque d'abord il se présente à l'Égyptien sous les traits d'un maître, on tremble devant lui, on ne discute point ses ordres, on obéit. Il passe, à la vérité ; mais ses ordres demeurent et avec eux l'habitude de l'obéissance. Quelque vive que soit une séduction, la volonté du maître s'impose. Voilà dès l'origine l'idée d'obligation liée à la personne du sage. Il possède en vertu d'une même transmission la puissance qui commande et la sagesse qui justifie l'ordre. « *Mon bon maître,* » lui dira-t-on en suppliant. *tu es un homme qui distingue le* » *mal de ce qui est juste*[2]. »

Lumière et autorité résident en lui, mais viennent de ses ancêtres ; voilà ce qui les rend indiscutables. Il ne se donne que comme un interprète fidèle de la loi traditionnelle ; et la puissance qu'il détient sert de garantie et de preuve à ses dires. Aussi est-ce à lui avant tout qu'il faut chercher à plaire, comme l'enseigne Ptah-hotpou à son fils. De là tous ces conseils de docilité accumu-

---

[1] PTAH-HOTPOU, *Préceptes* : pap. Prisse, IV, 7-8 (VIREY, p. 96-97).
[2] *Conte des deux frères* : pap. d'Orbiney, VI, 5.

lés dans les livres de préceptes. Les scribes se gardent bien d'é-
branler cet empire de la tradition sur qui s'appuie leur propre
autorité.

S'insurger contre la tradition! repousser les enseignements que
le sage a recueillis et qu'il répète à son tour! ne point écouter les
hommes qui par leur expérience et leurs longues études ont acquis
la science précieuse du bien et du mal! hôlà! ce serait non seulement de l'imprudence et de la maladresse, mais une folie, une
aberration incompréhensible. Pour agir ainsi, il faudrait manquer
totalement de sens moral : « *Que la réponse d'un vieillard*
» *portant bâton renverse les audaces de peur que ton émer-*
» *veillement n'irrite plus que les œuvres*[1] ! »

La tradition finit par se justifier elle-même : son existence seule
la propose à l'imitation et prouve son excellence. « *Cherche à*
» *imiter ton père et les ancêtres,* dit un moraliste; *car vois,*
» *leurs sages paroles restent dans leurs écrits*[2]. »

En faisant le portrait du moraliste égyptien, nous avons suffisamment parlé, pour n'avoir pas besoin d'y insister ici davantage,
de la soumission qu'exige le sage à l'enseignement traditionnel.

A côté de cette première autorité, la tradition, il en est une seconde, la religion. A vrai dire, religion et tradition ne s'opposent
point et, loin d'entrer en conflit, se prêtent un concours mutuel.
Les raisons de cette alliance sont faciles à saisir. La religion elle-
même dépendait de la tradition : quelques modifications qu'elle
ait subies peu à peu, ne prétendait-elle pas faire remonter ses doctrines par les ancêtres jusqu'aux dieux mêmes? A cette commu-
nauté de méthode sages et prêtres joignaient celle de l'éducation
et de l'origine. C'était à l'ombre du même sanctuaire que tous se
formaient, et, avec leur bagage plus ou moins lourd de connaissances, conquéraient ce titre de scribe qui ouvrait toutes les carrières. Enfin, selon les occasions, le sage recommande la piété ou
invoque à l'appui de ses leçons l'autorité divine : « *Ce qu'aime*

[1] Ani, *Maximes* : Pap. Boulaq IV (AMÉLINEAU, max. 59).
[2] Pap. moral n° 1116 de Pétersbourg (GOLÉNISCHEFF, *Æ. Z.*, 1876, 107).

» *Dieu*, dit Ptah-hotpou, *c'est qu'on écoute ; et si l'on n'écoute*
» *pas, cela est en horreur à Dieu*[1]. »

La volonté divine deviendra pour les Égyptiens une règle de conduite qui pourra s'appliquer à toutes les circonstances de la vie.
Ils se vantent dans leurs épitaphes d'avoir été de « *bons serviteurs*
» *du Dieu* » qu'ils invoquent. Ils déclarent qu'ils ont suivi sa volonté, marché dans sa voie, ou, pour prendre leur propre expression,
« *qu'ils ont agi dans ses eaux* ». Les habitants de ce pays étroit,
traversé dans toute sa longueur par le Nil et sillonné de canaux,
ne connaissent pas d'autre chemin que l'eau pour toute distance
un peu longue. Voguer dans les eaux du dieu c'est donc se reconnaître son serviteur, comme les vassaux qui font la conduite au
roi. Mais les divers mythes qui se formeront sur la vie d'outre-
tombe[2] donneront à ces mots un sens plus précis ; et c'est pourquoi
il était bon d'insister sur cette métaphore.

Aller dans les eaux de la divinité consistera donc sur la terre à
faire ce qu'aime le dieu, à détester ce qu'il abhorre. Les défunts se
vantent en conséquence, sur leurs stèles funéraires, d'avoir accompli les désirs du divin Maître, d'avoir évité de s'opposer à ses desseins. Ainsi un prophète d'Amon sous Ptolémée Soter s'écrie : « *Je*
» *suis ton serviteur, qui fais ce qu'aime ton cœur, qui adore*
» *ta face belle, qui sans cesse sers en ta demeure, qui ne s'élève*
» *pas contre ta Majesté, qui fais le bien que tu aimes, et*
» *déteste le péché (le mal)*[3] *que tu détestes*[4]. » Un général qui
avait présidé à l'ensevelissement d'un bœuf Apis exprime sa
dévotion en ces termes : « *Je suis un vrai serviteur de ton*
» *âme (ka). Je m'applique nuit et jour, toujours, sans me*
» *reposer, à accomplir toutes sortes d'actes pieux pour toi, j'ai*
» *imprimé le respect pour toi à tout le monde*[5]. » « *Celui qui*
» *suit Dieu*, dit un autre, *est en bonne mémoire. Mon nom est*

---

[1] Ptah-Hotpou, *Préceptes* : Pap. Prisse, xv, 7 (Virey, p. 96).
[2] Voir plus loin, chap. VII.
[3] *Asef.*
[4] Graffite du prophète d'Amon Pétamon à Louqsor (Daressy, *R.Tr.*, XIV, 31).
[5] Stèle d'Amasis au Sérapéum : XXVI° d. Louvre 4017 (Pierret, *Rec. Insc.*, I, p. 67 ;
Piehl, 1890, 107).

» *parfait sur terre, parce que je lui obéis. Je marche sur son*
» *chemin sans écarter la justice*[1]. » Enfin voici un défunt qui
proclame l'excellence de sa conduite : dans une prière adressée aux
vivants, il leur dit : « *Arrêtez-vous, écoutez mes paroles; ce ne*
» *seront pas charges lourdes pour vous, qui savez combien*
» *excellente est la pratique de marcher sur la voie de Dieu*[2]. »

Des textes de ce genre se rencontrent très fréquemment. Néanmoins, malgré leur intention évidente dans les exemples rapportés
ci-dessus, on pourrait objecter que les termes en sont trop vagues,
(sauf celui de « péché » qui est plus précis dans la traduction que
dans le texte), pour impliquer quoi que ce soit de relatif à la morale. La piété s'y affirme certainement; mais un homme dont la
piété consisterait uniquement à exécuter certains rites, offrandes,
sacrifices, prières, pourrait user des mêmes termes, se dire le serviteur de Dieu, se rendre le témoignage qu'il a offert à Dieu ce
qu'il demandait sans y mêler ce qu'il abhorrait. Les mêmes mots,
en effet, peuvent recouvrir des idées très différentes, au point de
recéler une union intime de la morale et de la religion, ou de les
laisser absolument étrangères l'une à l'autre.

*
* *

Un coup d'œil préalable sur l'histoire des croyances religieuses
semble nécessaire[3].

La religion égyptienne, à travers les quatre mille ans au moins
de sa durée, a subi des modifications profondes en suivant une évo-

[1] *ntr md f*: Stèle de Ptah-hotpou, fils de Nékao-meri-noutirou, XXVIe d. : n° 2316
Sérapéum, Musée de Boulaq (PIEHL, *Æ. Z.*, 1887, 122).
[2] Stèle de Petiharpekhroud, XXVIe d., Vienne (DÜMICHEN, *Kal. Insc*, pl. 46 ; CHABAS,
1869, p. 42 ; BERGMANN, *H. I.*, pl. 6-7).
[3] Cf. CHAMPOLLION, *Le Panthéon égyptien*, 1823 ; LEPSIUS, *Über den ersten æg. Götter-
kreis*, 1831 ; DE ROUGÉ, *Conférence sur la religion des anciens Egyptiens*, 1869 ; PIERRET,
Essai sur la mythologie ég., 1879 ; *Le Panthéon ég.*, 1881 ; SCHIAPPARELLI, *Del sentimento
religioso degli antichi Eg*, 1877 ; ROBIOU, *Les doctrines religieuses de l'anc. Eg.* 1878
(*Rec. Quest. Hist.*) ; PIETSCHMANN, *Der æg. Fetischdienst und Götterglaube*, 1878 ;
LEPAGE-RENOUF, *Lectures of the origin and growth of religion*, 1879 (trad. all. 1882) ;
TIELE, *Geschiedenis van den Godsdienst in de Oudheid*, (trad. fr., 1882 ; 2e éd., 1893 ;
tr. all. 1895) ; BRUGSCH, *Religion und Mythologie der alten .Eg*, 1882 (3e éd. 1885,
4e éd. 1891) ; LIEBLEIN, *Egyptian Religion*, 1874 ; *Gammel ægyptisk Religion*, I-IV,
1883-1885 ; MASPERO, *Etudes de mythologie et d'arch. ég.*, 1880-1890 (*B. Eg.*, I-II) ; *Bulletin*

6

lution naturelle[1]. Elle a passé successivement par le fétichisme et
le polythéisme naturaliste et anthropomorphique, pour aboutir à
une sorte de monothéisme panthéistique et se dégrader ensuite
comme une fleur qui s'est épanouie et qui se fane.

A l'origine, l'homme ne s'est pas senti le maître de la terre.
Tout lui prouvait sa faiblesse, et tout était pour lui mystère. La
nature l'épouvantait, alors même qu'elle l'épargnait. Autour de lui,
il rencontrait à chaque pas des forces, qui, tantôt s'opposaient à
ses désirs ou à sa volonté et brisaient ses résistances, et tantôt le
servaient au-delà de son espoir. Il y vit des êtres bien supérieurs à
lui, d'une puissance inéluctable, d'une intelligence perspicace, se
plaisant à exercer sur lui leur influence souvent maligne et quel-
quefois bienfaisante. La terreur et l'espérance lui inspirèrent ses
premiers sentiments religieux. Incapable de lutter contre tant de
puissances mystérieuses conjurées contre lui, il essaya par ses
hommages de fléchir le courroux des uns et de se concilier la
bienveillance des autres.

Fatalement, dans les premiers cultes qu'il imagina, son ignorance se fourvoya. Le fétichisme lui rendit compte du mystère
religieux et sa religion se confondit avec la magie. Les êtres na-
turels que l'homme a trouvé d'abord le plus mêlés à sa propre
vie, chez qui il pouvait reconnaître une personnalité distincte de

critique (Rev. Hist. d. Rel. = B.Eg., I-II, 1892); H. Or., I, 1895, p. 79-225; LANZONE,
Dizionario di mitologia egizia, 1881-1888; ERMAN, Ægypten, 1885, p. 331-412, Die æg.
religion, 1905 (tr. fr. VIDAL, 1907; tr. ital. PELLEGRINI, 1908; tr. angl. Miss. GRIFFITH, 1907,
2e éd. 1911); LEFÉBURE, L'étude de la religion égyptienne, 1886 (Rec. Hist. Rel.); Von
STRAUSS et TORNEY, Der alleg. Götterglaube, I-II, 1888-1890; CHANTEPIE DE LA SAUSSAYE,
Lehrbuch der Religions geschichte, 1889; V. LANGE, Die Ægypter (tr. fr., HUBERT et LÉVY,
1901, p. 69-123); WIEDEMANN, Die Rel. der alten Æg., 1890; Ægyptische Religion, 1903;
Magie und Zauberei, 1905; LANG, Mythes, cultes et religions (tr. fr. 1896); PETRIE, Religion and conscience in ancient Egypt, 1898; The religion of ancient Egypt, 1906; BUDGE,
Egyptian magic, 1899; Gods of the Egyptians, 2 v., 1902; CAPART, Bulletin critique
des religions de l'Egypte (Rev. hist. Rel., LI, 1905, LIII, 1906, LIX, 1909); La religion
ég., 1912 (ch. II, DE BRICOUT, Hist. des relig., I); STEINDORFF, The religion of the ancient
Egyptians, 1905; NAVILLE, La religion des anciens Egyptiens (Ann. Mus. Guimet,
1906); AMÉLINEAU, Prolégomènes à l'étude de la religion égypt., 1908; (Bibl. éc. IImes Et.,
Sc. Rel., XX); CUMONT, Les religions orientales dans le paganisme romain, 1906 (2e éd.
1909); GRANDDY, Lehrbuch der altægyptischen Dogmatik, 1906; MORET, La Magie dans
l'Egypte ancienne, 1907 (Bibl. vulg. Guimet, XX; Au pays des pharaons, ch. VI, 1908);
Mystères ég., 1911; Rois et dieux d'Eg., 1911; VIREY, Religion de l'ancienne Egypte,
1909; G. FOUCART, Religion dans l'Eg. ancienne (Rev. des Idées, 15 nov. 1908); La
méthode comparative dans l'hist. des religions 1909.

[1] Sur sa diversité, cf., MASPERO, Guide au musée de Boulaq, 1884, p. 148.

la sienne, — car ils lui donnaient des signes évidents d'intelligence, de volonté et de force, — c'étaient les animaux. Ce fétichisme primitif a laissé de profondes racines en Égypte ; même
lorsque la conception de la divinité se sera épurée, le culte des
animaux subsistera.

Mais d'autres forces de la nature attirèrent aussi l'adoration.
Le ciel, la terre, les astres, le jour et la nuit obtinrent un culte.
Surtout les hommages respectueux et reconnaissants s'adres-
saient au Nil, véritable père nourricier de l'Égypte, et au soleil,
foyer de lumière et source de toute vie.

Quelles furent, à l'égard de ces divinités, les première pratiques religieuses ? L'homme menacé, supplie instinctivement. Entouré de dangers, il s'efforce de les parer, il adresse une prière
aux êtres dont il croit reconnaître l'action. Le danger vient-il à
passer, il en attribue le mérite à sa prière, il la retient ; il en
usera de nouveau si le péril vient à se représenter. S'il réussit
encore, elle devient pour lui une formule magique souveraine-
ment efficace ; il lui attribue des vertus et un pouvoir inéluctable
s'imposant aux génies qui l'entourent. S'il échoue, ses précédentes
expériences lui interdisent de douter de l'efficacité de la formule ;
il s'explique autrement son échec, c'est qu'il aura négligé quelque
circonstance accessoire, il n'aura pas retrouvé, avec les mots, les
gestes ou l'accent de sa première prière. De là, création des rites
et nécessité d'un corps sacerdotal qui les conserve. C'est le besoin
religieux qui a créé et entretenu l'organe sacerdotal, non le corps
sacerdotal qui aurait créé le besoin religieux pour l'exploiter, selon
la conception passionnée du xviii° siècle. N'insistons pas ; et no-
tons seulement l'importance de l'accent, de l'intonation dans la
prière primitive.

L'homme a donc cru découvrir à son profit un mode d'agir sur
la nature. A la vérité, il sent combien son pouvoir est encore borné.
S'il a pu neutraliser parfois l'action des *divins*, il ne les a pas
domptés. Mais cette première victoire lui donne lieu de penser
qu'il a commencé à pénétrer leurs secrets, qu'il connaît maintenant la nature de leur pouvoir. Une formule prononcée d'une cer-

taine manière lui a permis de réussir en certaines conjonctures ;
si les divins l'emportent bien souvent sur lui, c'est qu'ils connaissent eux, les formules bonnes pour toutes les occasions, avec
le ton nécessaire pour les faire toujours réussir.

User des pratiques religieuses c'est donc participer au pouvoir
des dieux qui d'abord avaient terrifié l'homme de leur tyrannie.
La religion apparaît ainsi comme une émancipation de l'homme.
Par la science des formules magiques qui se transmettent à
l'ombre du sanctuaire, l'homme devient l'égal des dieux, et, participant à leur puissance, parvient à soumettre leur volonté à la
sienne. C'est un gage de victoire pour l'homme dans sa lutte
contre la nature. Il sera donc sage de sa part de s'assurer l'alliance de ceux d'entre les dieux qui se montreront disposés à la
bienveillance pour lui et consentiront à partager avec lui leur
puissance. Comme il est tout simple de supposer une hostilité
naturelle entre les êtres divins qui protègent l'homme et ceux
qui l'attaquent, il sera bon d'intéresser les premiers, par un
échange de bons procédés, à faire cause commune contre les
seconds avec leur victime, de leur persuader que tous leurs
ennemis sont les siens et qu'un suppliant n'en a point d'autres. Enfin, il sera politique de se cacher dans la lutte derrière ces
alliés plus puissants que nous-mêmes et surtout derrière les plus
bienveillants et les plus puissants d'entre eux.

C'est ce qu'a fait très anciennement l'Égyptien. L'identité et la
fréquence de certaines formules, dans les prières de toute époque
qui sont venues jusqu'à nous semblent en indiquer l'antiquité.
Toutes les prières ont pour but d'obtenir la justesse de la voix,
md kherou (ou *khrôou*), γωνὴ ἀληϑής[1], douée d'un pouvoir talis-
manique et produisant des effets merveilleux. Le conte du roi
Khoufoui et ses magiciens nous en offre des exemples étonnants.
En récitant leur grimoire, Oubaou-anir donne la vie à un croco-

[1] PLUTARQUE, *Isis et Osiris*, 68 ; — Cf. MASPERO, *L'expression Md-khrôou*, 1880 ; *Æg.
Zeit.*, 1883, 121-122 ; *B. Eg.*, I, p. 93-114 ; VIREY, *Tombeau de Rekhmara*, M. M. C., V,
p. 101, n. 7 et 149, n. 2 ; *Religion*, 81-90 ; AMÉLINEAU, *Un tombeau égyptien*, p. 17 (*Rev.
de l'hist. des religions*, 1891, t. XXIII) ; MORET, *Rituel*, 1902, p. 152-165 ; G. FOUCART,
Méthode comparative, 1909, p. 151.

dile de cire qui vient à sa voix et dévore son ennemi, Zazamonkh transporte la moitié de l'eau d'un étang sur le reste puis la remet en place, Didi recolle la tête d'une oie ou d'un taureau décapités et les fait revivre[1].

Entre toutes les forces de la nature qui faisaient sentir aux hommes leur puissance, il en fut une que de bonne heure ils apprirent à craindre et à respecter, c'était l'homme même. Pour se défendre contre tous les dangers qui les menaçaient, ils étaient réunis autour de rois qui, regardant les peuples moins en pères qu'en pasteurs, protégeaient mais exploitaient aussi leurs troupeaux de sujets. Leur autorité à la fois bienfaisante et tyrannique parut aux hommes renfermer quelque chose de divin. Par delà la personne mortelle du roi, ils imaginèrent une puissance, une intelligence semblable à la sienne, mais permanente. Chaque cité eut son dieu protecteur, comme elle avait son dynaste ; le roi se donnait pour le prêtre, le représentant, le fils de la divinité, et fortifiait du respect religieux sa propre autorité[2].

Ainsi, à côté d'un plus vil fétichisme, est née une religion anthropomorphique. Mais elle ne va point, comme en Grèce, engendrer de vives et gracieuses légendes. L'Égyptien est plutôt philosophe que poète. Son panthéon sera aussi rempli, mais non pas si vivant que celui des Hellènes. Ses dieux, issus de la matière, ne s'arrêteront pas, dans leurs transformations, à la forme humaine ; ils tendront à devenir des idées ou des abstractions. La religion égyptienne va évoluer vers le spiritualisme, et, à son apogée, elle parviendra jusqu'à la haute conception d'une divinité unique et immatérielle.

Avant que la religion égyptienne en arrivât là, ses dieux apparaissent comme des personnalités agissantes, tantôt semblables à des tyrans, tantôt opérant à la manière des magiciens. Ils savent toutes les formules nécessaires pour réaliser ce qu'ils veulent. Isis et Thot sont les dieux les plus instruits : « *Le feu s'éteint, le ciel* » *devient serein à la parole d'Isis la déesse ; sa parole est un*

---

[1] Maspero, *Contes populaires de l'Egypte ancienne*, 3e éd., 1906, 25-27, 29-30, 31.
[2] Cf. Moret, *Du caractère religieux de la royauté pharaonique*, 1902.

» *talisman* ; *elle appelle la vie* ». Elle peut ressusciter un enfant mordu par un serpent[1]. C'est surtout dans l'autre monde que la « grande magicienne » exerce ses pouvoirs en faveur des défunts, comme jadis en faveur d'Osiris et d'Horus : « *Isis vint avec ses* » *sortilèges, sa bouche pleine des souffles de la vie, ses formules* » *pour détruire les maux et ses paroles vivifiant les gosiers* » *morts*[2] ». Thot n'est pas moins habile ; en ce monde et en l'autre, il opère des prodiges. C'est à la connaissance des livres de sa crypte que les magiciens doivent leurs prestiges[3] ; c'est lui qu'on prie pour les défunts en se servant des formules qu'il a révélées ; on le supplie de donner part à son pouvoir magique : « *O Thot qui donnes la justesse de voix à Osiris contre ses* » *ennemis! donne la justesse de voix à l'Osiris N... contre ses* » *ennemis, comme tu donnes la justesse de voix à Osiris contre* » *ses ennemis !* » Tel est le refrain du chapitre xviii du *Livre des morts*. D'autres fois, pour être plus sûr de réussir, le suppliant affirme que l'identification est accomplie entre lui et tel ou tel dieu et que la puissance du dieu avec ses effets a passé en lui : « *O Osiris,* dit Thot, *je suis le dieu grand dans la barque* » *divine ; j'ai combattu pour toi ; je suis l'un de ces divins* » *chefs qui rendent juste la voix d'Osiris contre ses ennemis.....* » *Tes compagnons, Horus sont les miens..... Je suis Thot qui* » *rend juste la voix d'Horus contre ses ennemis..... Sa voix* » *étant juste, sont exécutés ses ordres dans la demeure* » *d'Osiris*[4]. »

On peut s'assimiler ainsi à tous les dieux. Par exemple, dans le chapitre xvii du *Livre des Morts*, très caractéristique à cet égard, le défunt affirme successivement qu'il est chacun des plus puissants dieux : Toum, Râ, Osiris, Khem-Horus, etc.; puis il invoque ces mêmes dieux avec qui il a prétendu ne faire qu'un. Peut-être bien l'habitude de ces substitutions successives de personnalités divines

---

[1] Stèle Metternich (BRUGSCH, *Æg. Zeit.*, 1879, p. 3-5).
[2] Pap. de Turin, pl. cxxxiii (LEFÉBURE, *Un chap. de la chronique solaire* : *Æg. Zeit.*, 1883, 27-33.
[3] MASPERO, *Contes*, p. 69, 73.
[4] *Livre des Morts*, XVIII, l. 1, 3, 15.

prépara-t-elle les esprits à une identification plus radicale de toutes
les divinités. Ainsi peut-être l'usage de ces formules magiques ne
fut-il pas étranger à l'évolution de la religion égyptienne ; mais,
avant de se résoudre dans le monothéisme qui devait fleurir surtout au temps des grands monarques thébains, le polythéisme ten-
dit d'abord à se simplifier en introduisant une hiérarchie parmi
cette multitude de puissances surnaturelles. Les révolutions poli-
tiques y contribuèrent puissamment, et l'ordre social fournit le
modèle de cette hiérarchie.

Le règne des dieux-dynastes avait duré longtemps : les Égyptiens aimaient à évaluer par milliers d'années cette période obscure
de leur histoire. Enfin Ménès vint, qui réunit tous les petits
royaumes de la vallée du Nil et fonda la monarchie égyptienne. Le
dieu qu'il servait profita des circonstances pour étendre parallèlement son empire : Osiris, protecteur d'Abydos, imposa donc sa suze-
raineté à tous les dieux des villes diverses, comme le roi imposait la sienne à tous les souverains locaux. Plus tard le centre de
l'empire se déplaça ; à Memphis, Thèbes succéda comme capitale :
sa divinité principale, Amon, hérita de la suprématie sur tous les
dieux de l'Égypte. Mais cette substitution affermit, plutôt qu'elle
n'ébranla le principe de l'existence d'un Dieu suprême, en attendant la conception d'un Dieu unique.

Arrêtons-nous un instant à cette étape triomphale de la théologie égyptienne. Tâchons d'exposer comment, sans rien renier du
passé duquel elle se réclame sans cesse, elle a édifié sur le fétichisme primitif, œuvre de peur, et sur un anthropomorphisme
grossier, œuvre de servilité, une religion épurée et une métaphysique très élevée.

Pendant que le peuple adressait aux ennéades ou triades divines
et aux animaux sacrés des hommages et des prières uniformes,
prêtres et sages avaient médité. Qu'est-ce donc que la divinité, se
demandaient-ils ? qu'y a-t-il de commun entre Osiris ou Amon, ces
dominateurs célestes, et le bouc à qui l'on offrait de l'encens dans
une somptueuse étable ? Ces penseurs ne se figurèrent point que
leurs aïeux eussent adoré de vils animaux sans voir en eux autre

chose que l'animal lui-même. La divinité leur apparaissait comme supérieure à l'humanité; mais les hommes n'avaient-ils pas dompté les animaux? et, s'ils ne s'étaient pas rendus maîtres de la nature et n'en avaient pas pénétré tous les mystères, l'esprit n'en surpassait-il pas moins la matière incapable de penser et d'agir par elle-même? La nature ne serait-elle pas seulement la manifestation, l'œuvre ou l'instrument d'esprits plus parfaits, plus savants, plus puissants que l'homme? Ces esprits sont invisibles : les statues de pierres précieuses ou les animaux sacrés, auxquels semble s'adresser le culte, n'en constituent que des représentations ou des symboles. On adore, non pas un taureau, mais le symbole de la force divine; non pas un bouc, mais le symbole de la divinité créatrice; non pas un ibis ou un crocodile, mais les symboles de la bonté qui nous protège ou de la puissance capable de nous détruire. Le symbole matériel est comme le voile d'Isis, qu'il faut lever pour entrevoir les mystères de la divinité.

La pensée égyptienne ne s'est point encore arrêtée là. Sous l'effort de la réflexion, l'idée de Dieu et le sentiment religieux, déposés par le Créateur dans l'esprit de l'homme primitif avec le germe de ses autres connaissances et de ses autres facultés, se développaient et s'épuraient de plus en plus. L'idée de l'immortalité des dieux et de l'existence d'un Dieu suprême ne suffisait pas aux théologiens de l'Égypte. L'absurdité de dieux finis et l'impossibilité de plusieurs infinis coexistants leur apparurent sans doute : et ils s'élevèrent au concept d'un Dieu unique et infini. Ils l'adorèrent sous le nom de Amon-Râ, qu'ils qualifient dans un hymne célèbre [1] de « *Un unique qui est sans second* », — « *un en soi comme avec les dieux* », car seul il existe par essence, les dieux ne sont que des manifestations de lui-même et ne vivent que de sa substance, — « *taureau (époux) de sa mère* », c'est-à-dire seul générateur

---

[1] *Hymne à Amon-Râ* du pap. de Boulaq n° 17 (MARIETTE, *Pap. de Boulaq*, II, pl. 11-13; ÉGG. GRÉBAUT, *Rev. Arch.*, 1873, I, p. 384, sqq.; *Bibl. Ec. H*es *Ét.*, 21e fasc., 1875). Cf. *Hymne à Râ-Harmakhis*, du pap. V de Berlin (L. D., VI, 115-117; MASPERO, *B. Ég.*, II, 154-157); — *Hymne à Osiris*, de Paris (CHABAS, R. Arch., 1857, XIV, 69-81 = B. Ég., IX, 99-114); — *Hymne au Nil*, d'ANNANA (*Select Papyri*, I, pl. 21-23 et 131-139; MASPERO, *H. au Nil*, 1868); — *Litanie du Soleil*, des tombeaux des rois (NAVILLE, *La litanie du S.*, 1875).

dans le ciel et sur la terre qui ne soit pas engendré, — « *seigneur de*
» *la vérité* », — « *maître des temps, auteur de l'éternité* », —
» *père des pères de tous les dieux*, ... *auteur des choses, pro-*
» *ducteur des êtres, prince suprême, chef des dieux!* »

Mais comment accorder cette notion d'un Dieu unique avec la
multiplicité des dieux adorés en Égypte? L'idée de rejeter toutes
les autres croyances du passé, de condamner leurs ancêtres, de
brûler ce qu'avaient honoré leurs pères ne vint pas aux Égyptiens.
À part la tentative éphémère du roi hérétique *Khou-n-Aton* (Aménôthès IV)[1], aucun Égyptien ne conçut l'audacieux projet de
détruire la religion existante. Peut-être eût-il été dangereux pour
l'ordre social d'ébranler la foi du peuple. Mais, de plus, cela eût-
il semblé raisonnable; pouvait-on sagement révoquer en doute
l'existence de dieux si longtemps adorés? n'avaient-ils pas droit au
culte par cela même qu'on le leur avait toujours rendu? Conserver toutes les traditions anciennes et les concilier sans cesse avec
les doctrines nouvelles les plus opposées aux croyances primitives,
sans jamais composer un credo unique : telle semble avoir été
l'œuvre très originale, presque paradoxale, des théologiens de
l'Égypte.

La contradiction apparente d'un culte rendu à des animaux et
à des divinités immatérielles, à une multitude de dieux et à un
Dieu unique, était résolu par la doctrine de l'émanation. À cette
doctrine j'assignerais une double origine.

L'Égyptien s'est habitué de bonne heure à dédoubler sa personnalité. Il sait que la momie reste immobile parce qu'elle est
séparée de son *kâ*, son *double*, répétition ou plutôt modèle sub-
til de son corps auquel il donnerait la vie. Tous les objets possédant ainsi leurs doubles, pourquoi les dieux en seraient-ils privés,
eux plus forts et plus riches de tout bien que l'homme? L'analyse
ne s'est d'ailleurs point arrêtée à ce premier dédoublement de
l'être humain ou divin; l'Égyptien a distingué en lui-même non
seulement le *double*, mais l'*âme*, vie ou esprit qui s'envole (*bâ*),

---

[1] Cf. MASPERO, *Histoire ancienne*, 4ᵉ éd. p. 210-212; *H. Or.*; II. 313-338. MORET, *Rois et dieux*, chap. II.

le *cœur* (*hâti*), l'*ombre* (*khaïbit*), le *lumineux* (*khou*), qui peuvent à de certains moments se détacher de lui[1]. N'est-ce point là un terrain tout préparé pour qu'y germe la doctrine de l'émanation ? Et comme elle sera féconde ensuite ! d'abord elle expliquera la divinité des statues de pierre ou de métal, et celle du roi, vivante image du dieu souverain, puis l'existence même et la hiérarchie des dieux.

D'autre part, dans les hymnes magiques[2] le défunt s'identifie arbitrairement avec tel ou tel dieu de son choix, ou même avec plusieurs successivement et presque simultanément. Puisque le pouvoir des dieux est de même nature que le sien, les dieux n'opèrent-ils point comme lui-même; ne se substituent-ils pas les uns aux autres à l'occasion ? chacun d'eux ne peut-il pas aussi bien que le moindre fils de l'Égypte dire : « *Je suis Osiris, je suis* » *Toum, je suis Râ, je suis Horus* » ? Mais ce qui n'est qu'artifice de la part de l'homme, n'exprime-t-il point pour les dieux la simple réalité ? Si les dieux peuvent ainsi s'attribuer les noms les uns aux autres, c'est qu'ils sont tous de la même famille, tous sortent du même sang « *le sang qui a coulé du phallus de Râ lorsqu'il* » *fût entrainé à se mutiler lui-même* »[3]; ou bien plutôt encore c'est que, sous des noms et des formes diverses, ils ne sont que des émanations, des individuations multiples du grand « *Être* » *unique qui existait dans le Noun* » c'est-à-dire le chaos primitif[4]. On en arrivera enfin à croire que c'est seulement à l'imitation du dieu et en qualité d'Osiris que le défunt peut ainsi prendre tous les noms divins. Ainsi ce qui primitivement était la cause, finit (renversement habituel en pareille matière) par passer pour la conséquence.

Voici donc à peu près comment un Thébain eût pu lier toutes

---

[1] Cf. Maspero, *B. Eg.* 1-91 : *Formule des stèles funéraires* (*Congrès de Lyon*, 1878, I, 233-263) ; *L'histoire des âmes* (*Rev. Scientif.*, 1879, 816-820) ; *Documents relatifs aux statues des morts* (*Tr. S. B. A.* 1878, VII, 3-36) ; *Le Double et les statues prophétiques* (*Rec. Trav.*, I, 1879, 152-160).

[2] Au *Livre des Pyramides*, ou au *Livre des Morts* et jusque dans les évocations de la décadence.

[3] *Livre des Morts*, XVII, 23.

[4] *Ibid.*, XVII, 1.

ses croyances en exposant la doctrine plus ou moins panthéistique de l'émanation. Le Dieu unique, incréé, qui seul vit en substance est par essence créateur. Il s'engendre lui-même dans le sein d'un principe féminin éternel qui n'est qu'un dédoublement de lui-même. Il se manifeste au dehors en engendrant des êtres qui tiennent plus ou moins de son essence, qui existent par lui et en qui il vit lui-même. Ce sont les dieux Amon, Osiris, Ptah, Horus, Thot, etc., personnifications diverses du Dieu unique « *qui multiplie ses noms sans que le nombre en soit connu* » [1], membres du grand Tout (*Temes*) « *qui fait surgir les essences, naît comme enveloppe de l'univers, façonne ce qui est en lui, évoque les dieux* [2] ». C'est le soleil, son image sensible la plus pure, dont il monte la barque, la « *bonne barque des millions d'années* », sous le nom de Râ, illuminant, réchauffant et vivifiant le monde. C'est l'univers, qu'il a tiré de son propre sein et en qui il lance sans cesse des rayons de vie. C'est le roi d'Égypte, le pharaon, en qui il s'incarne pour gouverner les hommes, et dont l'âme, en quittant la terre d'Égypte, retourne au sein de la divinité. Ce sont même ces animaux, objet d'un culte ancien, en qui la divinité se cache pour épier l'homme et surveiller la marche des événements, mais où elle laisse entrevoir symboliquement quelques-unes de ses qualités, comme sa souveraineté dans le serpent *uræus*, sa bienfaisance dans l'ichneumon, sa vigilance dans le chacal, son éternité dans le phénix et le scarabée.

Ainsi pouvaient s'accorder les croyances les plus hétérogènes, le culte fétichiste et idolâtre de la foule grossière et les spéculations raffinées des sages. Devant ce Panthéon confus, chacun pouvait satisfaire sa dévotion sans jeter l'anathème à son voisin. Chacun expliquait à sa manière la religion, mais tous adoraient. Libre ensuite au sage de prendre en pitié la superstition basse de la foule dont la piété ne s'élançait point au delà de l'animal sacré ou de la statue de pierre, sans rien soupçonner de la nature véritable de la divinité. Et cependant le sage ne taxait pas ce culte de

---

[1] *Hymne à Amon-Râ* (Grébaut, *Her. arch.*, 1873, I, p. 388 et 392).
[2] *Litanie du Soleil*, § 1-6 (NAVILLE, *La Litanie*, 1875, p. 109).

sacrilège ; car il se rendait compte que cette adoration, naïvement impie, partait d'un cœur religieux, et, par delà les symboles ou les images plus ou moins dégradées, parvenait au même Dieu. Même il se savait gré de sa propre science qui l'élevait, à ses yeux et à ceux des autres sages, au-dessus du peuple.

.˙.

Quelles étaient les relations de la morale avec la religion pendant cette évolution ?

À l'origine les liens en sont extrêmement ténus : ils se fortifieront dans la suite.

La divinité, aux yeux des premiers Égyptiens, consiste en d'innombrables êtres qui les entourent, fétiches visibles ou forces de la nature prises pour des génies invisibles, et qui tous ont cela de commun que par leur volonté et leur puissance ils limitent l'activité de l'homme. Ils vivent comme ils veulent, se transportent où ils veulent, exécutent tout ce qu'ils veulent ; l'homme est un jouet entre leurs mains. Pourtant ils ne se ressemblent pas tous ; les uns sont bons, c'est-à-dire qu'ils viennent parfois au secours de l'homme ; les autres sont mauvais, c'est-à-dire qu'ils semblent se faire un malin plaisir de lui nuire. S'assurer la protection des premiers, conjurer les maléfices des seconds : voilà l'origine de la religion. On y pourrait voir aussi l'origine de la morale et de la distinction essentielle du bien et du mal, si précisément cette identification complète du mal avec la douleur, du bien avec les avantages à recueillir, n'apparaissait comme la négation même de la morale.

Cependant on a prié ces dieux et la prière exaucée s'est transformée en formule magique dont l'homme s'est servi pour obliger le dieu à lui accorder l'objet de ses demandes. Par la magie, il s'est fait respecter et craindre des dieux. Dans certaines circonstances données et sous certaines conditions à réaliser, il pouvait traiter avec eux d'égal à égal, il pouvait les terrifier à son tour. Dès lors, prières, offrandes et sacrifices devenaient plus qu'un

hommage de précaution, c'étaient de véritables échanges de services. Quand les dieux seront considérés comme des potentats
célestes, on continuera de traiter avec eux suivant ce même principe de réciprocité : *do ut des*. « *Je n'ai prononcé de paroles ma-*
» *giques contre aucun dieu* », dit Ramsès IV dans une stèle du
Musée de Boulaq, « ... *Oh! Anhour, j'ai mis pour toi la*
» *tablette autour de ton corps, les deux plumes sur ton front,*
» *le collier autour de ton cou, j'ai protégé les membres par*
» *mes incantations et par la force de ma parole. J'ai chassé*
» *toute chose impure qui fût dans les membres*[1]. » Ces décla-
rations au milieu de beaucoup d'autres semblables, précèdent
tous les vœux dont Ramsès exige en retour la réalisation. Temples
et culte sont pour les dieux le prix de l'empire accordé au roi[2].
Mais les rois n'agissent pas seuls ainsi ; le moindre particulier
met à prix de même sa dévotion : les dieux recevront des
offrandes, mais sous condition de les rendre en bienfaits de
toutes sortes.

Sans doute cette conception d'un échange calculé entre le dieu
et l'homme n'est pas l'idéal de la piété. Pourtant on peut y voir
un élément de justice, d'équité. C'est l'origine de l'idée d'une
sanction morale du bien accompli, comme le talion est la forme
primitive d'une sanction du mal commis.

Toutefois nous ne voyons encore là que la sanction de la piété et
non celle de la morale. Puis, la religion même eût vite décliné si elle
s'était bornée à la notion de divinités dont on se rendrait maître
si facilement par une formule bien récitée. Mais l'essence divine
s'était concentrée, aux yeux des Égyptiens, dans un nombre d'êtres
de plus en plus restreint. En sens inverse, croissait la puissance,
disséminée d'abord entre tous les êtres étrangers à l'homme, animaux ou objets de la nature mystérieusement divinisés. Les dieux
ne sont plus seulement des génies capricieux, occupés à complo-

---

[1] Stèle de Ramsès IV à Abydos (MARIETTE, *Abydos*, pl. 54-56 ; PIEHL, *Æg. Zeit.*, 1884,
37-41 et 1883, 13-19).
[2] « *Il (le roi Séti II) a élevé ce monument à son père Amon, en retour de ce qu'il*
» *(le dieu) lui a donné la puissance sur le Midi, la victoire sur le Nord.* » Stèle de
Séti II dans l'allée des Sphinx à Karnak (DARESSY, *R. Tr.*, XIV, 31).

ter de mauvais tours contre quelques hommes ou au contraire à
leur venir en aide. On leur a successivement attribué la protection d'une cité, d'une province, du monde entier enfin, le jour où
leurs alliances ont été poussées jusqu'à l'identification entre eux
tous.

On ne se contente plus comme autrefois d'apprendre leurs noms,
on veut scruter leur nature. Or il faut que par là ils justifient leur
supériorité sur l'homme et légitiment le gouvernement du monde
dont on les charge ; il faut que leur existence donne une solution
à tous les problèmes nouveaux qui ont surgi devant l'homme.
Non seulement ils servent à expliquer comment l'homme n'atteint
pas tous les objets de ses désirs, et souvent devient victime de
mésaventures diverses, des maladies et de la mort ; non seulement
ils rendent compte du train ordinaire des choses ; mais ils font
comprendre l'origine du monde ; mais encore on trouvera dans
leur volonté le fondement de la morale et la sanction de ses préceptes.

En effet, la théologie qui s'est dégagée du fétichisme, a dépassé
le naturalisme même : elle n'admet plus que les dieux fassent
partie du monde matériel. C'est grossièreté à ses yeux de confondre Râ avec le soleil : le dieu est immatériel et invisible, l'astre
n'est qu'un corps sous lequel se manifeste l'essence éternelle[1].
Comme complément de ses doctrines spiritualistes sur la divinité,
elle propose désormais un véritable idéal moral.

Elle ne cesse point de promettre les faveurs des dieux en
échange de la piété ; mais œuvres pies et faveurs divines change-
ront de nature. Plus que jamais on dira des dieux qu'ils « con-
» naissent qui les sert » et récompensent bien leurs bons serviteurs. Mais on ne demande plus, en leur nom, seulement des
rites et des offrandes matérielles pour sustenter leur immortalité ; on exige des sentiments et des vertus. · On insiste sur les
sentiments qu'il faut éprouver à l'égard de la divinité ; « elle

---

[1] « *Adoration à toi, Râ, puissance suprème..., celui dont l'essence est devenue la forme,*
» *et qui naît sous l'apparence du dieu au grand disque.* » *Litanie du Soleil*, § 4
(Naville, *La litanie*, p. 24).

» aime qui l'aime, et protège quiconque l'a dans son cœur[1]. » La crainte demeure le commencement de la sagesse ; mais l'amour, le dévouement, la fidélité, la reconnaissance gagneront plus sûrement des faveurs. La pureté du corps sera toujours requise, mais la pureté du cœur devra s'y joindre. Pour connaître les dieux, il ne suffira plus de savoir leurs noms et quelques mots de passe, mais il faudra pratiquer la justice[2]. On les servira et on leur plaira, non seulement en continuant les sacrifices traditionnels, mais en respectant le bien et la réputation d'autrui ; non seulement par des dons sur les autels, mais par des bienfaits et des services rendus aux hommes[3].

On est parti de ce principe que les dieux sont supérieurs à l'homme, mais d'une nature analogue. On dût donc leur attribuer tout ce qu'il y a de plus précieux dans l'homme, en même temps qu'on rejetait loin d'eux toutes nos imperfections. D'abord on leur a reconnu la force physique ; mais on a été bientôt obligé d'y joindre la bonté. Il a fallu leur supposer, à un degré éminent, toutes les qualités de l'intelligence et du cœur que le travail d'analyse du langage, en perpétuelle formation, distinguait dans l'homme. Alors seulement, il a été possible d'éliminer de la notion de Dieu, sans la vider entièrement, tous les caractères inférieurs de notre propre nature et tous les éléments trop matérialistes. L'antique fétiche moissonnait, mangeait, buvait, se colletait avec ses ennemis et n'en demeurait vainqueur qu'en les émasculant de ses mains dans la lutte[4]. Désormais Dieu apparaîtra surtout comme le principe de l'existence, du bien, de la vérité et de la justice, et ne gardera plus de son principal attribut d'autrefois, la force, que de quoi satisfaire le besoin d'expansion de sa bonté et accomplir les arrêts de son équité.

[1] Stèle de Nakhtou-Amon, n° 296 de Turin (Pierret, R. Tr., II, p. 112).
[2] « Moi, je fus un juste, un bon, sans malice, ayant mis Dieu dans mon cœur... J'ai » fait le bien sur la terre... Pure est mon âme ». Stèle de Boka, XIX°-XX° dyn. Turin, n° 19, l. 1-4 (Chabas, Tr. S.B.A., 1877, V, 159-174 = B. Eg., XIII, 233-249).
[3] « Osiris... qui fait ce qui est juste et tourne le dos au péché ; quiconque connaît » l'humilité et compte ses actions justes le connaît par là même. » Stèle de Phrâhiouinamf, XX° d. (Mariette, Mon. div., pl. LXI, p. 20 ; Maspero, Guide, p. 48, n° 378).
[4] Livre des Morts, XVII, 26, et textes des Pyramides.

Cette perfection nouvelle s'exprime par un mot ancien : Osiris possède « *mâ* » ; il se nourrit de « *mâ* » : il vit de « *mâ* »[1]. Tantôt on regarde « *mâ* » comme une qualité abstraite ; tantôt, comme une déesse, *Maït*, fille du Soleil, qu'Osiris tient dans la main ou qui siège à côté de lui, ou même comme deux déesses toujours associées. A l'origine, « *mâ* » désigne ce que l'on estime comme le meilleur dans ce pays où la tradition eût tant d'empire : une voix « *mâ* » est une voix « juste », c'est-à-dire dont l'intonation est conforme à la tradition ritualistique ; les vêtements « *mâ* » des morts, sont ceux qu'exigent les rites ; le « *mâ* » des dieux, ce sont les offrandes qu'il est d'usage de leur consacrer ; les précautions « *mâ* » que l'on apporte en justice, ce sont les titres ou témoignages que demande la loi ou la coutume ; l' « *Isit-maït* » ou nécropole de Thèbes, dont Diodore traduit le nom par « demeure véritable ou éternelle » par opposition aux demeures des vivants qui ne serait que des hôtelleries, c'est le quartier consacré aux sépultures régulières. En tout, c'est ce qui convient, τὰ ἀνήκοντα, parce que c'est conforme à son objet ou à l'idée que l'on s'en fait : de l'huile pure, des pierres véritables, des objets de provenance authentique, une parole exacte, un serviteur fidèle et loyal. S'il s'agit d'actes, celui-là sera « *mâ* » qui se conformera à l'intention de l'auteur qui agit et à l'effet qu'il veut produire : ce serait un désir efficace, une pratique réelle, un ordre qu'on exécute. Dans beaucoup de ces cas les mots français « vrai » et « vérité» revêtent à peu près les mêmes nuances. Un homme « vrai » (*nok mâ*), ce sera un homme en vie par opposition à un mort ou à un fantôme, un homme sincère par opposition à un menteur, fidèle et non traître, bon et non méchant, pieux et non impie, juste et non pécheur. De l'idée de justesse on est passé à celle de justice. Si l'on applique cette idée au mythe solaire, « *mâ* » ce sera la lumière du soleil qui dissipe les fantômes, qui fait voir les objets tels qu'ils sont réellement, qui donne aux êtres l'existence et la vie. Les ennemis

---

[1] *Livre des Morts*, LXXI, 4 ; LXXII, 1 ; LXXIV, 5 ; LXXXV, 2 ; CXXIV, 10 ; CXXVI, 2. Cf. Stèle de Ramsès II à Kouban, l. 3 (PAISSE, *Mon.*, pl. 21) ; Stèle de Ramsès IV à Abydos, l. 18 (PIEHL, *Æ. Z.*, 1883, 16) ; Hymne d'Anaoua à Râ (MARIETTE, *Mon. div.*, pl. 57, p. 18) ; etc.

du dieu qui aime « *mâ* », ce sont les bêtes de l'ombre, serpents et scorpions, ce sont aussi les génies malfaisants et trompeurs (cf. Δάβολος, le Diable, c'est-à-dire le Menteur). Ainsi « *mâ* » c'est la conformité aux règles de la tradition, à la réalité du monde, à la pensée qui dicte l'action; c'est la vérité, la lumière et la vie; ce sera la justice et la perfection sous toutes ses formes, à la fois, le vrai, le beau et le bien. Mais ce n'est pas seulement une qualité abstraite : c'est la réalité même ; c'est ce qui est et ce qui doit être ; c'est la création universelle et permanente. Mieux encore, et à un autre point de vue, c'est la force même, la puissance, la nécessité, cause et loi de toute existence positive. Dans la doctrine monothéiste, *mâ* est l'attribut de l'Un unique qui crée tous les êtres par son regard et sa parole, son Verbe tout puissant[1].

Aussi bien que l'attribut de la divinité, le « *mâ* » est l'idéal de l'homme : « *Si tu écoutes ces préceptes*, dit Ptah-hotpou, *la sa-* » *gesse sera tout à fait en progrès. Ils sont le moyen qui con-* » *vient pour arriver au* mâ *(à la perfection)*[2]. *Fais fleurir ce* » *qui est juste* (mâ) *pour en nourrir les enfants*[3].... *Pour son* » *maître, un bon fils fait le* mâ *(ce qui est satisfaisant)*[4].... » *Moi-même j'ai fait le* mâ *du roi*[5]. » Si on s'efforce de plaire ainsi au père et au roi, à plus forte raison devra-t-on s'efforcer de plaire au dieu, père et roi de tous les êtres.

On désirera donc ce que le dieu aime, on haïra ce qu'il abhorre, suivant la formule traditionnelle. Mais maintenant l'objet de cette aversion, ce n'est plus seulement la faim, la soif, la corruption de la tombe, que les rites préviennent, ni même la rebellion de Sit, d'Apap et des autres esprits des ténèbres, contre lesquels la magie prête assistance aux dieux, ni les étrangers adorateurs d'autres dieux, que la guerre réduit; c'est le mal moral sous toutes

[1] Cf. Grébaut, *Hymne à Ammon-Râ*, p. 6, et *Mélanges d'arch. égypt.*, I, 230; Pierret, *Panthéon*, XI-XIV; *Dict. d'arch.*; *Ann. Musée Guimet*, conférence; Brugsch, *Dict.* s. v. *mât*, etc.; Stern, *Übersicht der Wurzel ME* (*Æg. Zeit.*, 1877, 72 sqq.); Wiedemann, *Mâd déesse de la vérité (Ann. du Mus. Guimet, X)* et les auteurs cités pour *mâ-khroou* (*supra*, p. 81).
[2] Pap. Prisse, xv, 8 (Virey, p. 91).
[3] *Ibid.* xviii, 1 (p. 102).
[4] *Ibid.* xix, 1 (p. 106).
[5] *Ibid.* xix, 8 (p. 107).

7

ses formes, la « *souillure que l'on garde* » malgré les ablutions, parce qu'elle consiste dans « *ce que l'on a fait contre les maîtres* » *de l'éternité depuis que l'on est sorti du ventre de sa mère*[1] », c'est-à-dire l'impiété, et encore le mensonge, la calomnie, les querelles, les injures, le vol, les violences contre les personnes, en un mot, le péché. Le nouvel idéal, c'est la vérité et la justice, la vertu consistant non seulement dans la piété, mais dans l'équité et la charité envers le prochain. « *Je suis un homme « vrai »*, » dit un bon serviteur de Dieu, « *et je hais le péché. Je ne me* » *plais à rien dire de ce que disent les méchants. Je parle à mon* » *prochain comme je lui parlerais me plaisant à ses projets,* » *comme s'il était sorti du sein avec moi le même jour*[2]. » Et tel autre : « *Je détourne mon visage de celui qui n'a point de* » *cœur, moi un protecteur qui sauve le misérable du puissant.* » *Je sais que Dieu est content de celui qui fait cela* »[3].

Après la conquête d'Alexandre, les Grecs recueillirent une partie de l'héritage des anciens penseurs égyptiens. Mais ils le transformèrent encore une fois avec leur tournure particulière d'esprit[4].

Le culte de Râ, avec ses élévations sublimes, était l'œuvre des spéculations abstraites des théologiens ; les Grecs, qui partout cherchaient l'écho dénaturé de leurs propres idées, eurent vite fait d'assimiler Amon-Râ avec Jupiter, sans attacher d'autre importance à cette personnification divine qui pour eux ne devint jamais autre chose qu'un nom. Au contraire, Osiris et Isis possédaient une légende et cette légende flattait l'imagination ; leur personnalité s'imposait donc à l'esprit poétique des Grecs, et leur culte pouvait attirer de nouveaux adeptes[5].

La légende disait les bienfaits et les épreuves d'Osiris. Le dieu

---

[1] *L. d. M.*, XVII, 37-38.

[2] Stèle de Souti et Hor, XVIIIe dyn., l. 18-19 (PIERRET, 1879, *Rec. de trav.*, I, p. 72).

[3] Stèle d'Hor-ar-ââ, XXVIe d. (MARIETTE, *Mon. div.*, 29 A, 1-5 ; PIEHL, *Æ. Z.*, 1887, 120-122).

[4] Cf. LAFAYE, *Histoire des divinités d'Alexandrie. Sérapis, Isis, Harpocrate et Anubis, hors de l'Égypte*, 1884.

[5] Cf. P. FOUCARD, *Recherches sur l'origine et la nature des mystères d'Éleusis*, 1895 ; *Les grands mystères d'Éleusis*, 1900 ; *Le culte de Dionysos en Attique*, 1904.

avait voulu faire le bonheur des hommes ; il s'était incarné pour
les gouverner, adoucir leurs mœurs, leur enseigner les arts utiles
à la vie et toutes les inventions primitives. Mais un ennemi
s'élève contre lui, son propre frère, le génie du mal, Sit ou Ty-
phon, qui le combat, le surprend par la ruse, le tue et le coupe
en morceaux. Isis, son épouse pleine d'amour, se met à sa
recherche ; elle erre éplorée et gémissante au milieu de périls divers, et finit par retrouver parmi les roseaux du Nil les membres
épars d'Osiris que le fleuve a charriés vers toutes ses embouchures ;
elle les rassemble ; par ses pleurs et ses incantations, elle leur
rend la vie ; Osiris ressuscite, s'unit à elle et enfante Horus qu'il
institue son vengeur.

N'était-elle point faite pour séduire les Grecs, cette douce figure
d'Isis ? En vérité, elle manquait à leur Olympe. Ils connaissaient
bien les charmes séducteurs d'Aphrodité, la grâce chaste de
Phœbé, la beauté originale et fière d'Athéné ; mais la jalouse et
revêche Héra suffisait-elle à représenter l'amour légitime et la
beauté de l'épouse ? C'était sur la terre seulement que leurs poètes
avaient placé des Andromaque et des Alceste. Enfin le culte d'Isis
représentait l'apothéose à la fois de la beauté féminine et de la
fidélité conjugale. Aussi bien cet idéal méritait-il la faveur des
hommes, et les femmes durent s'empresser au moins de célébrer
ce modèle.

Telles apparaissaient aux Grecs, fils d'une civilisation jeune
encore mais déjà fatiguée après le grand effort de la conquête de
l'Asie et la perte de la liberté, les divinités d'un culte bien vieux
déjà mais à peu près inconnu d'eux jusqu'alors. Leur âme amou-
reuse de belles formes et de nobles sentiments, assoiffée de nou-
veautés, avide d'expliquer les phénomènes de la nature et de résoudre l'énigme de la destinée, dut s'enthousiasmer pour cette
découverte.

Les rites secrets des adorateurs d'Osiris et d'Isis aiguillonnaient
la curiosité. Ne semblaient-ils pas promettre les lumières sur le
mystère de la mort et sur le mystère de l'éternel féminin ? Que
révèleraient les initiations ? quelle baume verseraient-elles aux

âmes blessées? On écoutait donc les enseignements des prêtres.
Or le couple divin symbolisait ce qu'il y a de meilleur dans l'humanité : les sentiments les plus généreux de l'homme, bienfaisance et dévouement jusqu'à la mort, et chez la femme le privilège de la grâce et de la tendresse qui soumet le sexe fort au sexe faible. Adorer Osiris et Isis, c'était proclamer divines et souveraines dans le monde la beauté et la bonté. Qui donc leur eût refusé ses hommages?

Enfin les philosophes néo-platoniciens tâcheront de ressusciter, en les combinant avec les théories académiques, les idées métaphysiques de l'école monothéiste du Nouvel empire thébain. A leur tour ils iront puiser leur sagesse dans les vieilles cryptes aux livres des temples égyptiens. Leur idéal moral consiste dans l'assimilation à Dieu ὁμοίωσις τῷ θεῷ. Sans doute ils n'entendent plus par là l'identification grossière de l'homme avec telle ou telle divinité à laquelle il se substitue au moyen de formules cabalistiques. Sans doute, c'est par la pureté, la science et la vertu qu'ils proposent d'y parvenir. Cependant leur théosophie avec sa théorie de l'extase, et leur théurgie avec ses prétentions aux miracles, se ressentiront toujours quelque peu de telles origines.

.˙.

Toute l'évolution de la pensée égyptienne, relativement au fondement religieux de la morale, se reflète dans les variations du sens intime de ces mots que tout Egyptien répète sans changement et en qui se professe l'alliance de la religion et de la morale : « *J'aime ce que dieu aime, je hais ce qu'il hait.* » Cela signifie tout d'abord : « Le Dieu hait la faim, la soif, la mort et la pour-
» riture du tombeau; il aime la satiété et le bien-être. Aussi je
» lui donne, en me conformant aux usages, le meilleur de ma
» nourriture, j'écarte de son autel toute offrande de mauvaise
» qualité. J'attends de lui, en échange, de ne me laisser manquer
» de rien pendant ma vie et après ma mort. » C'est un contrat matérialiste. — Cela veut dire ensuite : « Le dieu hait la révolte ; il

» jouit de sa force ; il aime l'obéissance. J'observe les coutumes ;
» j'accomplis les rites ; j'obéis aux prêtres, aux sages et aux
» puissants. J'attends du dieu, en retour, protection en ce monde
» et admission en son royaume ultraterrestre. » C'est un principe d'ordre social. — Cela veut dire encore : « Le dieu hait le men-
» songe et le péché ; il aime la vérité, la justice, la bonté. Je ne
» fais pas le mal. Je suis véridique et bienfaisant. Qu'il m'admette
» parmi les justes ! » C'est une règle morale individuelle. — Enfin
cela peut s'interpréter : « Le dieu aime le vrai, le beau, le bien.
» Je veux en ce monde, sans nuire à personne, élever mon intel-
» ligence jusqu'à lui par la science, unir ma volonté avec la sienne
» par la pureté du cœur, la piété et la vertu, et finalement fondre
» mon âme dans son essence parfaite. » C'est une aspiration mystique. — De là, pour clore la série des transformations, découlera
la contemplation gnostique : « Dieu n'aime que le bien qui est
» tout en lui ; le connaître, en me détachant du monde, est ma
» fin dernière. »

En somme, le caractère impératif de la morale reposait, aux
yeux de l'Egyptien, sur l'autorité des sages et sur la volonté
des dieux. L'autorité des sages s'impose par le succès et par
l'habitude ; celle des dieux se légitime par leur puissance
d'abord, par leurs perfections ensuite. Mais ni l'une ni l'autre ne
présentait un code immuable. Rien malgré les apparences n'est si
peu fixe que la tradition morale et religieuse ; elle évolue sans
cesse.

La crainte et l'intérêt, tout d'abord, arment l'homme de
formules magiques pour combattre ou amadouer les êtres divins,
fétiches ou génies anthropomorphes ; et l'on voit poindre à peine
encore la distinction du bien et du mal. Puis le culte devient calculé et implique l'idée d'équité dans l'échange. La piété devient
franchement morale avec la notion de service volontaire. Peu à
peu la notion de la divinité s'épure, se spiritualise et désormais
la religion proposera à l'homme non plus une alliance et un commerce, mais la conformité de volonté dans la poursuite du bien et
de l'idéal, l'imitation de la divinité dans toutes ses perfections, .

jusque dans le dévouement et le sacrifice, finalement l'identification par la science et la vertu.

L'idée de sanctions de la morale se transforme parallèlement.

———————

CHAPITRE VI

SANCTIONS TERRESTRES DE LA MORALE

Si la considération de l'intérêt n'est pas capable de créer l'idée d'obligation morale, du moins elle peut devenir d'un grand secours dans la pratique. Si le plaisir ou l'avantage à retirer de l'acte se présente non comme un bien désirable en soi, indépendamment de l'autorité morale et même en dépit d'elle, mais comme la récompense de la moralité de la conduite, alors lui-même prend un caractère moral. Il apparaît non comme la négation, mais comme la sanction de la morale.

Le pur amour en effet, qui entraîne vers le beau et le bien, sans espoir ni crainte, mais par le plus absolu désintéressement, agit trop rarement dans l'âme humaine, pour que l'on puisse édifier la morale sur ce sentiment, tout seul. Les Égyptiens, gens pratiques, ne s'en piquaient point. La perspective d'une sanction, pensaient-ils, l'appât d'un gain, la crainte d'un châtiment doivent soutenir plus efficacement la volonté dans ses défaillances. Les prêtres et leurs sages n'oubliaient donc point de proposer aux hommes, une sanction de leurs préceptes.

La morale reposait, avons-nous vu, sur l'autorité de la tradition et de la religion. Or les sages recommandent-ils à leurs disciples de se conformer, dans la conduite, aux saines traditions ; les prêtres leur ordonnent-ils de se montrer bons serviteurs de la divinité : les uns et les autres ajoutent des promesses et des menaces. Ils invitent chacun à songer aux conséquences de ses actes : ainsi évitera-t-on des surprises désagréables. La prudence, disons-nous, est mère de la sûreté. Le scribe Khamoïs disait à peu près de même, quelque proche ou lointaine que tombât l'échéance prévue par lui : « *C'est bien d'agir pour après* [1]. »

Ce n'est pas seulement un conseil général. Au cours de ses leçons, le moraliste énonce-t-il une sentence : aussitôt, il en fait entrevoir l'application. Il ne se contente pas de dire « fais ceci » ; mais il ajoute : « tu y trouveras tel profit », ou « tu éviteras tel ennui ». Nous avons vu [2], par exemple, quels avantages de tout genre, les scribes espèrent retirer de leur fidélité à la tradition, de leur docilité envers leurs maîtres, de leur dévotion au dieu Thot, leur patron : places lucratives, honneurs, droit au repos, abondance de vivres, faveur des grands, du roi et des dieux. Un disciple gagnera sûrement à écouter et perdrait en marchant à l'encontre. La tradition l'assure ; le raisonnement le démontre ; mais l'expérience du maître ne garantit pas moins l'excellence de ses discours. Ainsi le vieux Ptah-hotpou termine-t-il la série de ses préceptes, par des promesses gagées sur son exemple : « *Par là,* » *j'obtiendrai que ton corps soit bien portant, que le roi soit* » *satisfait de toi, en toutes circonstances et que tu gagnes des* » *années de vie sans défaut. Cela m'a fait sur terre cent dix* » *ans de vie, avec le don de la faveur du roi, parmi les pre-* » *miers de ceux que leurs œuvres ont fait nobles, en faisant* » *la satisfaction du roi, dans une place considérée* [3]. »

Les hommes d'action confirment par leur témoignage les assertions des sages. Comme eux, ils émettent des aphorismes sur la vertu récompensée :

« *Tout homme qui fait le bien aux gens et qui passe en* » *le faisant, il est le premier en honneur au tombeau, son* » *fils est en la place de son père, sa mémoire est bonne dans* » *l'état et les enfants de sa maison rendent un culte à sa sta-* » *tue* [4]. » Ainsi parle au temps du moyen empire un prince de Siout, bienfaiteur de ses concitoyens, présentant le récit de sa vie

---

[1] Pap. 1116 de St-Pétersbourg, § 6 (GOLÉNICHEFF, *Æ. Z.*, 1876, 107).
[2] *Supra*, ch. IV, p. 52-54, 64-67.
[3] PTAH-HOTPOU, *Préceptes* : Pap. Prisse, XIX, 6-8 (VIREY, p. 106-107).
[4] Inscr. de Téfabi (MARIETTE, *M. D.*, pl. 69, p. 22).

comme un commentaire d'une telle déclaration de principes. Tel
autre grand personnage du second empire thébain ne rougira pas,
bien loin de là, de confesser que dans sa conduite, il avait en
vue les sanctions terrestres ou posthumes des devoirs accomplis :
« *Ma tête veillait, mon cœur se dévouait à mes maîtres, afin*
» (n mert) *que je repose dans la montagne des Sahous qui*
» *sont dans l'Amentit, que ma mémoire demeure sur terre,*
» *que mon âme vive près du Seigneur de l'éternité, etc.* [1] » Beaucoup d'autres, dans leurs épitaphes, célèbrent leurs hauts faits,
leurs actions d'éclats, leurs bons et loyaux services et n'ont garde
d'omettre en regard la mention des distinctions et des récompenses qu'ils ont obtenues pendant leur vie et souhaitent encore
posséder après leur mort. Deux architectes [2] ont bien travaillé
dans le temple d'Amon ; ils remercient le Dieu de les en avoir
récompensés : « *J'ai fait le bien* (mâït, *vérité, justice) selon ton*
» *cœur, car je sais que tu es uni au bien. Tu fais grand*
» *celui qui le pratique sur terre: je l'ai pratiqué et tu m'as*
» *fait grand; tu m'as donné tes faveurs sur terre, à Thèbes, etc.* »
Les biographies inscrites sur les stèles funéraires, ou sur les parois
des hypogées, forment donc, pour ainsi dire, la contre-partie des
recueils de préceptes et montrent réalisés dans la pratique une
partie au moins des promesses émises par les théoriciens. En
disant : « *J'ai été heureux et j'attends des dieux et des hommes*
» *des faveurs posthumes, parce que j'ai bien agi* », puissants
ou subalternes confessent leur foi à des sanctions de la conduite.

D'autres monuments affirment également, dans des limites plus
ou moins étroites, la croyance commune à des sanctions morales.
Les appels aux vivants énumèrent les plus appréciées du public
en lui demandant ses prières : « *O vous, vivants, qui que vous*
» *soyez…, vous qui aimez la vie et détestez la mort, qui désirez*
» *voir en santé vos enfants, plaire aux dieux de vos pays, ne*
» *pas goûter la terreur de l'autre monde, reposer dans vos*

---

[1] Thouti, stèle Northampton, l. 39-41 (SPIEGELBERG, *R. Tr.*, XXII, 119-132.
[2] Stèle de Souti et Hor, l. 16-17 ; British Museum (PIERRET, *R. Tr.*, I, p. 71-72,
pl. XII).

» *tombeaux, transmettre vos biens, à vos enfants..., afin*
» *qu'Osiris vous renouvelle..., afin qu'Apouaïtou et vos dieux*
» *soient pour vous des palmes d'amour réjouissant votre cœur*
» *royalement pour l'éternité, dites, etc.* [1] » Ainsi le défunt
ou sa famille flattent les désirs de qui ils sollicitent un service.

De même le fondateur d'un monument, le donateur d'un bien,
chercheront-ils à toucher dans le souci de leurs intérêts les viola-
teurs de la stèle, du monument ou de l'objet en question. Quiconque, fonctionnaire religieux, civil ou militaire, violerait le
temple de Kak ou en subornerait les serviteurs, encourrait de ce
chef la colère d'Amon-Râ, qui lui enlèverait ses titres et ses
charges, l'écarterait des temples et de la cour aux jours de fêtes,
le livrerait à l'immolation, le poursuivrait jusque dans la mort, le
privant de toute nourriture et le traitant comme le serpent Apap.
Au contraire, à tout bienfaiteur le dédicant souhaite un bonheur
parfait, les faveurs d'Amon et celles du roi, dignités sur dignités,
réversibles à ses fils et descendants, enfin les récompenses royales
et les offrandes funéraires dans la tombe après cent dix ans[2].
Pour sa fondation du temple de Radésiéh et des mines d'or, le
roi Séti Ier appelle la protection d'Amon sur ses héritiers qui con-
tinueront son œuvre; il promet les bénédictions divines sur terre
et, après la mort, l'appui de la triade osirienne aux grands qui se
conformeront à ses ordonnances, tandis que, contre quiconque
enlèverait ou molesterait laveurs d'or et convoyeurs, il lance la
menace d'un feu qui consume les chairs avec la colère de toutes les
divinités de son temple[3]. Apriès aussi menace des représailles
d'Hathor tout violateur de sa donation à Ptah[4]. Les décrets
d'Amon qui fixent l'apanage d'un prince[5] ou d'une reine[6] se ter-

---

[1] Stèle de Montouhotpou à Abydos, Caire (DARESSY, *R. Tr.*, X, 149); stèle d'Antouf:
Louvre C 26 (PIEHL, *I. II.*, p. 9), etc.
[2] Stèle d'Amonhotpou-Houi, British Museum (BIRCH, ap. CHABAS, *Mél.*, II, 330-343).
[3] Inscr. du temple de Radésiéh (*L. D.*, III, 140?; CHABAS, *Inscr. histor.*: *B. Eg.*, IX,
55-59).
[4] Stèle de Thmouis-Mendès (BRUGSCH, *Rec.*, pl. 3; *Thes.*, III, 738; MARIETTE, *M. D.*,
pl. 30[*]).
[5] Stèle d'Aouerod à Karnak (LEGRAIN, *Æ. Z.*, 1897, 16).
[6] Décret d'Amon pour Makéri : pylone VII de Karnak (MARIETTE, *Karnak*, p. 61-62;
MASPERO, *M.M.C.*, I, 693-697; REVILLOUT, *Cours*, I, 216) : Celui qui attenterait à l'apanage

minent par des anathèmes analogues. Le sacrilège, qui enfrein-
drait l'ordre du dieu, sentirait s'appesantir sur lui sa colère
et sa vengeance. Amon le réduira à la misère, lui fera voir son
héritage entre les mains d'un autre, sa femme enlevée, ses serfs en
fuite, sa clientèle esclave de ses ennemis; il l'atteindra de maladies dans sa chair, le percera de ses flèches et le torturera. Pour
les biens des particuliers, il n'en va pas autrement que pour ceux
des temples ou des princesses. On prie Dieu d'appliquer la loi du
talion à quiconque violera ou respectera une stèle funéraire [1]. On
invoque le châtiment du roi et des dieux contre quiconque empièle-
rait sur la propriété d'un champ ou déplacerait les bornes qui le
limitent [2]. Au reste, ces sortes d'imprécations ne sont point particulières à l'Égypte.

.　.

Des sanctions espérées ou redoutées, les unes apparaissent
comme la conséquence naturelle des actes ; les autres, comme le
fait de rétributeurs surnaturels. Il en est de plus ou moins immédiates, de plus ou moins lointaines. Beaucoup atteignent l'homme
sur la terre, dans la vie présente ; certaines, et non les moins
graves, l'attendent après la mort dans une existence posthume.
Suivons les Égyptiens dans tous leurs enseignements sur ce sujet.
Donnant surtout des préceptes sur la conduite à tenir envers les
hommes, règles de savoir vivre et de savoir faire, les moralistes
exposent principalement les avantages que l'obéissance à leurs préceptes assure dans ce monde.

de Makéri, Amon le poursuivra, le jettera nez contre terre et l'exterminera. — De même
dans la stèle de l'apanage des princesses d'Éthiopie, quiconque la respectera, « qu'il
» jouisse des faveurs d'Amon et que son fils demeure à sa place », quiconque y touche-
rait, « qu'il tombe sous le tranchant d'Amon-Râ ou sous les feux de Sokhmit. » Stèle
d'Aspalout, Louvre (PIERRET, Et. Eg., I, 1873, 103; SCHÆFER, Æ. Z., 1895, 107; Urk.,
III, 106-107).
　[1] « Si quelqu'un écarte mon nom pour mettre le sien à la place, Dieu le lui rendra
» en détruisant son image sur la terre; s'il vénère mon nom (grâce) sur celle stèle,
» Dieu le traitera comme lui il m'aura traité ». Stèle d'Abydos (MARIETTE, Catal.
Boulaq, 1864, p. 76, n° 51 ; BRUGSCH, Æ. Z., 1865, p. 89-91 ; MASPERO, Enquête, p. 572).
　[2] « En ce jour tu donnes des terrains aux fils du sacrificateur de Bastit, Horkheb.
» Celui qui changera la stèle de place sera châtié par le roi, fortement ; il sera abattu
» sur le billot de Sokhmit, celui qui déplacera la stèle. » Stèle de Florence (SCHIAPA-
RELLI, Cat., n° 1806 (DARESSY, R. Tr., XV, 173).

Souvent ils montrent les conséquences immédiates des actes qu'ils conseillent ou défendent. A l'égard de l'homme bon ou du méchant, vertus et vices provoquent dans son entourage, sa famille et la société où il vit, des réactions naturelles dont la prévision encourage ou retient. Les vices trouvent bientôt en eux-mêmes leur punition naturelle et les vertus engendrent leur propre récompense. Ptah-hotpou et Ani (ou Khons-hotpou) le savent et en donnent souvent des exemples, dont voici quelques-uns : « *L'ac-* » *tivité*, dit le premier, *produit la richesse et la richesse ne* » *dure pas quand l'activité se relâche*[1]. » — Le voleur, « *ses en-* » *fants sont un objet de malédiction, de mépris et de* » *haine* »[2]. — « *Ecoute le discours du requérant... Le moyen* » *d'obtenir une explication sincère, c'est d'écouter avec bien-* » *veillance*[3]. » — « *Garde toi d'approcher de la femme...; des* » *milliers d'hommes se perdent pour jouir d'un moment court* » *comme un rêve, tandis qu'on gagne la mort à la connaître.* » — Si l'on s'emporte, « *on se crée une affliction pour le moment* » *où l'on sera de sang froid* »[4]. Ani (ou Khons-hotpou) recourt au même genre de considérations, notamment dans les préceptes suivants : « *On ne recueille point le bien en disant le mal*[5]. » — Fais les offrandes funéraires à tes parents : « *si tu le fais, ton* » *fils le fera pour toi semblablement*[6]. » — « *Que ton œil soit* » *ouvert (vigilant, actif), de peur que tu ne deviennes men-* » *diant*[7]! » — « *Si tu es bon, tu sera regardé; que tu sois dans* » *un cercle nombreux ou que tu sois solitaire, tu trouves les* » *gens et on exécute ce que tu dis*[8]. » — « *Les pains sont* » *stables à qui agit charitablement*[9]. »

Les premiers devoirs prescrits tant envers les dieux qu'envers les hommes, consistent à entretenir de bonnes relations avec tous

---

[1] PTAH-HOTPOU, *Préceptes*, § 11 : Pap. Prisse, VII, 10 (VIREY, p. 51); cf. XII, 4; (p. 72.)
[2] *Ibid.*, VII, 6, (p. 116).
[3] *Ibid.*, IX, 4, 7, (p. 59-60).
[4] *Ibid*, X, 8, (p. 67).
[5] Pap. Boulaq IV, XIX, 12 (AMÉLINEAU, max. 23, p. 236).
[6] *Ibid.*, XVII, 7 (max. 12, p. 254).
[7] *Ibid.*, XVIII, 13, (max. 21, p. 235).
[8] *Ibid.*, XX, 3-4 (max. 31, p. 236).
[9] *Ibid.*, XXI, 5-6 (max. 41, p. 238).

ceux qui vous entourent, mais surtout avec les puissants. Manquer à ces devoirs, c'est se priver soi-même de la bienveillance de ses égaux et de la protection des forts ; on perd le droit d'exiger d'autrui ce qu'on ne fait pas pour lui ; on se met au ban de la société humaine ; on rompt le contrat qui obligerait les dieux à vous combler de leurs bienfaits en échange de vos services et de vos offrandes.

La peine la plus naturelle des infractions au pacte social est celle du talion. La victime se défend ou se venge, soit par ses propres mains, soit par un appel à la justice publique. A toute violence répond la résistance par la force ; le sang appelle le sang ; le meurtre ne s'efface que par la mort du coupable. C'est un principe naturel et la base de toutes les législations pénales que le dommage causé doit être réparé et que le criminel ne doit pas jouir du fruit de son crime, mais être puni par où il a péché. La peine de mort, encore aujourd'hui existante, n'a pas d'autre origine. Les Égyptiens regardaient comme remontant à la plus haute antiquité, au temps mythique d'Osiris le justicier, cet axiome cité par le Chacal *koufi* : « *Celui qui tue, on le tuera ; celui qui* » *ordonne de tuer, on le tuera aussi*[1]. » Nous lisons de cet axiome une variante ou une application très directe dans le discours de Ramsès III aux juges : « *Faites mourir en leur* » *corps ceux qui ont donné la mort de leur main... Quelque* » *acte qui ait été commis, que tout ce que leurs auteurs ont* » *fait, retombe sur leur tête!*[2] » D'autres formules dérivées de la formule générale et primitive se rencontrent dans des documents antérieurs parmi l'éloge de seigneurs grands justiciers. « *Il fait retomber le mal sur celui qui maltraite des paysans*[3].» — « *Le mal fait au pauvre, au vieillard, à l'affligé, l'Horus* » (c'est-à-dire le roi suppléé par le vizir) *le retournait à son*

---

[1] Pap. dém. de Leyde n° 384 : *Entretiens de la chatte éthiopienne et du chacal koufi* (REVILLOUT, *Rev. Eg.*, II, 87 ; *Moralistes*, 129).

[2] Pap. de Turin, I, p. II, 6 ; III, 1-2 (DEVÉRIA, *Pap. judiciaire*, p. 16-17 : *B. Eg.*, V, 111-112 ; CHABAS, *Mél.*, III, 9-10 ; REVILLOUT, *Actions*, 49).

[3] Stèle d'Antouf, Louvre C 26, l. 17 (DE ROUGÉ, *Notice*, p. 83 ; GAYET, *XII° dyn.*, pl. 20 ; BERGECH, *Thes.*, 1479 ; PIEHL, *I. H.*, pl. VII).

» *auteur*[1]. » A propos d'usurpation de stèles ou de vol de champs, le même principe est évoqué comme la base de la justice divine[2].

Les exemples précédents nous mènent au seuil de la justice répressive organisée. Aussi loin que nous puissions remonter dans l'ordre des temps, nous voyons en Égypte, des tribunaux où le roi juge, où les *Sarou* et les *Qonbitiou*, barons, fonctionnaires, anciens du pays, au nom du roi, rendent la justice. Non seulement l'ancien empire thébain nous a transmis le souvenir du roi Amonemhâït parcourant sans cesse la vallée du Nil pour trancher les différends des particuliers ou des villes[3]; non seulement sous l'empire memphite, des contrats fixent la juridiction à laquelle ressortiront les infractions prévues[4]: mais les textes des pyramides évoquent l'image d'un âge antérieur où la fonction essentielle du roi est de juger[5]; et le vieux Ptah-hotpou parlait déjà de la justice immuable depuis l'époque d'Osiris[6]. Toutefois, pour antique que fût l'institution des tribunaux et si procéduriers[7] que les Égyptiens nous apparaissent à l'occasion, ils n'en aimaient pas davantage avoir affaire à la justice de leur pays. La menace des tribunaux semble à un moraliste devoir inspirer à ses disciples de salutaires réflexions : « *Ne transgresse aucun champ, tiens-toi en sûreté* » *contre leurs limites, de peur que tu ne sois traîné au tribu-* » *bunal en présence des grands après qu'on aura fait en-* » *quête*[8]. » Un brave homme, quel que soit sa position sociale tient à se rendre témoignage qu'il « *ne fut traduit devant* » *aucun magistrat depuis sa naissance*[9] »; et il espère bien,

---

[1] Tombeau de Rekhmarà (VIREY, *M.M.C.*, V, p. 13 et 165).

[2] Voir *supra*, p. 107, n. 1 et 2.

[3] Inscr. de Khnoumhotpou à Béni-Hassan (L. D., II, 124 ; BROGSCH, *Mon.*, pl. 15 ; *Hist.*, p. 93 ; MASPERO, R. *Tr.*, I, 162 ; *B. Eg.*, VIII, 131-152).

[4] Stèle anonyme sous Khafrà (ROUGÉ, *I. H.*, pl. 1).

[5] Pyr. d'Ounas, l. 216, 406, 491, 508 ; Pépi Ier, 43-44 ; Pépi II, 1150-1151 : (MASPERO, R. *Tr.*, III, 204 ; IV, 46, 58, 60 ; V, 161 ; XIV, 132).

[6] PTAH-HOTPOU, Pap. Prisse, VI, 5 (VIREY, p. 39).

[7] Voir : le Procès de Mès, XVIIIe-XIXe d.: inscr. de Saqqarah (LORET-MORET, *Æ. Z.*, 1901, 1-39; ceux de Masouaa : Pap. de Ghorab, XVIIIe d. (GRIFFITH, *Petrie Pap.*, pl. 39; GARDINER, *Æ. Z.*, 1906, 27-45) ; etc. (SPIEGELBERG, *Rechtswesen*, 1892).

[8] ANI, *Maximes*: Pap. de Boulaq n° 4, XXI, 17-18 (CHABAS, *Eg.*, II, 87-89 ; AMÉLINEAU, § 50, p. 176-8).

[9] Stèle de Nozemab, Musée du Caire n° 1732 (MARIETTE, *Mastabas*, 417 ; BROGSCH, *Thes.*, V, 1213, SETHE, *Urk.*, I, 75).— Le héros de légende Sinouhit dit de même : « *Je ne redoutais*

par analogie, qu'après sa mort, il ne verra se lever contre lui, au tribunal des dieux, aucun accusateur[1].

La crainte de la justice du roi est le commencement de la sagesse. On sait qu'il est « *le maître de la justice*[2] », que comme Amon-Râ son père il « *repousse le mal et châtie les coupables*[3] », qu'il a donné des ordres et veille lui-même pour « *faire régner la justice en Égypte* », pour « *anéantir le crime et détruire la fraude*[4] », pour découvrir et réprimer « *tous les actes de violence commis sur la terre d'Égypte* »[4]. Au-dessous de lui et comme lui, les grands seigneurs et les magistrats de tout rang « *protègent le pauvre et le faible contre le bras du fort* » et, jugeant « *sans distinction du pauvre et du riche* », appliquent les lois et traitent sévèrement les coupables[5].

Parallèlement, l'espérance des faveurs royales[6] stimule le zèle dans la pratique du bien, loyaux services au souverain, administration sage et bienfaisante, assistance aux petits et aux humbles. On s'applique d'autant mieux à l'accomplissement de tous ses devoirs que l'on sait, par les exemples d'autrui ou sa propre expérience, quelles récompenses recueilleront le zèle et le dévouement. « *Sa Majesté m'aimait plus qu'aucun autre de ses serviteurs, parce que je faisais ce qui lui plaisait chaque jour*[7] », disent des contemporains des Pyramides. Or faire ce qui plaît aux dieux, au roi et aux hommes, c'est une formule primitive de tout le devoir moral. La récompense s'ensuit : l'estime et l'amour du roi sont le gage d'avantages matériels de toutes sortes. Un gouverneur de Thèbes, sous la XIIe dynastie, en énumère

---

» rien ; *il n'y avait pas de poursuite contre moi ; mon ... n'avait jamais été dans la bouche du procureur royal* ». Conte de Sinouhit (MASPERO, 2e éd., p. 121 ; 3e, p. 76).

[1] *Livre des Morts*, CXXV, 37 (PIERRET, p. 377).

[2] *Neb mdît, hiq mdît, ka ankhmdît* : *passim* ; cf. J. B. *Gouvernement pharaonique*, p. 272-273 et tout le ch. VII, la justice du pharaon.

[3] Tombe d'Amonemhâbi (VIREY, *M.M.C.*, V, 281).

[4] Grande stèle du roi Harmhabi à Karnak, l. 10-14 (BOURIANT, *R. Tr.*, VII, 42 et 49 ; MÜLLER, *Æ. Z.*, 1888, 70-71 ; REVILLOUT, *R. Eg.*, VIII, 118 ; *Not. des pap.*, 93).

[5] Stèles d'Antouf, Rekhmarâ, Zodkhonsouaoufânkh, Zahô, Ou_ehorrisniti, etc. : cf J. B., *Gouvernement*, p. 482-483, 496-497).

[6] Voir J. B., *Gouvernement*, p. 331-362, ch. VIII, Les faveurs du pharaon ; 419-431, Service du roi.

[7] Ptahchopsès et Sabou-Abéba (DE ROUGÉ, *Six dynasties*, p. 112-113).

quelques-uns avec leur cause : « *J'ai été élevé parmi les grands*
» *en présence (du pharaon), parce que j'ai fait ce qui m'a été*
» *confié ; j'ai été élevé aux honneurs à cause de la sagesse des*
» *desseins qui sont en mon cœur; j'ai annoncé les lois à ce*
» *pays, parce que j'ai uni mon cœur à mon maître*[1]. »

La rémunération des services est variée : louanges du roi, déco-
rations, honneurs à la cour, dons d'objets précieux, richesses attri-
buées, domaines, troupeaux, fonctions et dignités. Non moins variés sont les mérites : qualités de l'esprit et du cœur, obéissance
à tous les ordres, coups d'éclat à la guerre, fonctions et missions
remplies avec succès, justice bien administrée, provinces rendues
prospères, abondance entretenue dans les greniers et les coffres de
l'État. C'est un concert monotone à la longue : « *Mon maître m'a*
» *loué à cause de ma perfection lorsqu'il a vu la vigueur de*
» *mes mains*[2]. » — « *Le roi le mit à la première place à cause*
» *de son excellence*[3]. » — « *Qu'on lui mette l'or au cou, puis-*
» *qu'il a obéi aux instructions du roi en toutes choses*[4]. » — « *At-*
» *tendu que j'étais le compagnon de ses jambes, il m'a donné*
» *d'arriver jeune à l'état de féal*[5]. » — « *Je reçus ces faveurs,*
» *parce qu'il (le roi) connaissait ma discrétion et mon humi-*
» *lité*[6]. »

Par ailleurs, à son service personnel le roi assimile les services
rendus à ses sujets : « *J'ai été en faveur*, dit un prince : *je*
» *n'avais rien fait de mal envers les hommes ; j'avais prati-*
» *qué la vertu sur terre*[7]. » En récompensant les services passés,
les faveurs royales encouragent les services futurs. Un ministre
sera « *le premier à satisfaire absolument le cœur du souverain,*
» *car il a plu à l'Habitant du Palais de le placer à la tête de*

---

[1] Stèle de Montounsisou, Louvre C 1, l. 7-8 (LEPSIUS, *Auswahl*, pl. x ; PIERRET, *Rec.*,
II, 27 ; GAYET, *XII*[e] *dyn.*; pl. 1 ; MASPERO, *B. Eg.*, VII, 154 ; PIEHL, *I. H.*, pl. 1, p. 1).
[2] Stèle de Nakht-Khem : Louvre C 55 (PIERRET, *Rec.*, 90 ; MASPERO, *Æ. Z.*, 1879, 51 ;
PIEHL, *I. H.*, pl. 10, p. 13.
[3] Tombeau de Pehsoukber, à Thèbes (VIREY, *M.M.C.*, V, 299, l. 12).
[4] Hypogée de Mérirâ, à Tell-el-Amarna (L. D., III, 97 A, CHABAS, *B. Eg.*, X, 185).
[5] Hypogée d'Ahmès à Tell-el-Amarna (L. D., III, 98 A ; MORET, *R. Tr.*, XIX, 125).
[6] Hypogée de Khnoumhotpou à Béni-Hassan (L. D., III, 124 ; MASPERO, *R. Tr.*, I, 165).
[7] Tombeau de Ramès à Thèbes (PIEHL, *Æ. Z.*, 1887, 37).

» *la Terre Entière, quand il connut ses actions d'éclat*[1] ». Au
reste, même lorsque aucun lien ne rattache actes et sanctions
dans la même phrase, la plupart des autobiographies funéraires,
exposant avec complaisance d'une part les vertus, belles actions
ou bienfaits, de l'autre les faveurs royales, sous-entendent pour
le moins que celles-ci ont récompensé le mérite.

Au-dessous des sanctions royales, il en est que les Égyptiens
prisaient fort: celles de l'opinion publique. On pourrait s'imaginer
que l'opinion, cette reine du monde, ne l'est devenue que dans
les temps modernes et que l'Égypte théocratique et autocratique
ne connaissait point son règne. Profonde erreur ! Les Égyptiens
se montraient friands de louange et de renommée. Les éloges de
leurs supérieurs et du roi ne rassasiaient pas entièrement leur
amour-propre, s'ils n'obtenaient d'y joindre ceux de leurs égaux
et même de leurs inférieurs. L'approbation des hommes semble
un criterium des actions bonnes, une pierre de touche de la
morale. « *C'est une bonne chose*, dit un ancien, *d'être cité par*
» *le roi, célébré par les hommes*[2]. » On méritera cette récompense par sa conduite : « *Moi*, dit un autre memphite, *je fus*
» *un ami des hommes ; moi, j'ai fait ce qu'approuve tout le*
» *monde*[3]. »

Telle est l'importance qu'on attachait au jugement des hommes.
On se proposait de « *faire ce qui plaît aux hommes*[4] » comme
ce qui plaît aux dieux, sans opposition d'ailleurs entre les deux ap-
préciations. Comme conséquence, on souhaitait, dès l'ancien
empire, l'amour[5] et l'estime[6] des hommes. A la formule déjà

---

[1] Tombeau de Rekhmarâ, à Thèbes (L. D., III, 39 ; VIREY, M.M.C., V, 42).
[2] Mastaba de Samnofir, V⁰ d. (L. D., II, 81).
[3] Stèle de Nozemab, VI⁰ d., au Caire (MARIETTE, *Mast.*, 417 ; BRUGSCH, *Thes.*, V, 1212 ;
SETHE, *Urk.*, I, 75).
[4] Stèles du moyen empire : Antouf, fils de Bouta, au Caire (*R. Tr.*, XI, 83) ; Sénouserit
Ketta (Louvre C 174 : PIEHL, *Rec.*, I, 55) ; — du nouvel empire : Thoti, Kôm-el-Ahmar
(SETHE, *Urk.*, 131) ; Iouou (Louvre A 116, PIEHL, I, 33).
[5] « *Amis des hommes* » : Ep. memphite : Nozemab (*supra*, n. 3) ; — Ep. thébaine
Montouhotpou (Berlin, n° 7313 : PIEHL, *Pr. S. B. A.*, 1888, X, 538-539) ; Sénemaah
(BOURIANT, *R. Tr.*, XIII, 174 ; SETHE, *Urk.*, IV, 493) ; Amonemhaît (BOURIANT, *R. Tr.*,
XIV, 72) ; Ramès (PIEHL, *Æ. Z.*, 1887, 37 ; — Ep. saïte : Haroua (Louvre A 84 ; PIEHL, *J.
Asiat.*, 1881, 72).
[6] « *Sans tare aux yeux des hommes* » : Anna à Thèbes (PIEHL, *I. H.*, I, 130 ; SETHE,
Urk., IV, 68).

traditionnelle qui témoignait de l'affection méritée de la part des
parents, père, mère, frères et sœurs, on ajoutait quelques variantes
sur les louanges et l'amour accordés au défunt par tous ceux qui
l'approchaient, ses voisins, les gens de sa ville et de son nome,
ses administrés et jusqu'aux serviteurs de sa maison [1]. On redou-
tait l'opinion publique, même au delà du tombeau [2].

Au lieu d'attendre du jeu naturel des ressorts de la société
humaine le bonheur auquel ils aspirent, d'aucuns préfèrent parfois le demander directement aux dieux. Le service des dieux est
d'ailleurs un devoir. Or les prêtres, qui livrent les formules et les
rites efficaces dans les rapports avec les dieux, y détaillent, avec
soin, les stipulations réciproques des deux parties en présence.
Les prières, qu'ils composent pour les fidèles, spécifient donc les
les récompenses que ceux-ci ambitionneront à bon droit. En retour
de la piété, soit qu'elle consiste uniquement en actes extérieurs
de dévotion, soit qu'elle inspire des actes vertueux et préserve
d'actes immoraux, l'Égyptien semble souhaiter d'une ardeur
égale, en même temps que l'approbation des dieux, et, comme
conséquence, deux sortes de biens, les uns dont il jouira pendant
sa vie et d'autres qui l'attendent après la mort.

Le *Livre des Morts* et les écrits de même nature, nous font
connaître plus particulièrement ces biens posthumes et les maux
qui s'y opposent : le prochain chapitre en traitera. Les épitaphes
en parlent bien aussi ; mais elles s'étendent avec autant de complaisance sur les faveurs et les récompenses qu'on espérait des
dieux sur terre dès cette vie [3]. D'autres inscriptions officielles ou

---

[1] Ep. memphite : Ourkhouou « *féal vis-à-vis de ceux qui vivent avec lui, ami de ses
serviteurs* » (L. D., II, 43 ; Maspero, *B. Eg.*, II, 469 : Sethe, *Urk.*, I, 46-48). — Moyen
empire : Khiti à Béni-Hassan « *aimé des gens de sa ville, loué des gens n'e son nome* »
(L. D., II, 112 *f*) ; Cf. Khiti de Siout, l. 15-16 (Rougé, *I. H.*, 289 ; Mariette, *M. D.*, pl. 68 ;
Griffith, *Siut*, pl. 15) ; Moutounsisou, de Thèbes (Louvre C 1 : Maspero, *B. Eg.*, VII,
157) ; Thot-hotpou de Berchéh (L. D., II, 134 ; Maspero, *B. Eg.*, I, 60). — Nouvel empire :
Houi (Louvre C 86 : Pierret, *Lexique*, 676). — Ep. saïte : Haroua (Louvre A 84 : *supra*,
p. 113, n. 5) ; Ounnofri « *chéri de ceux qui étaient en rapport avec lui ; favori de sa ville,
» désiré de son nome, chéri d'un chacun* » (Mariette, *M. D.*, 59) : Pétharpakhroud
(Louvre C 232 : Pierret ; *Rec.*, II, 31).

[2] Voir *infra*, p. 118-124.

[3] « *Tu fais grand celui qui la pratique (la loi de ton cœur) sur terre : je l'ai prati-
» quée et tu m'as fait grand. Tu m'as donné tes faveurs sur terre à Thèbes.* » Stèle de
Souti et Hor, l. 16-17 : Brit. Museum (Pierret, *R. Tr.*, I, 72).

privées, aussi bien que les écrits des moralistes font appel à la justice divine dans le monde même.

Certaines maximes montrent l'œil de Dieu ouvert sur les impies et sa main prête à frapper : « *Dieu connait les méchants : il* « *bat les impies jusqu'au sang*[1]. » C'est un lieu commun de la littérature officielle égyptienne que de raconter comment le roi, mandataire et lieutenant des dieux, poursuit et massacre en leur nom sur la terre, tous les impies. Sur la vie privée, la divinité exerce le même rôle providentiel, avec ou sans intermédiaire. Un voleur avait commis divers méfaits : mais « *Râ ne lui donna pas* » *de prospérer toujours* » et « *Khnoum refuse de lui rendre un* » *oracle*[2]. » La divinité punit les méchants ; elle récompense les hommes pieux : « *Amon*, dit-on couramment, *connait qui le* » *connait et ignore qui l'ignore* », ou encore « *il récompense* » *qui le sert et protège qui le suit*[3] », proverbes que l'on applique au roi. Une autre maxime semblable fait voir la piété bien rémunérée : « *Sacrifie : le Dieu voit celui qui sacrifie ; il néglige* » *celui qui est négligent*[4]. »

Certains dévots détaillent ce qu'ils attendent ainsi de leur protecteur divin : « *Qu'il me donne*, dit Nofriabou, *vie, santé,* » *force, la beauté, les faveurs, l'amour, que mes deux yeux* » *voient Amon, au cours de chaque jour comme fait le juste* » *qui porte Amon dans son cœur*[5]. » Il n'existe d'ailleurs point d'esprit fort qui prétende pratiquer une morale indépendante et atteindre la paix et le bonheur sur terre sans respecter les dieux ; ils protègent la morale, et ce sont eux qui donnent aux actes bons leur agréable succès où punissent le vice par le malheur : « *Ne* » *mets pas la crainte chez les hommes ; ou Dieu te combattra* » *de même. Si quelqu'un prétend vivre par là, il (Dieu) lui* » *ôtera le pain de la bouche : si quelqu'un prétend s'enrichir*

[1] Pap. 1116, de St Pétersbourg, § 9 (GOLÉNICHEFF, *Æ. Z.*, 1876, 107).
[2] Pap. de Turin (PLEYTE, pl. 57, l. 4 ; SPIEGELBERG, *Æ. Z.*, XIX).
[3] « *Nombreuses sont les choses que donne ce dieu, roi des dieux, à qui le connait ; etc.* » Stèle de Nofirhotpou, an III d'Harmhabi (DÜMICHEN, *H. I.*, II, 40 e ; PIERRET, *Mél.*, I, 196 ; BRUGSCH, *Religion*, 2e éd. p. 99.)
[4] ANI, *Maximes*, Pap. de Boulaq n° 4, XXI, 15-16 (AMÉLINEAU, § 48, p. 172).
[5] Stèle de Nofriabou au British Museum (MASPERO, *R. Tr.*, 1880, 111).

» *par là, il dit, lui* : « *Je saurai retirer à moi (cette richesse)*
» *si quelqu'un prétend battre les autres, il finira, lui, par le*
» *réduire à l'impuissance. Qu'on ne mette pas la crainte chez*
» *les hommes ! voilà la volonté de Dieu. Qu'on leur procure*
» *donc la vie au sein de la paix ! et l'on obtiendra qu'ils don-*
» *nent volontiers ce qu'on leur prendrait en les effrayant* [1]. »

Il faut descendre jusqu'aux âges de la décadence et de l'asser-
vissement national pour entendre nier d'une manière absolue
l'existence d'une rétribution des actes et d'un rétributeur. Le Cha-
cal-singe du dialogue philosophique [2] expose tout au long sa théorie nihiliste : il ne croit ni à la justice, ni à la providence. Pour lui,
aussi bien que pour Épicure, les dieux ne s'occupent point des
hommes : dans le monde règne la force, avec la lutte pour la vie
comme loi ; en vain le sang versé crie vengeance et les os blan-
chissent ; tous les êtres s'entredévorent et personne n'intervient ;
la nature subsiste par le meurtre et la luxure. Mais dans le même
temps la vieille doctrine traditionnelle, renforcée par le voisinage
du christianisme, se formule plus nettement que jamais : « *La*
» *rétribution atteint l'acte mauvais de l'homme sans vergogne,*
» *de celui qui prend pour lui-même ce qui vient à lui. La*
» *bonne destinée est réservée à l'homme bon, à celui qui donne*
» *son propre cœur. La destinée ou la fortune qui viennent,*
» *c'est Dieu qui les fait venir* [3]. » Ainsi Phibefhor termine-t-il
un de ses chapitres.

Parmi tous les biens que l'on espère, soit de la bienveillance
des dieux ou du roi [4], soit de la régularité de sa conduite et de ses
soins à fuir les mauvaises passions, un de ceux que l'on souhaite
avec le plus d'ardeur est la jouissance d'une longue vie. Sans
doute, on ne refuse point de mourir comme tout le monde ; on voit
sans grand effroi venir le jour d'entrer dans une vie meilleure ;
mais on prétend bien jouir provisoirement de celle-ci. On veut

---

[1] Pap. Prisse, vi, 8-10 (Virey, p. 40-41).
[2] *Entretiens philosophiques du petit chacal kouft et de la chatte éthiopienne.*
[3] Phibefhor, *Sentences*, ch. vi (Revillout, J. Asiat., 1905, 200-1 ; *Moralistes*, p. 29).
[4] Cf. *Le régime pharaonique*, p. 237 et 351.

bien rejoindre en paix « *sa bonne demeure* », mais... « *après la vieillesse* »[1]. Aussi, « *arriver à la vieillesse avec la faveur du roi*[2] », obtenir du dieu « *une longue vie avec la santé et plein la bouche des mets d'Osiris* »[3] ou bien « *la vie, la santé, la force, une longue existence, une grande et heureuse vieillesse* »[4] : voilà le vœu fréquemment répété des Égyptiens. C'est le principal objet des promesses habituelles du défunt qui demande des prières au passant[5]. C'est un titre de gloire dans les épitaphes[6]. Cent-dix ans de vie seraient l'idéal, la bonne mesure, que tout Égyptien désire atteindre[7]. Tel est l'âge du fameux magicien Didi, dont le félicite le fils royal Dadoufhor en ces termes : « *Ta condition est* » *celle de quiconque vit à l'abri de l'âge : la vieillesse, c'est* » *d'ordinaire l'arrivée au port, c'est la mise en bandelettes,* » *c'est le retour à la terre ; mais rester ainsi étendu bien avant* » *dans le jour, sans infirmités du corps, sans décrépitude de* » *la sagesse, ni du bon conseil ! ah ! c'est vraiment d'un bien-* » *heureux !*[8] »

Aussi est-ce la récompense suprême qu'imagine le sage Ptah-hotpou, pour l'union des deux vertus qu'il prise le plus, l'amour filial et la docilité : « *Écouter vaut mieux que toute chose, car* » *cela produit l'amour, le bien deux fois bon. Le fils qui reçoit* » *la parole de son père, deviendra vieux à cause de cela*[9]. » C'est à peu près, on l'a déjà remarqué, la promesse par laquelle

---

[1] Tombeau de Khâ-m-hâit, XVIIIe dyn. (LORET, *M.M.C.*, t. I, p. 131).

[2] Inscr. de Paî, stèle de Turin (*Æ. Z.*, 1870, 164).

[3] Statuette, collection Sabatier, XIIe dyn. (*R. Tr.*, 1893, 57).

[4] Le général grand-prêtre Chêchankh, statue du Nil au British Museum (MASPERO, *Momies, M.M.C.*, I, 785); Le prophète Pétamon, graffito à Karnak (DARESSY, *R. Tr.*, XIV, 31).

[5] Par exemple : « *O vivants sur terre, qui aimes la vie et qui détestez d'être morts, si* » *vous voulez demeurer sur terre, dites....* » Stèle d'Abou à Abydos, XIe d. (Turin n° 107 : MASPERO, *R. Tr.*, III, 116). — « *..... Si vous aimez la vie et désirez ignorer la mort...,* » *avoir les souffles pour la bouche, etc.* » Stèle de Sen-Anpou, XIIe-XIIIe d. (Turin, n° 276 : MASPERO, *R. Tr.*, III, 119). Cf. Montouhotpou, *supra*, p. 105-106.

[6] « *J'ai atteint la vieillesse dans la Ville du midi, la féauté dans Kheft-her-nebs.* » Stèle d'Anna, XVIIIe d. (BOURIANT, *R. Tr.*, XIV, 73). — « *Tu m'as récompensé par une* » *longue vie, une grande et heureuse vieillesse* », dit à Amon l'architecte Ankhpakhroudi sous Philippe Arrhidée : Graffito de Karnak (DARESSY, *R. Tr.*, XIV, 31).

[7] Louvre, Fould, 5. Cf. GOODWIN, *Longévité chez les Ég.* ap., CHABAS, *Mél.*, II, 231-237.

[8] Conte du roi Khoufoui et des magiciens (MASPERO, *Contes*, 3e éd., p. 32 ; cf. PIEHL, *Sphinx*, I, 74-75 ; MORET, *R. Tr.*, XIX, 123).

[9] Pap. Prisse, XV, 5-6 (VIREY, p. 96).

le Décalogue sanctionne le commandement de la piété filiale. C'est
sur elle qu'insiste et revient Ptah-hotpou pour clore son recueil
en homme qui connaît ce dont il parle[1]. Un moraliste moins
ancien généralise la promesse : « *Agissant d'après la justice tu*
» *resteras longtemps sur la terre* »[2].

Cette maxime exprimait une croyance générale qui de-
meura toujours en vogue ; car nous retrouvons sur une statue
d'âge romain une semblable béatitude promise à l'homme chari-
table : « *Le dieu grand accroît pour lui toutes choses : tu*
» *donnes qu'il fasse une longue vie, le cœur joyeux, et une*
» *bonne vieillesse, aspirant au repos*[3]. »

D'ailleurs ce ne sont pas seulement les dieux du ciel qui donnent
la longévité, mais le dieu terrestre, le roi. C'est par faveur de lui
que l'on atteint l'âge le plus avancé[4] ; pareille gratification se dé-
crète comme un collier d'or ou une promotion en dignité. Ainsi, dans
un ordre du jour, le roi Séti Iᵉʳ promet à un fonctionnaire « *longue*
» *durée ! bonne vieillesse ! que sa bouche soit saine, que son*
» *pied s'achemine vers une sépulture excellente*[5] ! » Le loyalisme
monarchique s'étayait donc sur le désir d'une belle vieillesse et
l'amour de la vie servait de fondement à la morale.

Être honoré pendant la vie, c'en est un des charmes. Mais de plus
c'est un bien que la mort même peut ne pas enlever. Par une
bonne mémoire on se survit à soi-même. Aussi les Égyptiens sa-
vaient-ils travailler pour la gloire, ou du moins pour laisser après
eux une réputation bonne et durable. Le criterium de la vertu,
faire ce qu'aiment les dieux et les hommes, comporte cette variante « faire ce *dont parlent les hommes*[6] » : et on espère qu'ils
en parleront longtemps. Il ne manque pas de formules pour célébrer la renommée posthume : « *Les grands sont sous son souve-*

[1] Cf. *supra*, p. 104.
[2] Pap. 1116 de Sᵗ Pétersbourg, § 8 (GOLÉNICHEFF, *Æ. Z.*, 1876, 107).
[3] Statue d'Hor, fils d'Hor : Caire (DARESSY, *R. Tr.*, XV, 153).
[4] Stèle de Paï, Turin, nᵒ 159 (CHABAS, *Æ. Z.*, 1870, p. 163 ; MASPERO, *R. Tr.*, IV, 135) ;
Sennofir, tombe des vignes (VIREY, *R. Tr.*, XXII, 83). Cf. J. B., *Régime pharaonique*,
p. 237-238 et 331.
[5] Stèle d'Horkhem, Louvre, C 213 (PIERRET, *Rec.*, II, 10 ; ROUGÉ, *Cat.*, 159-160.
[6] Statue d'Arhorââ, Caire, XXVIᵉ d. (MARIETTE, *M. D.*, 29 A 5 ; PIEHL, *Æ. Z.*, 1887, 121).

» nir[1]. » — « *Tous les hommes à venir, seront ravis de mon*
» *mérite éminent[2].* » — « *Son souvenir est parfait dans la*
» *bouche des vivants[3].* » — « *Qu'il soit en bonne mémoire*
» *éternellement et que cette mémoire ne soit jamais effacée[4].* »

Plus haut que les simples particuliers, naturellement, les souverains aspirent à la gloire et courtisent la postérité. Déjà on lit,
dans sa pyramide, que Pépi Ier « *laisse son souvenir (ou sa lé-*
» *gende) parmi les hommes, son amour parmi les dieux[5].* »
Quand il fonde le temple d'Héliopolis, Sénouserit Ier nous révèle
son but : « *Voici que Ma Majesté prescrit des constructions*
» *qui rappelleront ma gloire à la postérité.... Que la mé-*
» *moire de mes bontés dure en sa demeure : car ce temple,*
» *c'est mon nom ; ce lac, c'est un monument de moi ; la gloire*
» *de mes ouvrages, c'est l'éternité[6].* » Dans ses conquêtes au
sud, Sénouserit III nourrit les mêmes intentions : « *Ce que j'ai*
» *fait de plus que mes pères, c'est pour m'illustrer[7].* » Si la
reine Hatchopsou a élevé de magnifiques obélisques dans le temple
de Karnak, elle a soin de dire au monde pourquoi : « *Voici ce que*
» *j'enseigne aux mortels qui viendront au cours des siècles...*
» *aux humains qui verront mon monument après les années*
» *et qui causeront de mes hauts faits: ... C'est afin que mon*
» *nom dure et subsiste dans ce temple à toujours et à ja-*
» *mais[8].* »

Non moins avide de renommée, se montre Séti Ier à propos de
l'ouverture d'une route nouvelle vers les mines d'or et la Mer
Rouge : « *Dieux... faites que ma renommée atteigne jusqu'à*
» *la fin des siècles ; rendez mon nom stable à jamais, selon*
» *mon mérite, selon le bien que j'ai fait pour vous.... Qu'ils*

---

[1] Sobkou, XVIIIe d. : Hypogée d'El-Kab (L. D., III, 10 c.).
[2] Stèle de Boka, l. 10-11, XVIIIe d. ; Turin n° 19 (CHABAS, B. Eg., XIII, 243).
[3] Statue d'Arhorâa, XXVIe d., Memphis (*supra*, p. 118, n. 6).
[4] Stèle d'Hor, fils d'A-it-horou :'Louvre C 112 (PIERRET, Rec., II, 53 ; PIERL, I. H., I,
p. 31).
[5] Pyr. Pépi Ier, l. 361-363 (MASPERO, R. Tr., VII, 158).
[6] Parchemin de la dédicace d'Héliopolis, l. 4-5, 16-17 (STERN, Æ. Z., 1874, 86 ; MASPERO,
H. Or., I, 504).
[7] Stèle de l'an XVI à Semnéh (L. D., II, 136 A).
[8] Obélisques de Karnak (PAISSE, Mon., pl. 18 ; L. D., III, 24 ; MASPERO, H. Or., II, 241).

» *me conservent mes œuvres en ce lieu et en mon palais*
» *d'Abydos... Accordez que je rende durable, mes monuments*
⁓ *et que la grandeur de mon nom y soit permanente* [1]. » Cette
immortalité n'est pas gratuite : pour l'acquérir, nous le voyons, les
rois payent de leur personne et lui consacrent leurs plus grands
travaux.

Toutefois la survivance dans la mémoire des hommes, n'est pas
pour l'Égyptien, comme pour la plupart des peuples, une sorte de
métaphore. Non, il voit dans la survie du nom, une pleine réalité [2].
Il regarde, en effet, le nom comme le symbole et le substratum sub-
til et indissoluble de la personnalité [3]. Oublier son propre nom
équivaudrait à l'anéantissement ; aussi le chapitre XXV du Livre
des Morts a-t-il pour objet spécial de préserver de ce malheur.
C'est en « multipliant ses noms », selon la doctrine monothéiste,
que « l'Un unique » crée les'dieux [4]. Connaître le nom d'un être,
personne ou objet, c'est prendre sur lui l'empire absolu que les modernes attribueraient à la science parfaite de la nature de cet
être [5]. Le nom constitue donc une partie très importante et très
précieuse de l'homme. Aussi l'Égyptien, soucieux de l'intégrité
de son nom pendant sa vie [6], tient-il à l'immortalité du nom,
presque autant qu'à l'immortalité de l'âme.

Le désir de perpétuer son nom a traversé tous les siècles. Aux
derniers âges de l'Égypte antique dans les papyrus d'époque gré-
co-romaine on rencontre fréquemment une pièce par laquelle le

---

[1] Temple de Radésiéh (L. D., III, 140 b ; CHABAS, B. Eg., IX, 46-48).
[2] Il suppose à peine un changement : le nom « *se transforme pour une vie nouvelle* ». Inscr. dédicatoire d'Abydos, l. 63 (MASPERO, p. 39).
[3] « Un mort sans nom aurait été pour eux un monstre, au même titre que chez nous un homme sans ombre » (MASPERO, Guide, p. 282).
[4] Cf. Hymne à Amon-Râ du Pap. de Boulaq n° 17, p. IX, l. 2-3 (GRÉBAUT, Hymne, p. 23).
[5] Dans la légende des dieux, Isis arrache à Râ sa puissance en surprenant le secret de son nom (PLEYTE-ROSSI, Pap. de Turin, pl. 21, 77, 131-138 ; LEFÉBURE, Chronique solaire : Æ. Z., 1883, 27-33 ; MASPERO, H. Or., I, 162-164 ; cf. B. Eg., II, 298-311). Le défunt espère pénétrer aux Champs-Elysées en récitant les noms de la barque sacrée et de ses agrès, des pylônes et de leurs gardiens (Livre des morts, chap. 99, 122 et 145). Déjà on lit aux Pyramides : « Puisque Ounas le connaît, connaît son nom, implore son » nom, Hor fait subsister Ounas toujours ». (Pyr. d'Ounas, l. 560 : MASPERO, R. Tr., IV, 67).
[6] « Ton nom est bon, à la connaissance des grands... » (Pap. PRISSE, pl. v, l. 11). — « Ton » nom est bon sans que tu parles » (Ib., VIII, 8).

défunt prie tous les dieux d'Héliopolis de faire « *fleurir son* » *nom* [1]. » Le prototype de cette prière se trouve déjà dans la pyramide d'un roi de la vi⁰ dynastie, Pépi II : « *O grands dieux* » *d'An, accordez que florisse Pépi Nofer-ka-Râ, accordez que* » *florisse cette pyramide de Pépi* [2]. » Plus nette encore cette promesse à Pépi I⁰ʳ « *Ton nom vit sur terre; ton nom dure vieux* » *sur terre; tu ne te détruis pas* [3]. » Au temps de la xviii⁰ dynastie, la même préoccupation agite les esprits : Khâ-em-hâït souhaite de demeurer « *dans la bouche des vivants* [4] » ; Boknikhonsou, « *que* » *son nom reste dans la Thébaïde et se perpétue par la suite des* » *temps* [5] ». Paï, dans son adresse aux passants, demande « *une* » *bonne réputation auprès des hommes, quand les années se* » *seront écoulées* [6]. » Un défunt de l'époque saïte répète toujours les mêmes vœux : « *Celui que Dieu a rendu prospère sur terre, il* » *est lumineux dans l'Enfer, son souvenir est bon dans la* » *bouche des vivants* [7]. » — « *Gardé est ton nom auprès des* » *hommes; subsistant est ton nom auprès des dieux : tu ne* » *seras pas détruit* [8]. »

Pour être sûr de ne point perdre son nom et pour lui garantir l'éternité [9], l'Égyptien le multiplie autour de lui dans la tombe, sur sa momie, sur son sarcophage, sur tout son mobilier funéraire, scarabées, statuettes, *ouchbiti*, coffrets, etc.. Il ne peut pas, comme un roi [10], donner à son nom pour support un temple im-

---

[1] LIEBLEIN, *Le livre Que mon nom fleurisse*, 1895.

[2] Pépi II, l. 669-678 (MASPERO, *R. Tr.*, XII, 146).

[3] Pépi I⁰ʳ, l. 20-21 (MASPERO, *R. Tr.*, V, 161).

[4] Tombeau de Khâmhâït à Thèbes (*M.M.C.*, I, 132).

[5] Stèle de Boknikhonsou à Munich (DEVÉRIA, *B. Eg.*, V, 27-8).— Cf. Thotinofir : « *Que* » *mon nom soit solide à l'extrême dans la bouche des gens!* » Stèle de Turin n° 153 (MASPERO, *R. Tr.*, IV, 128).— « *Que mon nom soit stable dans son temple* (de Ptah-Sokar-Osiris). » Stèle de Khâmtera (LEEMANS, *Mon. Leide*, pl. III, n° 18 ; MASPERO, *R. Tr.*, III, 104), etc.

[6] Stèle de Paï, Turin, n° 159 (*supra*, p. 118, n. 4).

[7] Statue d'Arhorââ, Caire (MARIETTE, *M. D.*, pl. 29 ; PIEHL, *Æ. Z.*, 1877, 120).

[8] Sarcophage de Psamtik, grand-prêtre de Sokhmit, Museo Gregoriano (PIEHL, *R. Tr.*, II, 30).

[9] Croyance et pratique se retrouvent jusqu'au Congo (Cf. W. SCHNEIDER, *Die Religion der africanische Naturvœlkers*, 1891 ; WIEDEMANN, *R. Tr.*, XVII, 17).

[10] Ramsès III se flattait de voir durer son nom dans son temple aussi longtemps « *que* » *le soleil voyagera dans sa barque, qu'il parcourra le ciel, que la voûte céleste s'étendra* » *sur les terres et les mers, que le soleil et la lune brilleront, que les montagnes seront* » *fermes sur leurs bases* ». Médinet-Habou, porte du 1⁰ʳ pylone (DARESSY, *M.-H.*, p. 74).

mense. Mais il l'inscrit sur les murs de son hypogée, s'il en possède un, à tout le moins sur la stèle qu'il place sur sa tombe ou qu'il dépose en ex-voto dans l'enclos d'un sanctuaire renommé. Il l'inscrit également sur la statue que la faveur du roi lui permet d'ériger aux abords d'un temple. Devant la statue ou la stèle, tout passant, qui en lira le texte à haute voix, renouvellera la vie du nom du défunt [1] ; et, s'il y ajoute, comme il y est invité, la récitation du *souten-di-hotpou* et du *pir-kherou*, l'évocation de son nom assurera le défunt de participer aux offrandes servies sur la table des dieux [2].

Malgré toutes ces précautions matérielles et rituelles, l'Égyptien ne se sent pas encore tranquillisé sur le sort futur de son nom, s'il n'y joint une garantie morale.

Moralistes et profanes se représentent, en effet, l'immortalité du nom, comme une récompense de la vertu. « *Fais des choses* » *parfaites dont se souvienne la postérité* », dit Ptah-hotpou [3]. Un autre ne trouve pas de plus bel éloge de la sagesse des ancêtres, ni de plus forte raison de les imiter, que leur renom même : « *Cherche à imiter ton père et les ancêtres, car vois leurs* » *sages paroles restent dans leurs écrits* [4] ». L'appel fut entendu ; l'exemple était concluant et bien des gens cherchèrent à l'imiter pour illustrer leur nom « *comme le nom des ancêtres* » définitif et indélébile [5]. Des exemples particuliers s'offrent dans

---

[1] « *Récitez ces écrits faits pour rappeler nos noms.* » Statue de Pétamon, Louvre A 117 (PIERRET, *Rec.*, I, 36-37). — « *Vous tous, gens qui venez au temple de votre père,* » *dites mon nom excellent devant le dieu grand à toutes les fêtes, à tout instant de* » *chaque jour* ». Stèle de Pa-hâ, Akhmim, Ep. saïte (BOURIANT, *M.M.C.*, I, 374). — « *J'ai* » *fait placer mon nom dans votre demeure, afin qu'on se souvienne de ma personne,* » *après mon existence : j'ai fait placer ma statue par laquelle se perpétuera mon nom ;* » *il ne périra pas dans ce temple.* » Statue de Nsihor, XXVIe d., Louvre A 90 (PIERRET, *Rec.*, I, 21). — « *Que mon nom soit stable dans la salle du kâ !* » Tombe de Noûrsekherou, Thèbes (PRISSE, *I. H.*, pl. 118 *k*, p. 96). — « *Que mon nom soit stable dans la nécropole* » (Ast-mâît), *dans la bouche des hommes !* » Statue d'Amonnakhtou, Leyde (LEEMANS, *Mon.*, II, pl. IV, 19 [a] ; MASPERO, *R. Tr.*, III, 104).

[2] Péhsoukher, parmi les vœux du souten-di-hotpou, exprime celui de « *venir sur le* » *champ quand on répète son nom* ». Stèle, I. 7-8 (VIREY, *M.M.C.*, V, 299). — « *Que ton* » *nom soit appelé devant la table d'offrandes !* » Tombe d'Amonhotpou l'amkhent (LORET, *M.M.C.*, I, 53, l. 23-24. — « *Que ton nom soit proclamé, que ton bras s'étende sur les* » *offrandes* » (L. D., III, 114 *i*, l. 10-11 ; cf. MORET, *Royauté*, p. 198-199).

[3] Pap. Prisse, IX, 13 (VIREY, p. 58).

[4] Pap. Pétersbourg (GOLÉNISCHEFF, *Æ. Z.*, 1876, 107).

[5] « *Qu'ils accordent* (Amon etc...) *que mon nom soit stable en Égypte et qu'il se per-*

les biographies ou les prières de nombreuses épitaphes. C'est par sa justice que le prince Amou-ni-zéh-Méri, sous Thotmès III, croit avoir mérité cette survivance de sa mémoire : « *J'ai marché* » *dans le bon chemin de l'équité, par désir de rendre sains* » *tous mes membres. En vérité, mon âme est vivante, mon es-* » *prit est renouvelé, mon nom est parfait complètement dans* » *la bouche des hommes*[1]. » C'est par leur dévouement au roi que d'autres gagnèrent leur réputation : « *Rappelez-vous le bien fait* » *par un courtisan loyal qui aimait son seigneur*[2] ». D'autres invoquent les services exceptionnels qu'ils ont rendus, hauts faits militaires, administration civile, gestion du trésor[3], comme titres à la renommée. D'autres comptent davantage sur leur piété et leur zèle au service des dieux : « *Qu'Amon donne que mon nom soit* » *stable dans la Place-Vraie, comme il convient à celui dont* » *les actions ont été celles d'un juste qui met Amon dans son* » *cœur*[4] »; ou bien : « *Celui qui suit et sert Dieu est en bonne* » *mémoire: mon nom est parfait, parce que je lui obéis sur* » *terre*[5]. » On regarde ses œuvres comme le meilleur gage. L'architecte qui a construit le temple d'Hathor à Dendérah, demande » *que son nom soit stable à cause de ce qu'il a fait* »[6]. Un gouverneur a comblé de bienfaits les temples d'Éléphantine : « *Que* » *Nsihor, dit-il, se perpétue dans la bouche des citoyens en* » *récompense de cela*[7] ». De même le général Ahmès prie les prophètes de Ptah d'adresser pour lui cette supplique à Hapi-Osiris : « *Récompense-le de ce qu'il a fait pour toi : ajoute à ses* » *années ; perpétue son nom éternellement! Cette stèle a été*

» *pétue dans le cours des siècles... que mon nom soit définitif, comme le nom des* » *ancêtres ! que cela m'arrive en récompense de mes actes ! il n'y a pas eu de manque* » *dans ma conduite.* » Statue de Pétamon, Louvre A 92 (PIERRET, *Rec.*, I, 27-28).

[1] VIREY, *M.M.C.*, V, 360-361.

[2] Statue de Joulou, XVIIIe d. : Louvre A 116 (PIERRET, *Rec.*, I, 33 : *hosi-mâ*, « un homme » qui s'est plu dans la vertu »).

[3] « *Que mon nom soit durable pour les exploits grandioses que j'ai accompli sur* » *terre!* » Tombeau d'Anna, plafond, XVIIIe d., Thèbes (PIEHL, *I. H.*, I, pl. 139 g, p. 105). — « *Ses écrits sont dans la main de chacun, à cause de son renom parmi les hommes* » *d'épée.* » Spéos de Silsilis (L. D., III, 120 ; PIERRET, *Voc.*, p. 419).

[4] Statue de Panboui, Turin n° 173 (MASPERO, *R. Tr.*, II, 176).

[5] Stèle d'Apis n° 2316, Caire (PIEHL, *Æ. Z.*, 1887, 132).

[6] Statue de Pennoult (DARESSY, *R. Tr.*, XV, 160).

[7] Statue de Nsihor, Louvre A 90 (*supra*, p. 122, n. 1).

» *érigée dans la nécropole à l'effet de remémorer son nom à*
» *jamais.* [1] » Les rois eux-mêmes reconnaissent devoir à leurs
actes, l'immortalité de leur nom [2]. Il n'est pas jusqu'aux scep-
tiques qui ne voient dans la renommée le juste prix de la vertu
et une consolation à la mort même : « *Donne du pain à qui n'a*
» *pas de champ et tu auras un bon nom pour toujours* »,
chante le harpiste désabusé [3].

La perspective de perpétuer ainsi son nom par l'inscription de
son tombeau était une des raisons qui poussaient les Égyptiens à
désirer une longue postérité, comme les Chinois veulent des descendants pour perpétuer le culte des ancêtres [4]. Un bon fils, en
effet, continue en lui-même la personnalité du père, dont il joint le
nom au sien propre ; mais de plus un bon fils entretient les tombes
de ses ancêtres, où leur nom se lit, peint ou gravé : « *Je fis fleu-*
» *rir le nom de mon père* », dit Khnoumhotpou, fils de Nouhri,
« *... J'ai fait vivre le nom de mes pères que j'ai trouvé détruit*
» *sur les portes de leur tombeau, instruit que je suis dans la*
» *forme des lettres, exact dans la reproduction, ne confondant*
» *pas l'une avec l'autre, car je suis un fils pieux* [5]. » Or un fils
est un don de la divinité [6] ; c'est donc double faveur des dieux,
quand on peut lui léguer sa fortune et ses honneurs. Voilà pourquoi
un Ptah-hotpou, qui sous un des premiers rois Saïtes a fait construire la tombe d'Apis, se vante de sa piété : « *Je lui obéis sur*
» *terre (à Sérapis) ; je marche sur son chemin qui est dans sa*
» *loi* », et, proclame-t-il, « *en récompense de cela, mon fils est*
» *mis sur mon siège éternellement* [7]. »

---

[1] Stèle d'Ahmès, Louvre n° 4017 (PIERRET, *Rec.*, I, p. 67 ; PIEHL, *Æ. Z.*, 1890, 107).
[2] *Supra*, p. 119.
[3] Tombe de Nofrihotpou (MASPERO, *B. Eg.*, VII, 406).
[4] Cf. *supra*, 104, n. 4 : Inscr. de Téfabi.
[5] Insc. de Béni-Hassan (*R. Tr.* I, p. 164 et 167 = *B. Eg.*, VIII, 162-164 ; cf. *Æ. Z.*, MASPERO, 1879, 51). — Voici un autre procès-verbal de restauration d'une tombe : « *Le 15 du 4e mois de Chaît (Khoïak) de l'an III, fut le jour de renouveler la sépul-* » *ture de l'osiris Tasit : après qu'on eut trouvé les bandelettes dérobées par les fils de la* » *nécropole et les noms détruits, on les fit prospérer de nouveau.* » Sarcophage de Tasit : n° 6661 A, British-Museum, XXIe d. (SPIEGELBERG, *R. Tr.*, XVII, 97).
[6] « *La majesté de ce dieu me gratifia d'un fils.* » Stèle d'Imouthès, British Museum : (PRISSE, *Mon.*, pl. 21, l. 11 ; MASPERO, *Æ. Z.*, 1879, 52).
[7] Stèle d'Apis, n° 2316, Mus. Caire (PIEHL ; *Æ. Z.*, 1887, 122).

C'est là l'objet d'une promesse souvent formulée dans les
« Adresses aux vivants » sur les stèles funéraires : « *Vous qui*
» *désirez laisser vos enfants en vos places* » ou « *transmettre*
» *vos dignités à vos enfants...* [1] ». Les deux raisons se combinent dans la prière suivante : « *Exauce-moi : fais subsister*
» *mon nom dans ton temple, étant les fils de mes fils dans ta*
» *demeure sans cesse éternellement* [2] ! ».

Compterions-nous parmi les biens de la vie les plus précieux
une bonne sépulture faite selon toutes les règles ? Non, sans
doute. Les Égyptiens, au contraire, y tenaient extrêmement. Ils
n'avaient point horreur de la tombe. A de certains jours, ils se
réunissaient autour du tombeau de leurs ancêtres, dans la salle
supérieure de leur monument, ou dans la salle antérieure de leur hypogée, et y faisaient, en leur honneur, un banquet [3] ; cette coutume
étonna même beaucoup les Grecs [4]. Longtemps d'avance les particuliers, comme les rois [5], préparaient leur propre puits funéraire
et décoraient leur chapelle dans la « *vallée funèbre* », c'est-à-
dire dans la nécropole assise au pied des montagnes qui bordent la
vallée du Nil à l'Occident. De leur vivant même, ils prenaient
plaisir à suivre les progrès de la décoration et de l'ameublement :
« *Khnoumhotpou a fait ceci en monument de soi-même, dès*
» *l'instant qu'il commença de travailler à son tombeau, ren-*
» *dant son nom florissant à toujours et se figurant lui-*
» *même à jamais en sa syringe* [6] ». « *Il est heureux*, dit un
» autre, *dans sa maison terrestre sise à Thèbes ; avec régula-*

---

[1] Stèle d'Antouf, Louvre, C 26 ; etc.

[2] Stèle de Pa-hâ, à Akhmîm, Ep. salle (BOURIANT, *M.M.C.*, I, 374).

[3] Les scènes de banquet, sont souvent figurées dans les tombeaux thébains (voir WIL-
KINSON, *Manners*, I, pl. XI, p. 37-39 ; EMAN, *Ægypten*, 320, 339, 343, 347 ; etc.).

[4] Voir ce qu'ils rapportent de statuettes d'Osiris passées de main en main dans des
banquets (HÉRODOTE, II, 78 ; PLUTARQUE, *De Iside*, 15 ; *Banquet des 7 sages*, 153 ; PÉTRONE,
Satiricon, ch. 34. Cf. YORKO, *Hier.-Liter.*, p. 104).

[5] Dès l'an Ier de son règne, Ati envoya aux carrières d'Hammamat, pour en extraire le
granit nécessaire à sa pyramide, 400 hommes, dont les chefs laissèrent des graffites (L. D.,
II, 115 f ; GOLÉNICHEFF, *Hammamat*, 7 ; SETHE, *Urk.*, I, 148 ; MASPERO, *B. Ég.*, VIII, 3-4 ;
R. Tr., XVII, 56-64). Cependant il ne faut pas croire, comme on l'a fait jadis, que la
longueur des règnes se mesure exactement à la hauteur des pyramides ou à la profondeur des syringes.

[6] Hypogée de Khnoum-hotpou, XIIe d., à Béni-Hassan (BURGSCH, *Mon.*, pl. 15 ; MAS-
PERO, *R. Tr.*, II, 161 = *B. Ég.*, VIII, 150 et 161).

» *rité, il va chez le Pharaon... pour regarder son mobilier*
» *sépulcral, prendre possession de ses monuments funéraires,*
» *les statues en pierre de toutes sortes consacrées pour les tem-*
» *ples par l'ordre du roi*[1]. » Ils voulaient pouvoir dire :
« *Quand je suis descendu vers mon domaine de l'Occident,*
» *ma maison était prête*[2]. »

Il était donc naturel que les Égyptiens comprissent le tombeau
et les rites funéraires parmi les objets de leurs vœux et ceux en
quoi ils voyaient une sanction à la moralité de la vie. En effet, la
piété envers les dieux, le dévouement au roi et la justice envers
les hommes leur semblèrent les moyens les plus sûrs de mériter
ce bonheur. La dévotion compte participer, en récompense, au
culte des dieux : « *Royale offrande à Osiris... qu'il accorde*
» *que ma statue soit stable et repose à l'intérieur de la vallée*
» *funéraire, et que les offrandes, ô Osiris, soient stables de-*
» *vant elle*[3] *!* » Le service du roi donne à cet égard la plus
grande sécurité lorsqu'il vous a « *jugé digne d'une belle tombe*
» *dans la montagne*[4] ». Il exempte d'inquiétudes en sa vieillesse celui qui, « *maître d'une sépulture*[5], *descend vers sa bonne*
» *demeure, par faveur de son seigneur*[6] ». C'est, en effet, le roi
qui, en récompense, octroie à ses bons serviteurs des concessions
dans les nécropoles officielles ; c'est lui qui, en outre, par décrets
nominatifs, les gratifie du mobilier funéraire, stèles, statues, sarcophages, étoffes, vases et provisions de toute espèce[7]. Ainsi peut-
on ériger en précepte que « *tandis que l'ami du roi repose comme*
» *un féal, point de tombeau à qui se raille de sa Majesté*[8] *!* »

[1] Tombeau d'Amonemhabi, XVIII⁰ d., à Thèbes (Virey, *M. M. C.*, V, 265, Piehl, *I. H.*, p. 91, pl. 126-127).
[2] Tombeau d'Abanakhti, prince d'Hermopolis, X-XII⁰ d., à Berchéh (Sayce-Maspero, *R. Tr.*, XIII, 189-190 : cf. Pap. Boulaq. n⁰ 3, pl. 17, l. 12 sqq.)
[3] Statue de Ahoui-nofir, Bologne (Piehl, *Æ. Z.*, 1887, 33 ; *I. H.*, pl. 35, p. 43).
[4] Stèle de Thoti, Kôm-el-Ahmar, XVIII⁰ d. (Sayce, *Pr. S. B. A.*, X, 74 ; Setbe, *Urk.*, IV, 132).
[5] Stèle de Mihitemousekht, Moyen empire (Mariette, *Cat. Abydos*, 326, n⁰ 914). Stèle de Nofir-hotpou, XII⁰ d., Abydos (Rocré, *I. H.*, 14 ; Moret, *R. Tr.* XIX, 133 et 135).
[6] Tombeau d'Abanakhti (*supra*, n. 2).
[7] Cf. J. B., *Régime pharaonique*, p. 351-359.
[8] *Instructions* de Sehotpouabri (Mariette, *Abydos*, II, 24-26 ; Maspero, *B. Eg.*, VIII, 144-145 ; Piehl, *I. H.*, III, 5 ; *Æ. Z.*, 1893, 91 ; Moret, *R. Tr.*, XIX, 136).

» Dans son épitaphe, un préfet d'Aménôthès IV réunit les trois
ordres de devoirs envers les dieux, le roi, l'humanité, et marque
d'une manière catégorique la relation qu'il établit entre son
espoir de bonne sépulture et la pureté de sa conscience. « *Je*
» *suis venu en paix à ma syringe sous la faveur du dieu bon*
» *(le roi), dont j'ai accompli les désirs. Je n'ai pas commis de*
» *péché envers les hommes, afin de pouvoir reposer dans ma*
» *chapelle à l'Occident de Thèbes.* » Puis il demande des offrandes en rappelant ses actes de piété [1].

Quoi qu'il en soit des textes qui parlent de la paix et du repos
de la tombe comme de biens désirables, il ne faudrait pas croire
que les Égyptiens y attendissent tranquillement l'anéantissement
de leur corps et de toute leur personne. Sans doute ils n'ont pas
du premier coup, comme dans la citation précédente, lié l'avenir
de l'homme après la mort à l'innocence de sa vie; sans doute
l'au-delà qu'ils ont imaginé pour l'homme n'a pas été toujours le
même : grossier d'abord, il fut plein de contradictions plus tard,
et de mystère toujours. Mais, à toute époque, ils ont cru à l'immortalité sous une forme quelconque.

---

[1] Tombeau de Ramès à Thèbes (Pieul, Æ. Z., 1883, 127-128).

CHAPITRE VII

IMMORTALITÉ DE L'AME
ET SANCTIONS POSTHUMES DE LA MORALE

—————

C'est une longue histoire, difficile à résumer brièvement, sans lacunes et avec clarté, que celle de l'évolution des croyances égyptiennes sur la nature de l'autre vie et ses relations avec ce que fut la vie présente. Bien téméraire celui qui se flatterait d'y réussir. En effet, depuis les premières dynasties jusqu'à l'époque chrétienne, l'Égypte n'a pas cessé d'inventer, de combiner et de remanier ses doctrines sur cette sanction de la morale, capitale mais mystérieuse entre toutes [1].

Le *Livre des Morts*, dès ses premiers chapitres, nous révèle une grande incohérence dans les idées des Égyptiens relativement à l'autre vie. Le titre général du livre *Pir-em-hrou* [2], désignant particulièrement les quatorze premiers chapitres, ne s'applique

---

[1] Voir les textes principaux : *Livre des Pyramides* (supra, ch. II, p. 21) ; *Livre des Morts, Ib.,* p. 19) ; *Livre de l'Amdouaït* (Ib. p. 22) ; *Livres des Respirations, des Portes, des Transmigrations,* etc. (p. 22) ; *Rituels de l'Embaumement, de l'Ouverture de la bouche, du Sacrifice funéraire* (p. 22) ; *Entretien d'un Égyptien avec son âme* (p. 27). — Cf. E. DE ROUGÉ, *Études sur le Rituel funéraire* (Rec. Arch., 1860) ; MARIETTE, *Les tombes de l'ancien empire* (Rec. Arch., 1868) ; LEPAGE-RENOUF, *Religion of ancient Egypt,* 1880, (*Hibbert Lectures*) ; LEPAGE-RENOUF et NAVILLE, *The eg. Book of the Dead,* 1892, sqq. ; MASPERO, *Peintures et textes relatifs aux funérailles,* 1880 (*Et. Eg.,* I, 81-191) ; *Études de mythologie,* 1878-1888 (*B. Eg.,* I, 1-114 ; II, 1-181) ; *Bulletin critique de la religion de l'Eg.* (Rec. hist. Rel. : 1887, XV, 159-188, *Le Rituel du sacrifice funéraire* ; XV, 266-316, *Le Livre des Morts* ; 1888, XVII, 251-310, XVIII, 1-67, *Hypogées royaux* ; 1897, XXXV-XXXVI, *La table d'offrandes*) ; LEFÉBURE, *Le Per-em-hrou,* 1873 ; *Rites égyptiens* (1890) ; NAVILLE, *Todtenbuch der XVIII. dyn., Einleitung,* 1886 ; *Religion des Égyptiens,* 1906, ch. II, 43-88 ; IV, 135-175 ; AMÉLINEAU, *Histoire de la sépulture et des funérailles,* 1896 ; WIEDEMANN, *Le Livre des Morts* (Muséon, 1896) ; *Die Toten und ihre Reiche,* 1900 (*Der alte Orient,* I) ; ERMAN, *Die Religion,* 1905, ch. IV, V, VIII ; VIREY, *La Religion,* 1910, ch. V, VII ; MORET, *Au temps des Pharaons,* 1908, ch. IV-V ; *Rois et dieux,* 1911, ch. III-V.

[2] Plus explicitement : « *Commencement des chapitres de la sortie pendant le jour et du transport des mânes dans la divine région infernale* (Kher-noutir), *à dire le jour de l'ensecelissement pour entrer après être sorti.* » (PIERRET, *Le Livre des Morts,* traduction, p. 3).

pas exactement au contenu. Il semble plus ancien que la rédaction du recueil parvenu jusqu'à nous et correspond seulement à une des doctrines qui s'y étaient. Hymnes, formules et rubriques présupposent, tout en les mélangeant étrangement, quatre doctrines distinctes et incompatibles en principe. Le *Livre de l'Amdouaït*, au temps du Nouvel empire, combine en une sorte de synthèse toutes les doctrines antérieures ; mais il n'arrive ni à les fondre, ni à les concilier, ni à en marquer les contradictions. Incohérence, contradictions et mélange se remarquent dans les prières de toutes les stèles funéraires un tant soit peu développées. On les retrouve dès l'Ancien empire, aussi bien dans les tombes des particuliers que dans les longs textes des pyramides royales.

Les quatre doctrines fondamentales se formulent ainsi qu'il suit.

1° *Survie sépulcrale :* Les morts résident dans le tombeau, ils y vivent et s'y nourrissent des offrandes, et leur double en sort pendant le jour [1] pour se mêler aux vivants.

2° *Destinée paradisiaque :* Les morts se rendent par l'Occident dans un autre monde semblable à celui-ci mais mystérieux et gigantesque, où ils vaquent dans les Champs Aalou à leurs occupations agricoles habituelles.

3° *Destinée céleste :* Les morts font cortège au soleil parmi les étoiles, ou bien montent dans la barque du soleil et voguent avec lui, sur l'océan ténébreux pendant la nuit, à travers le ciel pendant le jour.

4° *Psychotasie :* Les morts subissent un jugement où ils doivent démontrer leur pureté pour être admis avec Osiris dans le séjour de la félicité, sous peine de subir une « seconde mort » qui les rejetterait dans le néant.

Ces quatre doctrines forment comme quatre étapes de l'eschatologie égyptienne. Au temps des Pyramides, les trois premières

---

[1] Variante : « chaque jour ». — Traduction de *pir-em-harou* proposée par Lefébure en 1868 (*Le Per-em-hrou*, 1878), adoptée par Brugsch (*Æ. Z.*, 1872, 68), Pierret (*Livre des morts*, 1882), maintenue par Maspero (*B. Eg.*, I, 354-355). — Cf. Lepage-Renouf, *Pr. S. B. A.*, 1885, VII, 210-213. — Lepsius : « sortir au jour » c'est-à-dire à une vie nouvelle. — Devéria et Naville (*Congrès des Orientalistes*, 1878, et *Einleitung*, p. 23-25) : « sortir de son jour », c'est-à-dire de la vie bornée par ses limites naturelles, pour jouir d'une existence illimitée dans le temps et dans l'espace.

sont connues : la quatrième, qui alors n'est pas encore constituée, devra sans doute beaucoup aux rois organisateurs de la XII⁰ dynastie. Au-delà on rencontre des combinaisons nouvelles, mais plus d'éléments nouveaux.

.•.

La première de ces conceptions de la vie future, celle d'une survie sépulcrale, nous paraît la plus grossière et réclamait le moins d'imagination de la part de ses inventeurs. C'est la plus antique évidemment. A priori, on le supposerait. En fait, c'est celle qui domine dans les pyramides des rois des plus anciennes dynasties [1] et dans les tombeaux de leurs contemporains. C'est d'elle que dérivent les rites de la momification et ceux du repas funéraire.

Le climat brûlant de l'Égypte inspira à ses habitants leurs rites funéraires et leurs croyances. L'horreur de la corruption fut le principe de la momification et des procédés qui l'ont précédée [2]. La décomposition rapide du corps mort obligeait à le fuir ou à le faire disparaître promptement : sinon, le cadavre négligé semblait se venger par son odeur et par les maladies qu'il répandait autour de lui. La destruction de la personne n'était donc qu'apparente. Enfermée dans la tombe avec le cadavre, elle devenait moins sensiblement dangereuse, mais elle subsistait : elle continuait à éprouver des sentiments et des sensations, des désirs et des besoins. Dans l'intérêt donc des morts mêmes, comme dans celui des vivants, il fallait y pourvoir et s'occuper à la fois du cadavre et de ce qui survivait de la personne, distinct du corps. Si l'affection n'y suffisait point, la crainte y suppléerait [3]; sinon, gare aux revenants [4]!

---

[1] MASPERO, *R. Tr.*, III, 177 : Pyramide d'Ounas ; — V, 1-59 : Téti ; — VI, 157-198 : VII, 145-177 et VIII, 87-119 : Pépi I⁰⁰ ; — IX, 177-191 ; X, 1-29 ; XI, 1-31 : Mirinri I⁰⁰ ; — XII, 53-95, 136-195 ; XV, 125-152 : Pépi II ; — *Les inscr. des Pyr. de Saqqarah*, 1894 ; — SETHE, *Die altæg. Pyramidentexte*, 1908 ; — cf. chap. II, p. 21.

[2] J. BUILLET, *Contribution à l'histoire des origines de la momification* (*R. Tr*, XXII, 180-199 et tirage à part, 1900).

[3] Selon CAPART, le culte des morts avait pour but primitif, non de les honorer ou de leur être utile, mais de se débarrasser d'eux en les obligeant à rester dans leur tombe ou à passer dans un autre monde, en tous cas à ne plus se mêler aux vivants.

[4] Sur les revenants, voir : Stèle d'Ounnofir (SHARPE, *Eg. Inscr.*, I, 9-12 : CHABAS, *Textes*

L'existence du cadavre dans la tombe n'est plus la vie normale,
mais ce n'est pas encore le néant. L'Égyptien a voulu prolonger
cet état intermédiaire. Il s'est imaginé reculer la dissolution définitive de la personne en combattant les effets de la putréfaction et
en conservant le plus longtemps possible le corps ou du moins
ses parties les plus résistantes et ses formes. Les fouilles des sta-
tions préhistoriques ou protohistoriques [1] ont fait connaître une
série d'usages antérieurs à la momification, mais tendant au même
but. D'abord on a voulu conserver intact le squelette dans une
attitude de repos [2], en l'inhumant au bord du désert à l'abri des
fauves et de l'inondation. Puis on a voulu soustraire les osse-
ments à la dissolution en poussière que provoquerait la corruption
des chairs : on a recueilli les os, après avoir « *délivré le défunt
» de ses chairs*», comme on lit aux Pyramides [3], c'est-à-dire après
un décharnement préalable, obtenu par un enterrement provisoire
ou par un acte violent, et on les a de nouveau ensevelis avec soin.
Pour les faire durer plus longtemps, on a rempli le crâne par le trou
occipital et enduit les os de bitume et autres matières antiseptiques.
Parallèlement, on a détruit les chairs putrescibles par l'incinération
non sur un bûcher, mais dans la tombe même. Enfin, on a développé le traitement antiseptique ; mais on en a étendu le bénéfice à
la forme extérieure du corps, à la peau et en quelque mesure à la
chair même. On a donc entouré de bandelettes les membres des
morts ; on les a trempés dans des aromates, imbibés de natron
ou de bitume et transformés en momies [4]: ainsi préparés les

---

relatifs aux esprits possesseurs, B. Eg., IX, 81-93) ; *Plainte au khou de dame Onkhkarî*
Pap. de Leyde, I, 371 ; Leemans, pl. 183-184 ; Maspero, *Et. Eg.*, I, 145-149) ; Ostraca de
Florence 2616-2617, etc. (Golénicheff, *R. Tr.*, III, 3-7 ; Maspero, *Contes*, p. 289-296).

  [1] De Morgan, *Recherches sur l'Eg.*, I, *L'âge de pierre*, 1896 ; II, *Ethnographie*, 189.,
passim ; Dr Fouquet, *Ib.*, I, 241-270 ; Wiedemann, *Ib.*, II, 203-223 ; Amélineau, *Nouvelles
fouilles d'Abydos*, 1896-7 ; Petrie, *Abydos*, 1902-1904 ; *Royal tombs*, 1900-1901.

  [2] On l'a appelée « position embryonnaire » et on y a vu une promesse de renaissance
(Wiedemann, *op. cit.*, p. 211). Incrédule à ce mysticisme symbolique, j'y ai soupçonné un
but pratique matériel. L'usage des Nasamons, cité par Hérodote (IV, 190), d'asseoir à
terre les moribonds, fournit une explication plausible (Naville, *Religion*, p. 46-48).

  [3] Pyr. d'Ounas, l. 49, de Pépi II, l. 142 (Maspero, *R. Tr.*, IV, 56 , XII, 72 ; J. Baillet,
R. Tr., XXII, 186). Cf. *Livre des Morts*, ch. CLIV, l. 5-6 (Pierret, p. 354).

  [4] Sur les momies : Rouyer, *Descr. de l'Eg.*, VI, 461-487 ; Pettigrew, *Egyptian mum-
mies*, 1834 ; Budge, *The Mummy*, 1893 ; Maspero, *Papyrus du Louvre*, p. 14-104, et
H. Or., II, 508, sqq.

cadavres pouvaient braver les siècles. Entre ces diverses méthodes, il n'y a eu ni hiatus chronologique, ni hiatus logique ; issues du même désir de prévenir la corruption, elles concouraient au même but [1]. On doit noter toutefois que, après la découverte de chaque perfectionnement, le procédé antérieur pour « *munir le défunt de* » *ses formes* » paraissait incomplet et devenait une abomination comme l'abandon primitif. Seulement, une question non résolue se pose : ces progrès sont-ils dûs à l'évolution des idées d'une seule race ou aux apports successifs de plusieurs ?

Ce qui est sûr, c'est qu'à travers tous les âges historiques de l'empire égyptien et presque jusqu'au temps de la conquête arabe, on s'est fait momifier. Sans doute les procédés ont changé bien des fois ; la mode qui soumet tout à son empire ne pouvait y laisser échapper le soin de la suprême toilette et des derniers parfums. Le sens même de la momification a disparu : l'idée d'immortalité s'est détachée du corps pour suivre l'âme seule. Mais l'usage se perpétuait, alors que la croyance primitive s'était évanouie. La vanité contribuait à l'entretenir : on ne voulait pas encourir la réputation de lésiner pour les obsèques de ses proches. Au reste, il devait arriver souvent que l'on avait perdu de vue le but et le sens des rites, l'on avait cessé de croire, non tout à fait de craindre ou d'espérer ; et l'on voulait épargner aux êtres qu'on avait aimés un malheur qui ne semblait pas redoutable, mais dont menaçaient d'anciens préjugés où pouvait subsister quelque vérité quoiqu'on les estimât erronés.

À côté du corps accroupi, décharné ou momifié, et distincte de lui, quelque autre partie du défunt n'a pas cessé de vivre dans la tombe. La pensée des morts qui se représente à notre esprit pendant le jour, leur image qui nous apparaît la nuit, leur voix qui nous interpelle dans les songes, ne seraient-ils que jeux du souvenir ? Non, répondaient les Égyptiens, même primitifs : l'âme subsiste près du corps enseveli. Mais la notion qu'ils conçurent d'abord de l'âme, et de son immortalité, restait, à vrai dire, fort

---

[1] J. BAILLET, *Op. cit.* Cf. CAPART, *Pourquoi les Égyptiens faisaient des momies*, 1900 ; NAVILLE, *Religion*, p. 50 ; VIREY, *Religion*, p. 237.

grossière. C'était le *double*, le *ka*[1], c'est-à-dire une reproduction exacte du corps, comme lui matérielle et sensible, confondue avec lui pendant la vie, à peine dégagée par la mort. On lui prêtait, avant tout, le sentiment que son corps inspirait directement aux vivants, l'horreur de la corruption[2] et des vers[3]. Subsidiairement, on supposait chez l'habitant de la tombe quelques autres sentiments éprouvés par les vivants au cours de la vie réelle et qu'ils s'imaginent devoir un jour éprouver quand ils occuperont la même place : horreur de l'immobilité[4], horreur des ténèbres[5] et du silence, horreur de la faim et de la soif[6] ou, qui pire serait, d'une nourriture infecte formée d'excréments et d'urine[7]. Les rites funéraires le garantissaient contre tous ces objets d'horreur et lui assuraient la satisfaction de ses désirs.

La conservation du corps passait pour une condition essentielle du bonheur futur pour le double qui cohabite avec lui[8]. Si la corruption endommageait ses membres, le défunt ne pourrait plus s'en servir jamais. Si au contraire, le corps du défunt reste en bon état, s'il « *est arrivé momifié comme il convient* », s'il a été préalablement « *purifié par l'eau et le natron*[9] », si tous les rites ont été observés. alors rien ne sera refusé au double. D'ailleurs, s'il éprouve tous les appétits qu'éprouvait le corps vivant et

[1] Nestor L'Hôte. *Lettres*, p. 5-7 (*B. Eg.*, I, 47) ; Maspero, *Une formule des stèles*, 1878 (*B. Eg.*, I, 1-31) ; *L'histoire des âmes*, 1879 (*Ib.*, 35-52) ; *Le double et les statues*, 1879 (*Ib.*, 77-9') ; *Rapport sur les fouilles*, 1883 (*Ib.*, 152-157) ; *Egyptian Souls*, 1888 (*Ib.*, 388-406) ; Lepage-Renouf, *Tr. S.B.A.*, VI, 494-508 ; *Hibbert Lectures*, p. 147-149.

[2] Cf. Téti, l. 347-354 (*R. Tr.*, V, 53) ; Pépi Iᵉʳ, l. 689 (*R. Tr.*, VIII, 109) ; Pépi II, l. 960 (*R. Tr.*, XII, 185 etc. *Livre des Morts*, ch. xiv, xlv, lxiii, clxiii, titres, et surtout le ch. cliv (J. B., *R. Tr.*) ; XXII, 184-185.

[3] *Livre des Morts*, ch. cliv : l. 7 et 11 ; clxiii, titre : clxiv, 16 ; — Sarcophage d'un bélier de Mendès (Mariette, *M. D.*, pl. 46, p. 15 ; Maspero, *Guide*, p. 379).

[4] « *Ounas c'est Osiris en mouvement et qui a horreur de la terre, aussi n'entre-t-il pas en Gab, son âme rompt à jamais son sommeil en sa demeure qui est sur terre.* » Ounas, l. 447-448, Téti, l. 256 et 259 (*R. Tr.*, IV, 51 ; V, 33). — « *Il abomine le soleil, il hait l'immobilité* ». Pépi Iᵉʳ, l. 689 (*R. Tr.*, VIII, 109).

[5] Ounas, l. 159 (*R. Tr.*, IV, 51). *Livre des Morts*, IX, 3.

[6] « *C'est l'abomination d'Ounas que la faim, et il ne l'a point mangée : c'est son abomination que la soif et il ne l'a point bue.* » Ounas, l. 195-196 ; Téti, l. 74-75. Cf. 62-65 (*R. Tr.*, III, 199 ; V, 10-12, etc.)

[7] Ounas, l. 189-190 ; Téti, l. 68-69 (*R. Tr.*, III, 198, V, 11), etc. Stèle de Nêhi, XIIIᵉ d. (Mariette, *Cat. d'Abydos*). — Hatchopsou à Déir-el-Bahari (Dümichen, *H. I.*, I, pl. 36-37). — *Livre des Morts*, ch. lii et liii.

[8] « *Il achemine le double d'Ounas à son corps vers la grande demeure.* » Ounas l. 482, cf. 483 (*R. Tr.*, IV, 56).

[9] *Livre des Morts*, ch. ix et ch. xvii 3 *bis* et passim.

souffre des mêmes privations, il est plus facile à satisfaire. C'est lui
qui profite des provisions que l'on enferme dans la tombe, des
mets que l'on dépose sur la table d'offrandes[1] et des libations
dont on l'arrose aux jours anniversaires[2]. Mais il se contente encore à moins de frais; il n'a besoin que d'une représentation
des choses: car tous les objets, comme l'homme, ont leur double[3];
à des ombres d'hommes, il suffit d'ombres de tables et de pains,
d'ombres de viandes et de liqueurs[4]. De là toutes ces peintures
murales qui décorent, pour le mort seul, une tombe fermée à jamais[5]; de là ces scènes de la vie familière, si curieuses pour
nous, qui ornent les appartements funéraires, ceux de l'Ancien
Empire particulièrement, pour que le mort y trouve toutes ses
habitudes; de là encore ce riche mobilier figuré, ces abondantes
provisions fictives, succédant ou s'ajoutant aux provisions et au
mobilier réels, ces serviteurs de bois ou de terre cuite émaillée
ces victuailles de pierre et de bois peint, ces interminables listes
d'offrandes[6], énumérant les pains et gâteaux divers, les morceaux
de toute espèce d'animaux, bœufs, chèvres, oies, etc., les vases
de lait, de vin, de bières de toutes sortes, les fruits, les vêtements, les parfums de toute provenance, les huiles, onguents, encens, dont le défunt désire être pourvu, enfin, selon une formule
fréquente, « *toutes les choses bonnes et pures dont vit un dieu,*

---

[1] La présentation de la table *hotpou* et des offrandes *pir khrôou*, avec le sacrifice san-
glant ou commémoratif, forme l'office des morts tel qu'il se pratique jusqu'à la fin. Voir
MASPERO, *Le Rituel du sacrifice funéraire*, 1887; *La table d'offrandes* 1897. LEFÉBURE,
La vertu du sacrifice funéraire, 1906; WIEDEMANN, *Archiv für Religion*, VII, 185.
[2] Tableau des dates de cérémonies dans MARIETTE, *Tombes de l'ancien empire*, p. 17.
[3] Chez bien des peuples, pour que le mort jouisse des offrandes, il faut qu'elles soient
mortes comme lui: c'est pourquoi on brise les vases, par exemple, et pourquoi on brûle
des esclaves avec le maître. On trouve des traces de ... précaution: objets brisés, arc
et bâton rompus ou entaillés (Tombe de Montou-nkhiew-c'houf, XIX° d., *M. M. C.*, V,
p. 116, fig. 5 et p. 119). Aux Pyramides, il est question de frapper le mort lui-même.
[4] Cf. MASPERO, *Guide*, p. 206-207.
[5] On a interprété diversement ces scènes agricoles, domestiques, cynégétiques, admi-
nistratives, etc. Sont-ce des scènes de la vie présente, destinées à réjouir l'œil? Est-ce
la vie passée, racontée en images: le propriétaire cultivant son domaine, le ministre
recevant les tributs, etc., équivalant au *lanam ferit* des tombes romaines? Est-ce la vie
future avec les Champs-Aalou? Sont-ce les préparatifs du sacrifice, les moissons et les
bestiaux destinés au repas funéraire? L'explication la plus compréhensive y voit de la
magie sympathique, évoquant le semblable par le semblable et la vie terrestre pour une
réédition fidèle ou embellie dans l'autre monde. (Cf. MASPERO, *Ibid*).
[6] L'un des menus les plus détaillés est celui de Pépi II qui comprend 4 services ou
4 repas: 257-529 (*R. Tr.*, XII, 82-92).

» *que donne le ciel, que produit la terre, qu'apporte le Nil de*
» *sa retraite cachée* »[1].

Mais comment jouir de tous ces biens? Il faut recourir à certaines pratiques, cérémonies et paroles, dont l'origine est un résumé commémoratif de la momification[2], mais dont les effets s'étendent plus loin grâce à leur pouvoir magique. Certaines simagrées faites sur le corps, certaines formules prononcées par les vivants, et que fait connaître *le Livre de l'ouverture de la bouche*[3], accompliront ces miracles pour les morts. Moyennant cela, le défunt recouvrera l'usage de ses membres[4] et de ses sens; il « *se recommencera parmi les mânes.* » Il verra, entendra, parlera, se tiendra debout, s'assoiera comme les vivants ou les dieux mêmes[5]. Il marchera sur ses jambes, et courra plus vite que les lévriers ou que la lumière[6]. Il mangera par sa bouche, mâchera par sa mâchoire[7] et pourra prendre tous les aliments qui lui sont offerts sur la table d'offrandes et que détaille le *Rituel du sacrifice funéraire*[8]. Les morts sont des « *voraces* »[9]. Cependant tous ses appétits seront satisfaits, ceux de l'estomac et les autres; il savourera toutes sortes de parfums; il se réjouira de la vue et de l'odeur des fleurs de saison[10]; il humera la brise fraîche du nord, il jouira de toutes les femmes qu'il convoitera[11]. Le principal demeurera toujours le repas funéraire, centre du culte des morts.

Tout cela lui sera permis même hors de la tombe. En effet, une des facultés les plus précieuses que lui confèrent les rites, c'est de

[1] Stèle d'Horménå, Florence n° 2569 (PIEHL, *R. Tr.*, II, 123) etc., etc.
[2] Cf. J. BAILLET, *Momification (R. Tr.*, XXII, 186-196).
[3] Cf. *supra*, ch. II, p. 22, n. 9, et *Livre des Morts*, ch. XVI-XXIII.
[4] « *Son cœur est replacé dans son sein. Ses membres sont de fer et son âme est dedans* ». Sarcophage de la reine Ankhnas (SHARPE, *Eg. Ins.*, I, pl. 59, l. 35; CHABAS, *Et.*, 51). Cf. « *Le os de Pépi sont de fer* » (Pépi II, l. 957 : *R. Tr.*, XII, 184).
[5] Cf. *Livre des Morts*, ch. II.
[6] *Ibid.*, ch. XXIV.
[7] *Ibid.*, ch. X et passim.
[8] Cf. *supra* : ch. II, p. 22, n. 8.
[9] Pépi II, l. 626 (*R. Tr.* XII, 139). — « *Noſirkari mange plus que tu ne donnes* » (*Ibid.* l. 618, p. 138).
[10] Sur le goût des Égyptiens pour les fleurs : MASPERO, *Guide* p. 332-333 — Sur les offrandes de fleurs : *Livre des Morts*, ch. CXXIV, l. 4; Stèle de Nakht-Khem (Louvre C 55); Procynème d'Ankh-Khonsou (*L. D.*, III, 3; LEDRAIN, *Stèle du collier*, p. 10); Pap. de Sar-Amon (LEDRAIN, *R. Tr.*, I, 91).
[11] Ounas, l. 181-183, 627-629 (*R. Tr.* III, 197, IV, 76); — *Livre des Morts*, CXXXVII, 14.

ne pas se borner à la vie dans la tombe, de n'être pas renfermé ou enchaîné[1], mais au contraire de se servir de ses jambes aussi bien que de sa bouche[2]. Il pourra donc entrer, sortir[3], circuler selon son gré[4]. Il en usera d'abord pour se risquer au dehors sur le parvis de sa tombe, pour s'asseoir dans son jardin funéraire et prendre le frais au bord de son bassin et à l'ombre de son sycomore[5], y jouer aux dames[6] ou y contempler des danseurs et des nains[7]. Il poussera jusqu'au fleuve pour se laver ou s'abreuver dans le courant[8]; il retournera visiter la maison qu'il habitait[9]; il s'intéressera aux travaux des champs, à la pêche et à la chasse; invisible, il assistera aux banquets tenus par ses proches en son honneur[10]. Surtout il se rendra dans les temples des dieux que sa

---

[1] Statues de Kaha à Turin, XVIII° d. (MASPERO R. Tr., II, 193) de Nakhtmin au Caire (BOURIANT, R. Tr., XI, 89).

[2] « Celui qui connaît cela, il est en possession de ses jambes » Amdouat, 3° heure (JÉQUIER, p. 64).

[3] C'est le vœu de pir em hrou (supra, p. 130), ou de pir em ba ânkh, « sortir en âme vivante », ou selon le titre même que mentionnent les pyramides, « sortir en vie et puissance » (rô ni pirou ni dnkh ouas, (Pépi I°°, l. 175 : R. Tr. V, 183). Successivement les Egyptiens ont sous-entendu ou exprimé tout régime imaginable : la tombe et l'air libre dans le monde des vivants, le Khernoutir et ses cavernes, les lacs de l'autre monde et les divers « Champs » des élus, la salle du tribunal d'Osiris. « Ounas sort en ce jour » (pir-m hrou pen) avec les formes auxquelles il a droit comme âme vivante (m arîou » mâ n ba ankhi » (l. 455, R. Tr., IV, 52).

[4] « On ne te repousse plus de tout lieu où tu veux aller ; on ne met plus de limites à » tes jambes dans tous lieux où il te plaît être. » (Téti, l. 273, R. Tr., V, 36).

[5] Sur l'esplanade des tombeaux (RHIND, Thebes, its tombs, p. 42, supr.).— Sur les jardins funéraires : stèles de Nsikhonsou, Turin n° 144 et de Zodamonaoufânkh, Caire n° 640 (MASPERO, R. Tr., 105-108, B. Eg. VIII, 241-248). — Sur le bassin à l'étiage du Nil : table de Dachour (MASPERO, Guide, p. 44 (MARIETTE, M. D., pl. 94, p. 28). — L'iconographie mythique du sycomore protecteur nouhi, associé avec la déesse Nouit, s'est beaucoup développée jusque dans la légende du Jardin des Hespérides (MASPERO, B. Eg., II, 223 ; VIREY, Religion, p. 210-213).

[6] Livre des Morts, ch. XVII, titre.

[7] Tombe de Phrâ-hi-ounamf, XX° d. (MARIETTE, M. D., pl. 66, p. 20) Les danses sont fréquentes dans les mastabas et les tombes thébaines. Mais dans les pyramides, le roi danse lui-même (Ounas, 295 ; Pépi II, 529 : R. Tr., III, 219; XII, 92) et c'est lui qui est le nain danga qui « danse le dieu » (Pépi I°°, l. 401 : Mirin-rî, 573 : R. Tr., VII, 162, XI, 11, et XIV, 186-195 == B. Eg., 429-443).

[8] Stèle d'Hormena (supra, p. 136, n. 1), etc. L'eau servait à la fois à désaltérer et à revivifier le cœur : cf. Conte des deux frères (MASPERO, Contes, p. 16 et 25). — « Puisses-tu être » assis au bord de la rivière, au pays du repos, y laver ta face et ta main, et recevoir » des offrandes. » (Pap. Anastasi 1, pl. IV, l. 1). — Cf. Rekhmâra (M.M.C., V, 106-107) et Pépi II (l. 970-971 : R. Tr., XII, 187-188 ; XXII, 190).

[9] « Voir sa maison des vivants, de la même façon qu'étant sur terre. » Stèle de Sitamon à Bruxelles, XVIII° d. (CAPART, R. Tr., XXII, 107).

[10] Pourquoi dit-on toujours « festins funèbres » et jamais « chasses funèbres » ou « vendages funèbres » ? Les tableaux qui s'entremêlent dans les tombeaux thébains (par exemple celui de Nébamon : BOURIANT, R. Tr., IX, 98-99), sont de même nature et appellent même interprétation.

piété ou celle de sa famille lui aura conciliés, pour y prendre part à la table des offrandes servies à ces dieux[1]. Il fera toutes les transformations qu'il désirera en tout lieu où se plaira sa personne[2]. Magicien comme les dieux, il deviendra fort et puissant comme eux et au besoin contre eux[3].

Seulement, si tous ces avantages dépendaient de l'exécution actuelle des rites, les défunts retomberaient à la merci des vivants. Or comme les vivants ne conversent point avec les morts, ils ne connaissent point tous leurs désirs et ne sauraient les contenter au moment opportun. Mieux aurait valu ne pas réveiller chez les défunts l'usage de leurs sens, si l'on avait dû créer en eux des souffrances en leur rendant des besoins d'autrefois sans leur donner en même temps le moyen de les satisfaire. A quoi bon mettre dans la tombe ces objets et surtout ces représentations d'objets divers, si l'âme n'avait pu s'en servir? Il fallait donc que le mort lui-même, à défaut des vivants, pût prononcer les incantations nécessaires dans tous ses besoins. C'est ce privilège qu'il doit souhaiter surtout et qu'on lui assure en affirmant qu'il le possède[4]. On veut qu'il puisse réaliser tous ses souhaits par ses incantations, qu'il devienne « juste de voix » *mâ-khrôou*[5], qu'il sache donner aux doubles des offrandes énoncées ou représentées autour de lui assez d'existence pour satisfaire ses désirs, que cet approvisionnement funèbre, *pir-khrôou*, mérite tout à fait son nom qui signifie « mets qui paraissent véritablement à la voix quand il invoque[6]. » Comme chacun désirait ce pouvoir pour lui, après sa mort,

---

[1] « *Dites : « milliers de pains et de boissons pour Abou, aux temples de Râ, de » Khont-Amenti, de Shou-Tafnouit, de Thot, de Sokar »* et d'une vingtaine d'autres dieux. Stèle d'Abou, XIe d., Abydos, Turin, n° 107 (MASPERO, *R. Tr.*, III, 116).

[2] *Livre des Morts*, ch. I, l. 22; ch. XVII, titre; ch. LXXVI-LXXXVIII.

[3] « *Mieux doué de vertu magique que ces dieux du nord, les Indestructibles, qui ne » peuvent le détruire. »* — « *Ils ne se sont pas réjouis de ton arrivée. »* Pépi Ier l. 238-242, 408-411 (*R. Tr.*, VII, 148, 153). — Ounas les pourchasse et les mange, l. 491-521 (*R. Tr.*, V, 56-61; cf. *B. Eg.*, I, 157-158, 164-165).

[4] « *Ce Pépi est juste de voix et ce Pépi acclame les dieux »* (Pépi Ier, l. 171 : *R. Tr.*, V, 185). — Pépi II est un des dieux « *qui sont invulnérables et qui ne faussent point leur » voix tandis que ses ennemis ne sont pas justes de voix contre lui »* (l. 1233; *R. Tr.*, XIV, 138).

[5] DEVÉRIA, *L'expression mâ-xerou*, 1870 (*R. Tr.*, I, 10-18); MASPERO, *Sur l'expression mâ-khrôou*, 1880 (*B. Eg.*, I, 93-114).

[6] Inscr. de Péh-sou-kher : « *pir kherou kheft nas-f »* (VIREY, *M.M.C.*, V, 299). — Zalnni

le mot *mâ-khrôou* s'appliquait à tout défunt et a fini par perdre à peu près tout sens comme notre mot « feu un tel ». Entre temps, il a pris des nuances diverses, signifiant : « puissant, vainqueur par la parole », si l'on considérait les effets du pouvoir qu'il supposait, ou, plus tard, « justifié », quand le bonheur du mort dépendit non seulement des rites accomplis autour de son cadavre, mais de la pureté de sa vie. Du moins les modernes ont cru distinguer toutes ces significations de l'expression et il est possible qu'elle les ait revêtues successivement [1].

Qu'y a-t-il de moral dans cette conception de la destinée future ? Rien encore. L'avenir des morts dépend uniquement des rites matériels de l'ensevelissement et de formules. En fait de vertus, on commence seulement à connaître la vertu magique des incantations [2]. Pourtant il se cache déjà là des germes qui en se développant permettront à la morale d'intervenir. Ce sont d'abord les relations de l'homme avec la divinité au seuil de cette vie ultérieure, qui, par l'intermédiaire de la piété, finiront par introduire la justice. D'autre part, c'est le souci de préserver le corps de toute souillure et de toute corruption, qui plus tard s'étendra aussi à l'âme.

Aussitôt enfermé dans la tombe, le défunt entre en rapport avec les dieux. Rien d'étonnant, car il devient dieu lui-même. Les an-

---

demande à entrer et sortir « avec la voix qui évoque les dons d'offrandes » (Stèle de Turin n° 104 : MASPERO, *R. Tr.*, IV, 129).

[1] « Ami du vrai, justifié » (CHAMPOLLION, *Précis*, 2e éd., p. 48, n° 450 ; ROUGÉ, *Ahmès*, p. 37 ; BIRCH, *Annals of Thotmes III*, p. 6 ; *Patère*, p. 71) ; — « justificateur » (MASPERO, *Inscr. dédic. d'Abydos*, p. 6) ; — « véridique » (CHAMPOLLION, *Grammaire*, p. 128 ; DEVÉRIA, *R. Tr.*, I, 10) ; — « persuasif » (DEVÉRIA, *ib.*) ; — « vainqueur » (BRUGSCH, *Æ. Z.*, 1872, 129) ; — « vrai de parole, vivificateur » (GRÉBAUT, Hymne à Ammon-Râ, p. 111-120 ; PIERRET, *Rec.*, II, 98-103) ; — « dominateur » (NAVILLE, *Litanie du Soleil*, p. 75) ; — « triomphant par la parole » (STERN, *Æ. Z.*, 1877, 121-124) ; — « véridique, infaillible de parole » (LEFÉBURE-GUIEYSSE, *Pap. de Soutimès*, p. 14-15) ; — « triomphant, dont la parole est loi » (LEPAGE-RENOUF, *Hibbert-Lectures*, 1879, 186) ; — « juste de voix » (MASPERO, *B. Ég.*, I, 103-114) ; — « réalisant par la voix » (VIREY, Rekhmarà, *M.M.C.*, V, 101 et 119 ; *Religion*, 84-85, etc. ; AMÉLINEAU, *Rec. hist. rel.*, 1891 ; *Tombeau égyp.*, p. 15-19) ; — « créateur par la voix » (MORET, *Rituel du culte*, p. 163-165).

[2] Sur l'importance et le pouvoir attribués aux écrits magiques, au temps des Pyramides, voir : Ounas, l. 397-398 ; Pépi Ier, l. 9, 21, 160 ; Pépi II, l. 658 (*R. Tr.*, IV, 45 ; V, 160, 161, 181 ; XII, 145). « Quand les hommes reçoivent leur sépulture avec ses milliers » de pains, ses milliers de vases de bière, sur la table de Khontamenti, la chair est » misérable qui n'a pas d'écrit : l'écrit d'Ounas est scellé du grand sceau. » Ounas, l. 582-583 (*R. Tr.*, IV, 71).

cêtres sont tous des dieux [1] et les dieux ne sont peut-être que des
ancêtres [2] ; du moins les cultes que l'on adresse aux uns et aux
autres, ne diffèrent point sensiblement [3]. Comment acquérir les
avantages dont jouissent ancêtres et dieux ? Comment se ménager
un bon accueil parmi eux ? En faisant comme eux, se dit-on ;
mêmes moyens, même succès. L'imitation et la tradition agiront
toujours parmi les ressorts les plus efficaces de la morale égyptienne. On se momifia à l'instar des ancêtres et d'Osiris, sans se
demander, comme les critiques d'aujourd'hui, si les ancêtres
avaient réellement imité Osiris, ou si Osiris n'était que l'apothéose
de coutumes ancestrales, longues et anonymes. Aux préparations
matérielles on joignit des formules magiques, qu'on supposait
aussi renouvelées de celles d'Hor et d'Isis pour Osiris, premier des
dieux morts et doyen des dieux de la mort. L'imitation ne s'arrêtait pas à mi-chemin : les formules visaient à l'identification du
défunt et des dieux.

Forcément l'idée qu'on se faisait de cette opération surnaturelle devait varier avec la notion de la divinité même. D'abord les
dieux ne diffèrent point en nature des esprits des morts ; aussi on
les craint sans les respecter : le procédé dont on use envers eux,
en faveur des morts, constitue une sorte de supercherie ou d'usurpation du nom et des attributs du fétiche ou du génie invisible,
en même temps qu'une sommation qu'on lui adresse et une con-
trainte qu'on lui impose [4]. De ce que le mort est à la place d'Osiris, c'est-à-dire dans le cercueil comme lui, on prend le droit de

---

[1] Les Grecs et Italiotes primitifs laissèrent la même tradition : Cicéron dit « *Nos
ancêtres ont voulu que les hommes qui avaient quitté cette vie fussent comptés au
nombre des dieux* » (*De Legibus,* II, 22). « *Le méchant devenait un dieu tout autant que
l'homme de bien : seulement il gardait dans cette seconde existence tous les mauvais pen-
chants qu'il avait eus dans la première* » (Saint Augustin, *Cité de Dieu,* VIII, 26 ; IX,
15 : ap. Fustel de Coulanges, *Cité antique.*, p. 16).

[2] Exposée par Moret (*Rituel,* p. 225), l'idée a été acceptée, au moins pour les rois, par
Amélineau (*Culte des rois préhistoriques,* p. 31-44 ; *Prolégomènes,* p. 52, 317-319, etc.) et
sollicité Virey (*Religion,* 4, 11-16, 53, etc.).

[3] Remarque de Maspero (*Le rituel : B. Eg.* I, 323), amplifiée par Moret, (*Rituel, l. c.*),
adoptée même par G. Foucart (*Méthode comparative,* p. 98), qui repousse la théorie
précédente.

[4] Cette conception se retrouve jusque dans les pratiques magiques de basse époque
Cf. Chabas, *Le pap. magique Harris,* 1860 ; *Pap. de Leyde* (B. Eg., X, 135-136); Maspero,
Tabellæ devotionis d'Hadrumète, 1890 (B. Eg., II, 297-311).

dire qu'il est Osiris, que les parentés et les alliances d'Osiris sont siennes, que les privilèges d'Osiris lui appartiennent[1], que les autres dieux doivent le traiter comme Osiris ou lui obéir comme au dieu[2]. Ounas, arrivant dans l'autre monde, bouscule les dieux, ses égaux, s'asseoit sur le trône des uns, pourchasse les autres. Dans les anciennes stèles, le mort assis reçoit les offrandes de sa famille ; les dieux en prennent leur part en tant qu'identiques aux morts. Plus tard le mort debout présente l'offrande à un dieu pour que celui-ci l'admette à sa table. Alors on croit que la toute-puissance et la vie appartiennent aux dieux seuls : on les invoque, on les supplie d'en déléguer une portion au défunt. Les dieux ont créé l'univers, ont donné la réalité et la vie au monde, en communiquant à la matière une partie de leurs propriétés, de leur essence même. Qu'ils daignent continuer leur œuvre en faveur du défunt, émettre de leur âme un double qui, en se logeant dans la personne du défunt, lui communiquera la vie et la puissance du Dieu, l'être même de Dieu ! qu'Osiris consente à identifier le défunt à lui-même ! aussitôt le défunt sera dieu ; il se nommera Osiris, au même titre qu'une statue divine dans un temple ; il aura les mêmes pouvoirs que le dieu ; comme lui surtout, il possédera cette connaissance des formules et des intonations justes qui réalise ce qu'il dit. Mais tant de morts procèdent semblablement qu'ils ne deviendront plus Osiris, mais des Osiris[3], ou même des suivants d'Osiris. Enfin, ce consentement du dieu, soit à l'usurpation de sa personnalité, soit à l'infusion d'un double de lui, soit à l'admission dans sa suite, on se persuadera qu'Osiris ne l'accorde qu'à bon escient et que si le défunt a justifié de l'innocence de sa vie.

---

[1] « *Toum ! c'est ton fils, cet Osiris immobile,... s'il vit, Ounas vit.* » Ainsi de suite à tous les dieux et pour conclure, à Osiris même : « *Ton corps est le corps de cet Ounas ; la chair et la chair de cet Ounas ; les os sont les os de cet Ounas. Tel tu es, tel est cet Ounas ; tel est cet Ounas, tel tu es.* » (Ounas, l. 240-168 : *R. Tr.*, III, 209-214). — Comparer par exemple l'adjuration au crocodile : « *Ne sois pas contre moi ! je suis Amon, je suis Anhouri. Ne te redresse pas ! je suis Montou, etc.* » (Pap. mag. Harris, VIII, 5 ; CHABAS, *Mél.*, III, 33).

[2] « *Lorsque Râ voit ce défunt en personne, il le considère à l'égal de l'Ennéade des dieux, maître de la crainte et de la terreur dans le cœur des hommes, des dieux, des mânes et des morts.* » (*Livre des Morts*, CXXX, 23-29).

[3] « *Tu pénètres dans le Douaou ; tu te réunis à ceux qui sont devenus des Osiris.* » (*Rituel* démot. de la Bibl. Nat., n° 26, p. 1, l. 15 ; PIERRET, *R. Tr.*, I, 43).

Or cette dernière idée est contenue en germe, elle aussi, dans la loi de la momification. C'est le souci de la purification des corps, pour combattre la corruption matérielle de ses agents, qui a engendré l'idée de la pureté de l'âme, préservée de la corruption du cœur[1].

Dans les Pyramides, les textes font de fréquentes allusions à la pureté du défunt et à des purifications. Mais il s'agit toujours de pureté matérielle obtenue par des moyens matériels. C'est le corps et tous ses membres qui sont purs[2]. Cette pureté résulte de lavages, d'ablutions ou d'immersion[3], d'encensement, d'embaumement, ou de bains de saumure[4]. Les effets attribués à ces purifications consistent à mettre le corps à l'abri de la putréfaction, ou à rendre aux membres leur souplesse et leur jeu[5]. Celles que comprend le *Rituel du repas funéraire*[6] n'ont d'ailleurs point cette efficacité par elles-mêmes : un jet d'eau par-dessus la momie, une présentation des grains d'encens ou de natron, n'opèrent rien ; mais ce sont cérémonies représentatives des lavages, bains, onctions, injections et insertions de la momification, tout aussi bien que les bains soi-disant pris dans des lacs mythiques ; aucune indication du contexte ne les relève jamais comme des symboles d'opérations spirituelles. Au *Livre des Morts*, les mêmes préoccupations persistent, mais d'autres idées s'expriment parallèlement :

---

[1] Cf. J. BAILLET, *Momification*, p. 17-37 (R. Tr., XXII, 186-196.)

[2] « *Tu es purifié de nitre ; ta tête est purifiée de nitre, tes os sont purifiés d'eau* » (Ounas, l. 24 : R. Tr., III, 183) « *Pépi s'est purifié avec Râ dans le lac d'Ialou ; Hor a lacé ta chair, ô Pépi, Thot a lacé les pieds.* » (Pépi Ier, l. 234 et 464-5 : R. Tr., VII, 147 et 170.) « *Tes deux mains sont lavées.* » (Pépi Ier, l. 66 ; Pépi II, l. 970 : R. Tr., V, 167 ; XII, 187) — Cf. Livre des Morts : « *Est purifié le cadavre de N. sur terre, purifiées ses chairs* » (ch. CLII, tableau : PIERRET, p. 550) Le ch. CXXV énumère les parties purifiées : *cœur, devant, dos, intérieur* (l. 44-45). *Le livre des respirations*, qui répète ce passage, donne cette variante : « *Ton intérieur est tout myrrhe et tout natron* » (DE HORRACK, B. Eg., XVII, 115 ; MASPERO, B. Eg., II, 479).

[3] « *Pépi s'est lavé dans les lacs des Gens du Douaît ; il s'est mis a nu dans le Lac des Chacals* » (l. 244-5 : R. Tr., VII, 118, supra, p. 137, n. 3).

[4] « *Tu te laves dans le Lac du Chacal : tu te parfumes d'encens dans le Lac du Douaît ; tu te purifies sur les fleurs dans le Champ d'Aalou* » (Pépi II, l. 1146-1149 ; R. Tr., XIV, 132). « *L'Osiris se purifie le jour de sa renaissance dans le grand nid du Grand... c'est-à-dire le bassin de natron avec le bassin de nitre.* » (*Livre des Morts*, XVII, 1-17, cf. 78 et 81.) — Autres bassins de purification : *Ibid.*, LXXXVI, 5 (NAVILLE, Æ. Z., 1883, 187), XCVII, 3 ; CXXV, 44-45 ; CXXXI, 7.

[5] *Supra*, p. 131 et suivantes.

[6] *Supra*, p. 136.

purification symbolique permettant l'accès des choses saintes, souillures de l'âme contractées dans les actes mauvais, pureté du cœur fruit des vertus[1]. D'un chapitre à l'autre, d'une phrase à l'autre, on croirait entendre deux chœurs qui se répondent avec les mêmes mots, mais avec des nuances ou des sens différents, l'un appliquant à l'âme ce que l'autre avait dit du corps : « *Je suis pur !* » exclame l'un. — « *Je suis intact !* » reprend un écho lointain. — « *J'ai été purifié !* » affirme le premier. — « *J'ai été lavé par les bains d'eau et de natron !* » répond l'écho. — « *J'ai agi conformément aux rites traditionnels !* » réplique l'autre. — « *Je ne veux point de ce qu'abhorrent les dieux !* » concluent-ils ensemble. Mais cet objet d'horreur c'est, dans les vieux cantiques, la pourriture de la tombe ou encore l'ordure et les excréments ; dans les hymnes nouveaux, c'est le péché, la violence et l'injustice.

Que l'on considère en particulier, le chapitre CLIV du *Livre des Morts*[2] ; il apparaît presque comme le prototype[3] du fameux chapitre CXXV. C'est un morceau analogue avec le même cadre, mais dans un autre ton : il suffit d'une transposition pour passer de l'un à l'autre. Semblable apostrophe au début ; puis semblables affirmations et semblables mouvements :

CLIV	CXXV
— *Salut à toi, mon père Toum* (variante *Osiris)!*	— *Hommages à vous, maîtres de la vérité, hommage à toi, dieu grand, maître de mâit!*
— *J'arrive.*	— *Je suis venu vers toi, mon seigneur* (l. 1).
— *J'ai fait embaumer ces miennes chairs. Je ne me décompose pas* (l. 1).	— *Je connais ton nom, etc.* (l. 1-3). *Je vous apporte mâit et j'écarte de vous le mal* (suit la 1re confession négative, l. 3-11).
— *Je suis intact, intact, comme mon père Osiris Khopri, dont l'image est l'homme, dont le corps ne se décompose pas* (l. 1-2).	— *Je suis pur, pur, pur. Je suis pur de la pureté du grand Vanneau (Osiris) qui est à Héracléopolis* (l. 11).

[1] *Infra.* p. 163 et suivantes.
[2] Cf. J. B., *Momification*, p. 15 (*R. Tr.*, XXII, 185) ; NAVILLE, *Religion*, p. 52.
[3] S'il est rare aux temps de l'empire thébain, c'est qu'il a été remplacé par le CXXVe, mais il a des éléments très anciens.

— *Viens former mon corps en maî-*
tre de mes souffles, puisque tu es le
seigneur des souffles, aussi bien que
pour ton égal (l. 2).

— *Etablis-moi, forme-moi en maî-*
tre de la sépulture. Accorde que je
marche pour l'éternité, de la même
manière que tu agis avec ton père
Toum, — dont le corps ne passe pas,
étant celui qui ne périt pas (l. 2-3).

— *Je n'ai pas fait ce que tu détes-*
tes, mais bien ce qu'aime ton double;
qu'il ne me repousse pas (l. 3-4).

— *Sauve moi en toi, afin que je ne*
sois pas putréfié, etc... (Suit un développement sur la décomposition des
chairs (l. 4-9). A retenir un détail l. 6 et
celui-ci : *Les morts se putréfieraient*
sans les ingrédients rituels que je
place dans leur ventre.

— *Je viens dans leurs formes* (l. 9-
10).

— *Je ne me présente pas à qui il a*
été fait outrage, dont les chairs sont
endommagées par la décomposition...Il
ne sera pas pris possession de toi par
ordre du maître des dieux (l. 10-11).

— *Ses compagnons ont mis de côté ses*
chairs. Les dieux proclament ses actes.
Ses chairs n'ont pas de mal (l. 6).

— *Salut à toi, mon père Osiris ! Tes*
chairs sont avec toi. Pas de corrup-
tion pour toi. Pas de vermine, etc.
(thème de la décomposition). *Il n'est*
pas fait de mal à mon cadavre qui ne
périra pas et ne sera pas détruit dans
cette terre d'éternité (l. 11-14).

— *Je suis le nez du maître des souf-*
fles qui fait vivre les Intelligents le
jour du compte de la pesée dans An...
(l. 12).

— *Je vois que j'ai accompli la pe-*
sée dans An (l. 12).

— *Il ne se produira pas de mal con-*
tre moi, en cette terre de vérité (l. 12-
13).

— *Puisque je connais le nom de ces*
dieux qui sont avec toi dans la salle
de vérité. Donc délivre moi d'eux (l. 13).

— *O enjambeur sorti d'An, je n'ai*
pas fait le mal, etc. (Suit l'invocation
aux 42 assesseurs d'Osiris, par appel
nominal, avec les 42 articles de la
2e confession négative, l. 14-34).

— *L'Osiris vient à vous* (l. 36-37).

— *Hommage à vous, dieux habitant*
la Salle de vérité. Le mal n'est pas
dans votre sein. Délivrez-moi du dieu
du mal, qui vit des entrailles, ô chefs,
le jour du grand jugement parmi vous
(l. 35-36).

— *Il n'y a ni mal, ni péché, ni souil-*
lure, ni impureté en lui, etc... Ce qu'il
a fait, les hommes le proclament, les
dieux s'en réjouissent (l. 37-38).

— *Il s'est concilié Dieu par son*
amour. Il a donné du pain, etc. (Suit
la confession affirmative). *Sauvez-le,*
protégez-le, en ne l'accusant pas de-
vant le Seigneur des momies, car sa
bouche est pure, ses mains sont pures
(l. 38-39).

Le reste du chapitre CXXV dérive d'autres sources. Lui-même
le chapitre CLIV n'est pas exempt de toute contamination [1]. Mais

---

[1] L'allusion au décharnement (l. 6) date d'avant la momification. Le passage de l'Œil
de Shou (l. 7, 9, 12), qui comme l'Œil d'Hor désignait tous les aromates, libations et
aliments, a été interprété mystiquement par le dessinateur du pap. de Turin, comme
descente et action bienfaisante du soleil sur la momie, selon une doctrine plus récente.

...able que, tout en s'articulant de même, l'un ...de mal moral et de péché dès que l'autre ...chairs, jugement ou pesée de l'âme quand ...ement et sépulture, connaissance magique ...uand l'autre disait momification aimée du ...un ordre d'idées à l'autre, grâce à l'ambi-...s, *ouab, mâit, tou, asef*, etc...

.*.

...ne la tombe comme demeure au défunt ...fût bientôt non pas succéder, mais s'en ...laquelle les morts se rendent dans les ...'abord, la croyance populaire avait per-...me *(ba)* de faire usage de ses facul-...e la tombe au jour ou pendant le jour, ...ux vivants. Bientôt, l'âme évadée pût ...gions inconnues des mortels, autre ...dieux, ciel et enfers.

...ie d'outre-tombe s'explique par les ...desquelles on s'efforçait de la ren-...n'y a pas une brusque substitution ...nais, alors qu'elles étaient toutes ...une et qu'au début elles étaient ...tions ont pris l'habitude de vivre ...léveloppements, qu'y apportaient ...ent dû les rendre incompatibles. ...t de l'usage des doubles renfer-...mis du défunt ou le défunt lui-...s paroles magiques, leur em-...et se cachent derrière leur ...e contre leurs ennemis. Si le ...livinité en une circonstance ...s dieux, se nourrir de leur ...eur sont faites, pourquoi ne

pourrait-il d'une manière continue vivre de leur vie, ma
leur table, résider avec eux dans une demeure commune
accompagner dans leurs déplacements ? Rien de plus natur
gine, quand l'homme croit les dieux présents tout autour
Les escapades du défunt, qui invisible sort de la tombe
mêler aux vivants, n'étonnent pas plus que l'intervention
génies qui vous aident ou des esprits malins qui vous c
noise. La demeure des dieux n'est pas distincte encore d
et l'âme des défunts ne quitte pas ce dernier pour entrer
régions divines.

Mais que deviennent donc tous ces morts auxquels
rents ont assuré par toutes les pratiques imaginables le
pouvoir de sortir de la tombe ? Tel ou tel affirme bien
vus dans ses rêves nocturnes, ou avoir en plein jour
invisible influence. Mais pourquoi ne les rencontre-t-or
souvent et ne les aperçoit-on pas en plus grand nombre
innombrables de la tombe, en s'empressant de jouir des
que leur procurent les soins donnés à leur momie, dev
dre étroite pour les vivants, la vallée heureuse qu'ar
Cependant leurs apparitions sont rares. C'est qu'ils
plus contentés de rejoindre les dieux dans les villes où
un sanctuaire préféré, Ptah dans Memphis, Osiris d
Râ dans An (Héliopolis), pour s'y nourrir des offran
sur leurs autels, comme le demandaient certains cha
ils les ont suivis au loin, dans leurs domaines propr
rejoindre, ils ont franchi les barrières de l'Égypte,
par la « Bouche de la fente » *Râ-Pegaït*[1], par l
couloirs souterrains », *Râ-staou*, et pénétré dans
serts et solitudes de l'Occident, *Amentit* ; ou bien,
Nil, « *traversé l'enceinte de fer que l'on a faite*
abordé sur des plages inconnues[3].

[1] Cf. MASPERO, *Et. Eg.*, I, 121 sqq.
[2] *Livre des Morts*, LXXXV, l. 7. Cf. « *le fer qui est au plafond du*
Pépi Ier : l. 169 (*R. Tr.*, V, 185).
[3] *Salut, jambe du ciel du Nord, dans le grand bassin visible... Je*

Il s'en faut de beaucoup que, dès l'origine, les domaines des dieux, hôtes des morts, aient passé pour des paradis de délices. Ils habitaient la tombe et y vivaient précisément comme les morts en qui peut-être ils s'incarnaient, c'est-à-dire qu'étant bien momifiés et habiles en magie, ils échappaient à la corruption et, profitant d'offrandes toujours renouvelées, ne souffraient ni de la faim, ni de la soif. Mais leur bonheur s'arrêtait là et ils ne pouvaient convier les hommes à mieux. D'autres cependant étaient plus au large ; ils présidaient à tout un cimetière ou une partie de la montagne où se groupaient des sépultures ; par tous les trous, puits ou galeries, on aboutissait au domaine du même dieu de la mort ; tous les ensevelis du canton lui formaient une escorte de fidèles, sur lesquels il régnait féodalement. Ce domaine était une immense caverne souterraine, le *Noutir-Kher* ou « Souterrain divin ». Il était situé à l'occident, hors de la vallée. Aussi l'appelait-on encore l'*Amenti* « l'Occident divin. » S'il émergeait à l'air libre, c'était très loin à l'ouest, plus loin que les déserts où se hasardaient les vivants, plus loin que les oasis où le jour luit : car là pesait une éternelle obscurité. On l'appelait encore le *Douaït*, « pays de l'adoration », car ce pays mystérieux réunissait les êtres auxquels on adresse un culte, ancêtres et dieux. Le nom de « Terre divine », *To-Noutir*, lui revenait de droit » ; mais il le partagea avec des terres lointaines où l'on avait crû découvrir le séjour des dieux, comme les Grecs crurent aborder aux Iles fortunées ou aux Iles des Hespérides.

Le plus ancien paradis funèbre, dont nous retrouvions des traces, fut vraisemblablement le domaine de Gab (ou Sib), le dieu Terre, et se confondait sans doute avec la tombe. Les vieux Memphites en gardaient mauvais souvenir et ne songeaient qu'à en faire échapper leurs défunts. En s'améliorant, il se confond avec le paradis

---

» levant en dieu. Je regarde je n'aborde pas... Je passe de la terre au ciel... Mes bras
» poussent l'aviron... J'arrive dans les bassins du feu, dans le champ brûlant : O celui
» qui amène les cordages des compagnons de la barque avec les voiles couleur de feu !
» Je me tiens dans la barque, je fais traverser le bassin... J'apparais aux champs, je
» vogue, je navigue, j'ouvre les portes du sanctuaire. Des terrains me sont répartis. »
(Ch. xcviii).

d'Osiris, et on n'en parla plus[1]. Amentit, déesse de l'occident, mentionnée dans les tombeaux archaïques d'Abydos[2], « *la bonne Amentit*[3] », accueillait bienveillamment les morts à leur arrivée, mais elle leur rendait le retour sur terre impossible ; si quelques-uns devenaient et restaient ses sujets, les *Amentiou*, nous ignorons comment elle les traitait. Des dieux maîtres des cimetières régionaux quelques-uns ont légué leur nom à quelque confrère plus fortuné : Khont-Amenti d'Abydos[4] s'est identifié à Osiris de Mendès ; Tanen des environs de Memphis, à Ptah ; Wapouaïtou de Siout, à Anubis « le chacal sur sa montagne, maître des lieux hauts » ; celui-ci accepta auprès d'Osiris-Khontamenti un rôle subalterne. Nous connaissons mal leurs domaines. Nous avons plus de chance avec Sokaris : quoiqu'il se soit souvent uni à Ptah et à Osiris, il défendait encore l'intégrité de son Enfer au temps du nouvel empire thébain ; et l'auteur du *Livre de l'Amdouaït* y décrit la navigation du Soleil mort pendant les 4ᵉ et 5ᵉ heures de la nuit[5]. Ce domaine se compose de longs couloirs et de grandes salles voûtées ; jamais la lumière n'y pénètre : Sokaris y commande à ses sujets « *par la voix sans les voir* » ; et, lorsque passe la barque du Soleil avec ses hâleurs, personne ne voit ni ce dieu, ni Sokaris[6].

C'est Osiris qui attire le plus les âmes. Sa légende s'est formée de bonne heure : elle est à peu près constituée au temps des Pyramides. Jadis il régnait sur l'Égypte. C'était de tous les bons esprits, le plus bienfaisant pour les hommes, comme le plus puissant : aussi l'appelle-t-on « le Bon, l'Être bon par excellence, *Oun nofir* ». Mais il a eu affaire aux plus terribles ennemis, à de

---

[1] « *Gab a agi envers lui, comme on a agi envers lui-même.* » (Ounas, l. 585 : *R. Tr.*, IV, 71) — « *C'est l'horreur d'Ounas que la terre, aussi n'entre-t-il pas en Gab.* » (Ounas, l. 447 ; Téti, 256 et 259 : *R. Tr.*, IV, 51 ; V, 33). — « *Khont-monitouf te transporte au* » *ciel près de ton père Gab... Tu as moissonné les orges... selon l'ordre que t'a fait le* » *père Gab.* » (Téti, l. 288-290 : *R. Tr.*, V, 41).
[2] Cf. Maspero, *Rev. Crit.*, 1897, II, 439.
[3] Ounas, l. 420-421 (*R. Tr.*, IV, 47).
[4] Maspero, *Hypogées royaux* (B. Eg., II, 21-23).
[5] Jéquier, *Le livre de ce qu'il y a dans l'Hadès*, 1894 ; Maspero, *Hypogées* (B. Eg., II, 64-87).
[6] Jéquier, *Op. cit* : 4ᵉ heure, p. 71 ; 5ᵉ heure, p. 81.

perfides révoltés : il a succombé, son corps a été mis en pièces ; toutefois, grâce au dévouement de sa sœur-épouse Isis, il s'est survécu à lui-même, a engendré Horus, et pris sa revanche. Comme autrefois les vivants aimaient son doux empire, les morts maintenant se pressent dans son domaine.

On appelle « *Sokhit-Aalou*, Champs des souchets » ce domaine d'Osiris[1]. Où est-il situé? Tout au nord. C'est dire que la situation des *Champs Aalou* varia sans cesse et recula avec les limites des connaissances géographiques des Égyptiens[2]. De là, la mention d'un certain nombre de localités égyptiennes dans les textes funéraires, ce qui a donné lieu, peut-être dans l'antiquité, à coup sûr chez les savants modernes, à cette théorie d'après laquelle le monde où se réfugient les âmes, et dans la suite le monde sidéral, serait une reproduction du monde égyptien, où l'on retrouverait une topographie analogue. D'abord, c'était vers les villes de Pa et de Dep, près des sanctuaires du dieu, que les âmes se seraient rendues. Puis les Champs Aalou auraient reculé à l'extrémité du Delta, parmi les îles nombreuses que renferment les marais séparés de la mer par les alluvions du Nil. Enfin[3], elles se seraient évanouies dans les brouillards du nord et jusqu'au delà des contrées hyperboréennes. Pour y parvenir il y a des étangs, peut-être des mers, à traverser; mais, grâce à de bonnes barques, grâce à un nocher ancêtre de Charon[4], grâce surtout à ses connaissances magiques, le défunt s'en tirait presque toujours heureusement.

Quelle existence menait-on dans ce domaine divin? Une nouvelle vie semblable à la vie présente. Ancien sujet du Pharaon, on

---

[1] *Aalou* (*Ailou* ou *Ialou*) désigne les souchets, sortes de nénuphars, du genre *cyperus*, communs dans les marais du Delta, où se cacha longtemps le domaine d'Osiris (LORET, *R. Tr.*, XIII, 197-201). Le sens de « Champ du Lion » (Ounas, l. 527-593 : *R. Tr.*, IV, 73) n'est qu'une fantaisie de vieux étymologues égyptiens. De *Aalou*, les Grecs ont fait « Élysées ».

[2] Cf. MASPERO, *Rec. des relig.*, 1888 : *Hypogées royaux*, p. 9-11 = *B. Ég.*, XI, 11-16.

[3] « *Pénètre dans le canal verdoyant du lac de Khâ ; remplis d'eau les Champs Ailou* » ou *Téti navigue ses navigations vers cette moitié orientale du ciel, vers le lieu où* « *les dieux s'enfantent.* » (Téti, l. 227-229. *R. Tr.*, V, 26). Au *Livre des Portes*, comme au *Livre de l'Amdouaît*, c'est à la 6e heure qu'on atteint le domaine d'Osiris.

[4] Sur l'origine égyptienne du nom de Charon = *Karo* « barque de transport » : DIODORE, I, 92; LAUTH, *Æ. Z.*, 1863, 16. Sur le bac des Champs Aalou et le chant du passeur : Pépi I, l. 100-101, Miriari, 570-571 (MASPERO, *R. Tr.*, VII, 151-163, XIV, 183-190).

devenait sujet d'Osiris. Ce nouveau suzerain octroyait dans son
domaine un champ[1] pour subvenir aux besoins du défunt, sous la
condition d'une dîme à servir « en aliments aux héritiers divins »[2].
Moyennant quoi, le défunt participe à la vie divine et prend sa part
des offrandes faites au dieu qui lui assigne une provision de pains
et de volaille[3]. Comme les dieux, il mange, il boit, il hume la brise
fraîche ou le parfum de l'encens. Il va et vient; il moissonne des
céréales de poussée gigantesque; même il peut goûter la paix et
le repos éternel, le farniente qui paraît trop enviable au labo-
rieux fellah dans les heures chaudes du jour pour ne point faire
partie de l'apanage des dieux. Tels sont du moins les biens qu'assure, par exemple, le chapitre XCIX du *Livre des Morts :*
« *Étant sur ce chapitre, on apparaît dans le Champ Aïlou;*
» *on y reçoit des pains, des breuvages, des productions des*
» *champs; on y mange de l'orge et du blé de 7 coudées, que*
» *moissonnent les serviteurs d'Horus; on y mange comme eux*
» *du blé et de l'orge qui sont l'alimentation de ce jour-là; on*
» *y guérit ses membres pareils à ceux des dieux qui sont là* » ;
et même, par un souvenir de l'ancienne formule, « *on peut sortir*
» *dans toutes les formes que l'on désire* ».

Le revers de cette vie heureuse, ce serait la nécessité de prendre
part à la corvée qu'impose le souverain de l'Amenti. Non seulement il faut labourer et semer pour récolter, il faut encore comme
sur terre curer les canaux et transporter les sables envahissants.
Mais le défunt connaît trop bien l'usage et le pouvoir des paroles
magiques pour ne point se tirer facilement de ce mauvais pas.
Pourvu qu'il possédât la justesse de parole, il a pu rendre réels
pour le servir les objets représentés sur les murailles de sa tombe.
Au moyen d'une incantation semblable, dont le chapitre VI du
Livre des Morts, lui offre le modèle, il se créera des rempla-

---

[1] « *Voici que le Champ de ton double est plus riche que le Champ des Offrandes.* »
(Pépi II, l. 629 : *R. Tr.*, XII, 139). — « *Elle creuse l'étang d'Ounas dans les Champs Aïlou ;*
» *elle lui assure la possession d'un champ dans les Champs des Offrandes.* » (Ounas,
l. 426-427 ; *R. Tr.*, IV, 48. — En général, aux rois des pyramides c'est un domaine royal
qui est attribué, celui même d'Hor et de Sit.
[2] *Livre des Morts*, XCVIII, 7.
[3] Pépi Ier, l. 404 : *R. Tr.*, VII, 162.

çants[1]. A partir de la xii* et surtout après la xviii* dynastie, sa
tombe est remplie de petites statuettes, déjà pourvues d'un sac de
grains et d'instruments agricoles ; ce sont les « *ouchebtiou* » ou
« répondants », qui, à la voix du défunt, s'animeront et répondront
à l'appel du dieu pour exécuter la corvée au lieu et place de l'in-
téressé. Ainsi le labourage de la terre se présente, dès les textes
des Pyramides, tantôt comme un privilège que l'on obtient, tantôt comme une corvée dont on est dispensé, tantôt comme une
cérémonie préalable à d'autres bénéfices[2].

Que faut-il pour aborder à ces champs fortunés et mener cette
vie heureuse, quoique d'un bonheur tout matériel et peu fait
pour récompenser une vertu épurée ? Toujours user des mêmes
procédés : implorer les dieux, et, grâce à des formules magiques
de prière, se substituer en leur place, pour réaliser ce dont ils sont
capables.

Pourtant c'est sur cette croyance au domaine d'Osiris que va se
greffer la première idée de justice et de mérite. Toute la puissance du défunt n'est qu'une puissance empruntée. Les dieux
pourraient dissiper ses charmes par des charmes contraires. En
vain prétendrait-il combattre leurs ennemis, en vain leur adresse-
rait-il sa prière : « *Leurs bouches* (aux dieux qui se meuvent) *se
» sont abstenues de nuire* »[3] ; il faut que les dieux le comptent au
nombre de leurs serviteurs ou de leurs amis pour consentir à
l'admettre parmi eux dans leur séjour de félicité. Il faut, soit par
les offrandes, soit de toute autre manière, s'être concilié la faveur
du maître qui, laissant emprunter par le défunt sa divine personnalité, lui conférera sa puissance et le rendra redoutable aux autres

---

[1] Chabas (*le chapitre VI du Rituel*, 1863, p. 5, 18 = B. Eg., X, 231-247) et Pierret (*Dic t
d'archéolog. égyptienne*, p. 187, article *Figurines funéraires*), avaient compris autrement le mot *ouchabti*. Maspero (*Guide*, p. 131-133 ; B. Eg., I, 355-356) en a fixé le sens.
Loret a étudié la formule et les v. antes successives du chap. vi (*R. Tr.*, IV, p. 90-93 ;
V, p. 73-76).

[2] « *Ton père Osiris t'a donné de cultiver l'orge, de moissonner le blé.* » (Mirinri,
l. 823 ; Pépi II, l. 1316 : *R. Tr.*, XIV, 146). — « *Tu as labouré la terre ; tu as présenté
» l'offrande.* » (Pépi Ier, l. 93 : *R. Tr.*, V, 172). — Contra : Pépi assimilé à Râ dieu
suprême « *n'a pas labouré la terre ; il n'a pas présenté l'offrande ; il ne se rend pas à
» la Salle du Matin qui est dans On.* »

[3] *Livre des Morts*, LXXVIII, l. 8.

dieux : « *On ne me fait pas les choses qu'on fait à ceux que* » *détestent les dieux ; car j'ai fait les choses favorables à* » *Osiris ; je me suis concilié le cœur des maîtres des choses* » *qui m'aiment, propagent ma crainte et produisent ma véné-* » *ration parmi ceux de l'essence divine[1].* » Il faut, en un mot, avoir fait ce « *qu'aime et loue le dieu* », pour être agrégé « *par-* » *mi les suivants du dieu* ». D'ailleurs cette formule un peu vague permet d'entendre des conditions hétérogènes et de glisser insensiblement d'exigences rituelles à des obligations quasi féodales, enfin à de purs devoirs moreux.

Mais, avant que la voix balbutiante de la conscience ait opéré cette transformation, l'imagination des hommes se sera donné carrière à travers les vastes champs du monde osirien. Avant qu'Osiris exigeât du mort, non seulement la pratique d'un culte et d'offrandes, mais encore une certaine manière de se conduire dans la vie et des actes vertueux, avant qu'il lui demandât la pureté du cœur, beaucoup d'obstacles d'une tout autre nature que le péché, se seront élevés sur la route du défunt.

Sans doute, les formules de prières contiennent, par habitude, la promesse de quitter les Champs Aïlou[2] où l'on devait pourtant se trouver très bien, comme tout d'abord celle de sortir de la tombe où pèse l'immobilité ; mais personne n'était revenu du domaine d'Osiris pour contredire les scribes qui le décrivaient. Aussi l'imagination, peu fertile sur les jouissances de cette demeure fortunée, s'était-elle du moins sentie à l'aise pour hérisser d'obstacles le sombre voyage qui devait y aboutir. Certains chapitres, sans doute les plus anciens, font aborder l'âme presque aussitôt, un bon nageur pourrait s'en tirer[3]. D'autres, au contraire, multiplient les formalités à remplir, les aventures à courir, les périls à surmonter, les ennemis à vaincre. La distance entre les morts et les vivants ne saurait s'imaginer trop grande. Donc il rentre dans la logique d'accumuler les obstacles qui les séparent.

[1] *Livre des Morts*, ch. LXXXV, l. 35.
[2] *Livre des Morts*, ch. XCIX, titre.
[3] Pépi Iᵉʳ, l. 400 ; Mihtimsaouf, l. 570-572 (*R. Tr.*, VII, 162 ; XI, 11 ; XIV, 188).

Avouons-le : ce n'est pas la logique du philosophe qui les concevra. Cependant une certaine logique présidera à de telles descriptions, poussant à des conséquences invérifiables un principe une fois admis, ou une simple métaphore une fois acceptée ; ce sera la logique du rêve ou des contes de fées. Souvent les Égyptiens, comme tous les peuples enfants, s'en contentèrent : ils n'eussent point ri de « l'envie qu'a ce fauteuil de vous embrasser ». Aussi voit-on s'allonger presque sans fin la série des enchantements.

C'est d'abord la barque, dans laquelle on entreprend le voyage, semblable à la barque des funérailles avec laquelle on a passé le fleuve et gagné son hypogée[1]. Seulement la barque enchantée de l'autre monde ne vous portera point si vous ne récitez son nom et celui de toutes ses parties[2]. Puis ce sont des étangs d'eau profonde à franchir, ou même des lacs de feu[3] à traverser sans y choir, distincts bien entendu des bassins où dieux et défunts se purifiaient. Ensuite, quand on a pu aborder à « *l'entrée de la val-* » *lée mystérieuse dont on ne connaissait pas l'entrée*[4] », on se heurte à une série d'enceintes et de portes à franchir. Dans les mastabas on voit la porte en pierre qui sépare les morts des vivants ; des pylones annonçaient l'entrée des temples ou chapelles où s'arrêtait le cortège funéraire : naturellement le domaine d'Osiris était fermé[5] ; avec le temps on en multiplia les défenses. Il faut passer sous 21 pylones[6] qui parlent et exigent qu'on leur dise leur nom et celui de leur gardien, qu'on leur montre un vêtement, un par-

---

[1] Les stèles thébaines font souvent allusion à cette navigation funèbre : Stèles d'Harmihit (MARIETTE, *M. D.*, pl. 30, p. 11) ; de Simontouousir (J. B., *R. Tr.*, XXVI, 20-22), etc. Pour la « navigation vers les Champs Hotepou », une des plus anciennes figurations est celle de Merhâti (L. *D.*, II, 22 b). Les pyramides sont pleines d'allusions aux navigations d'outre-monde : Ounas, l. 171-175, 183 (*R. Tr.*, IV, 55-56) ; Pépi Ier, l. 163, 170-172 (*R. Tr.*, V, 182, 189-190), etc. On peut comparer les souhaits du paysan à son juge (MASPERO, *Contes*, 45-46).

[2] *Livre des Morts*, ch. XCIX.

[3] Cf. *Infra*, p. 168, n. et 169.

[4] *Livre des Morts*, ch. CXLVIII.

[5] « O chemin de ce Pépi vers les portes fortifiées, rends-lui témoignage. » (Pépi Ier, l. 185 : *R. Tr.*, V, 192). — Sur le gardien des portes (Pépi Ier, l. 276-277, 360 : *R. Tr.*, VII, 151-158).

[6] *Le livre des Portes*, au tombeau de Séti Ier, réduit ce nombre à 12, correspondant aux 12 régions auxquelles le *Livre de l'Amdouat* réduit les 11 régions infernales, pour correspondre aux 12 heures de nuit (LEFÉBURE, *Hypogées royaux*, I, 1886 : *M. M. C.*, II ; MASPERO, *B. Eg.*, II, 163-166).

fum et un sceptre, d'étoffes, d'essences et de bois variés [1]. Il faut traverser 14 régions du domaine d'Osiris, où l'on risque d'être consumé par la flamme ou dévoré par des serpents et des monstres [2]. Il faut encore se faire agréer par les portiers, gardiens et chefs des 7 salles du palais d'Osiris, dont le *Livre des Morts* lui révèle les noms [3]. Enfin, à la porte même de la Grande Salle, il reste un dernier interrogatoire à subir [4]. Chemin faisant, il y a des ennemis à éviter ou à combattre. Parmi ceux que l'on rencontre, il en est de tout semblables à ceux que rencontrerait le voyageur terrestre : serpents, scorpions, crocodiles, tortue même (pauvre bête!) A moins que des proportions gigantesques n'en fassent des monstres extraordinaires contre lesquels il faille recourir à une aide spéciale des grands dieux, l'Égyptien ne s'en effraye guère. Dès l'origine, quand il se préoccupait seulement du cadavre, il s'est habitué à prévenir par des incantations, la morsure des vers, des reptiles ou des animaux carnassiers du désert : il continue à repousser par sortilèges les attaques des bêtes dangereuses ou plutôt celle des génies malfaisants qu'elles renferment [5]. Les Pyramides sont pleines de formules contre les scorpions et les serpents [6]. Comme dans ce monde-ci, il est loisible de s'en servir dans l'autre, à moins de préférer des formules spéciales, comme celles des chapitres CVIII et CXLIX du *Livre des Morts* (4e demeure) contre les serpents de 30 ou 75 perches de long. Ce n'est qu'à force de victoires semblables et après toutes ces épreuves que l'on parvient jusqu'au dieu, qui vous accordera votre part d'héritage dans son domaine où vous serez traités comme des dieux.

．．

Une fois admis dans la compagnie des dieux les défunts, émi-

---

[1] *Livre des Morts*, ch. CXLV et CXLVI.
[2] *Ibid.*, ch. CXLIX.
[3] *Ibid.*, ch. CXLIV.
[4] *Ibid.*, ch. CXXV, 47-64.
[5] CHABAS, *Horus sur les crocodiles*; PIERRET, même titre (*Æ. Z.*, 1868, VI, 99-106, 135).
[6] Pyramides. Ounas, I. 300-339, 532-564 (*R. Tr.*, III, 219-224, et IV, 62-68), Téti. etc. Cf. CHABAS, *Pap. magique Harris*, 1860, p. 144 sqq.; *Mél.* IV, 258-271.

du maître, qui ne ménage pas les coups, intervient pour rétablir l'ordre et entre en danse sur les épaules. D'ailleurs les coups jouent un grand rôle dans l'éducation ; il suffit de quelques mots dits de travers, pour que le maître frappe en pleine figure et sur la bouche même [1].

Le maître regarde un écolier récalcitrant « *comme un âne* » *qu'on bâtonne vertement chaque jour; comme un nègre stu-* » *pide qu'on amène en tribut* » [2]. Bien souvent il use de cet argument pour prêcher l'amour du travail. Il sait varier avec art la forme du discours dont il accompagne les coups ; mais ce que l'on entend surtout et ce qui produit le plus d'effet, c'est la menace du bâton « ce don du ciel » comme l'appellent les fellahs. « *O scribe ! point de paresse, ou tu seras battu vertement....* » *Bien préparé, le scribe habile dans son métier arrive ; il se* » *fortifie par un travail continuel. Que ton bras soit donc* » *toujours penché sur les lettres ! ne prends donc pas un jour* » *de repos, sinon on te battra. Il y a un dos chez le jeune* » *homme, il écoute quand il est frappé* [3]. » Longtemps ces paroles résonneront à l'oreille du jeune scribe et son dos meurtri lui rappellera les commencements de la sagesse [4]. Mais il n'en éprouve pas de honte ; il s'en ferait plutôt gloire : « *Dès l'enfance*, dit » un scribe à son patron, *j'ai été avec toi; tu as frappé mon* » *dos ; les instructions sont entrées dans mon oreille* [5]. »

Plus loin, dans la grande salle, des étudiants isolés, tenant de la main gauche une palette à deux godets et de la droite un roseau taillé [6], s'acharnent, sans s'occuper du bruit qui règne autour

---

[1] Cf. Pap. Prisse VII, 12 (VIREY, p. 52).

[2] Pap. Sallier I, pl. 7, l. 11 (CHABAS, *Voyage*, 303 ; MASPERO, *Genre épist.*, p. 75).

[3] Lettre d'Amonemapit à Penbésa : Pap. Anastasi III, pl. 3, l. 9 sqq.; Pap. Anastasi V, p. 8 l. 1 sqq. (MASPERO, *Genre épist.*, p. 74 ; CHABAS, *Études*, p. 414 : « L'oreille du jeune » homme est sur son dos. »).

[4] PTAHHOTEP, dans ses *Sentences*, dira encore : « Thot a établi la verge par laquelle le » monde corrige (rend bon) le méchant » (Pap. moral dém. de Leide, ch. x, l, 10) et « Que la verge et le dégoût soient la protection de leur maître devant le tentateur » (*Ib.*, l. 15 : REVILLOUT, *Journ. Asiat.*, 1905, p. 215, 217).

[5] Pap. Anastasi IV, pl. 8, l. 7 (MASPERO, *Genre Épistolaire*, p. 13 ; CHABAS, *Voyage d'un Égyptien*, p. 137).

[6] On trouve dans les musées des spécimens de ces objets que beaucoup de scribes faisaient déposer avec eux dans la tombe.

d'eux, à retracer avec l'encre noire et l'encre rouge, sur des éclats de pierre calcaire ou sur des tessons de poterie, les beaux caractères hiéroglyphiques qu'ils regardent comme modèles.

Enfin, au pied d'une grosse colonne, un vieux prêtre, à la tête rasée, vient de s'asseoir sur un fauteuil dont les bras et les pieds sculptés représentent une tête et des pattes de lion. Vingt jeunes gens ont défilé devant lui, inclinant fort bas le front et baisant ses mains ; ils se sont assis en cercle tout autour de lui sur la natte ; l'œil levé sur le maître, la nuque repliée, la poitrine comprimée pour retenir leur souffle, ils attendent[1].

Lui d'abord promène sur son auditoire un regard plein de complaisance. C'est un sage renommé. Jadis on vantait sa docilité ; il y a conquis science et gloire. Longtemps il a « *écouté la* » *parole* » : il est passé « *maître parce qu'il l'a écoutée* ». Il a obtenu « *un succès en se plaçant au premier rang* (dans un concours). « *Voilà pour lui une situation parfaite et durable,* » *et il n'a rien à désirer à jamais. Par la science sa direction* » *est assurée, et il est heureux par elle sur la terre... Sa* » *langue est d'accord avec son esprit ; justes sont ses lèvres* » *quand il parle, ses yeux quand il regarde, ses oreilles* » *quand il écoute.* »[2] Maintenant il est entré dans le rôle de professeur : il y a « *une chaire pour ses raisonnements* », et il « *demeurera dans la bouche de ceux qui écoutent sa parole*[3] ».

Il déploie un large rouleau de papyrus. « Dernièrement, dit-il, je vous lisais les préceptes qu'un dieu même nous avait légués[4] ; ceux-ci sont d'un ancien sage, contemporain des plus vieux rois du pays et honoré par eux. Le texte était écrit en caractères

---

[1] C'est à peu près le spectacle qu'offre de nos jours la mosquée d'El-Azhar, la grande Université du Caire.

[2] Cf. Pap. Prisse, xv, 11-13 (VIREY, p. 93-95).

[3] Cf. Pap. Prisse, xviii, 9-12 (VIREY, 103-101).

[4] On attribuait aux dieux des écrits de nature assez diverse : religieux, liturgiques, magiques, législatifs, médicaux, etc... Certain chapitre du Livre des Morts passait pour « *composé par Horus à l'intention de son père Osiris* » (cxxx, l. 28 : PIERRET, p. 407). Le conte de Satni-Khamoïs tourne autour de la conquête d'un livre « *que Thot a écrit de sa* » *main lui-même* ». (Pap. Boulaq n° 5, p. III : MASPERO, *Contes*, p. 175). — Sur une stèle de Thmouis, Ptolémée II se vante d'avoir rendu les honneurs dus aux béliers divinisés de Mendès « *selon ce qui se trouve dans la prescription du dieu Thot.* » (MARIETTE, *M. D.*, pl. 43-45, p. 12). — L'auteur du traité de médecine du pap. de Berlin publié par Ebers, dit posséder « *des incantations composées par Osiris en personne* » ainsi que des « *Ordonnances infaillibles rédigées par Thot.* » (LORET, *l'Egypte*, p. 210 ; Ebers, pl. cm).

» *qui est entre les cuisses de Nouït*[1]. Le soir, sa disparition à l'Occident, après l'affaiblissement du crépuscule ressemble à la vieillesse et à la mort.

Un simple détail accessoire, un de ces accidents de langage qui parfois contiennent de grosses conséquences pour les idées et les cosmogonies, complète l'assimilation. Une fois la métaphore lancée, elle fera son chemin : le peuple la crée, les savants la poussent à des conséquences inattendues. L'Égyptien compare le bleu du ciel, au bleu du Nil, et il dit « *les eaux du ciel* », se figurant le firmament comme une immense vasque transparente, que le Créateur a soulevée au-dessus de la terre, et sur laquelle navigue le soleil dans une barque lumineuse. Or, la nuit, que devient le soleil? Disparu à l'Occident, il doit le lendemain reparaître à l'Orient. N'est-ce point à franchir la distance qu'il emploie les heures nocturnes? Sa barque, en effet, n'a point sombré, mais continue au delà des piliers du monde dans les eaux du ciel : elle côtoie la terre et double le Nord, en passant sous des voûtes obscures ; quand elle sera parvenue à l'Orient le jour sera rendu au monde[2].

Comme l'homme, fatalement embarqué lui aussi, le soleil donc accomplit une navigation à l'Occident, et vogue vers le Nord où se trouve, à la limite du monde, le Champ Aalou. Ne semble-t-il point naturel que l'homme souhaite faire cette traversée de conserve avec le dieu? Si par des prières récitées avec justesse de voix, il a pu prendre la personnalité des dieux, agir au nom d'Osiris, commander au nom d'Horus, ne pourra-t-il pas de même s'identifier avec Râ, ou tout simplement se faire accepter dans sa barque, parmi ses compagnons ou les matelots de son équipage? Dès le temps des Pyramides, la réponse à cette question ne comportait point de doute. Quel n'était pas le pouvoir d'une parole magique !

Plus tard la solution sembla toute naturelle à plus d'un dévot

---

[1] *Livre des Morts*, ch. LXXIV, l., 1).
[2] C'est cette navigation que décrivent le *Livre de l'Amdouaīt* et le *Livre des Portes* (*supra*, p. 22, n. 2 et 5).

habitué à dire qu'il marchait toujours « *dans les eaux du dieu* ». L'âme livrée à elle-même eût infailliblement succombé et subi cette « seconde mort » tant redoutée. Mais le dieu Râ, sous sa forme de soleil couché, accomplissait le même voyage, dans les régions de la nuit ; l'âme était sauvée, elle échappait à tous les dangers si elle parvenait à s'accrocher à la barque du dieu, si elle obtenait par ses prières la permission de voguer avec lui, jusqu'au séjour de félicité.

Quelle félicité Râ promettait-il donc à ses sectateurs ? Pour nombre d'entre eux, sa barque joue seulement le rôle du bac à Charon, et, traversant successivement les divers domaines des dieux infernaux, y amène et y laisse les fidèles d'Osiris, de Sokaris, de Sahou, etc. [1] C'est là une conception syncrétique, qui fleurit sous l'empire thébain, dans le *Livre de l'Amdoûaït*, mais ne semble pas remonter très haut. Les vrais serviteurs de Râ ne l'abandonnent pas ainsi : ils s'attachent à sa compagnie comme les courtisans à celle du roi[2] ; ils jouissent de la contemplation béatifique de ses splendeurs ; mais ils se livrent en même temps, et les rois défunts eux-mêmes, à un service actif comme manœuvriers de la barque[3], pilotes, rameurs ou hâleurs[4]. Les anciens rois espéraient mieux encore : soit que par simple artifice magique ils se substituassent à Râ lui-même, soit que substantiellement ils s'unissent à lui, ils conduisaient eux-mêmes la barque solaire et parcouraient

---

[1] Jéquier, *Le livre de ce qu'il y a dans l'Hadès*, p. 14.

[2] « *Donne-moi qu'au matin de chaque jour je sois florissant et que je parcoure le » ciel avec la Majesté.* » Stèle d'Anaoua, XIXᵉ d., Saqqarah (Mariette, *M. D.*, pl. 57, p. 18).

[3] Voir notamment la stèle de Merri, ministre de Sénouserit Iᵉʳ, Louvre C 3 (Pierret, *Rec.*, II, 104 ; Gayet, *XIIᵉ dyn.*, iv-v ; Pieul, *I. H.*, pl. ii-iv, p. 3-5 ; Brugsch, *Thes.*, 1465 ; Maspero, *Et. Eg.*, I, 121-123).

[4] « *Tu as pris les deux rames, etc.* » Pépi II, l. 1318 (*R. Tr.*, XIV, 146).— « *Je me mêle » aux dieux pour servir le Disque Solaire ; je suis dans la barque (de Râ), comme l'un de » ses manœuvriers* », dit Séti Iᵉʳ à Abydos (l. 113 : Maspero, *Inscr. dédicatoire*, p. 66) — « *Entrant dans le ciel supérieur, tu sers Râ, pénétrant parmi les étoiles avec la lune, » tu te couches dans le ciel inférieur* (Douait) *comme ses habitants à côté d'Ounnofri, » seigneur de l'éternité. Tes deux bras remorquent Toum sur le ciel et sur la terre, » comme font les Akhimou-Ourdou et les Akhimou-Sokou ; tu es à l'avant de la Barque » des millions d'années ; tandis que brille le soleil dans le ciel supérieur, les deux yeux » sont fixés sur sa perfection. Tu remorques Toum sur la terre, étant parmi ses servi- » teurs. Tu es entré dans la demeure cachée, en présence de son seigneur ; ton pas s'est » allongé dans le sanctuaire du ciel inférieur ; tu as fraternisé avec le cycle divin du » Kher-noutir.* » (*Ibid.*, l. 89-91, p. 58-59).

le ciel en illuminant la terre : ainsi Pépi Ier [1]. Mais, au moins à
partir de la xviiie dynastie, de simples particuliers se flattèrent de
jouir de cette identification à Râ et de devenir des *Râ* comme
d'autres devenaient des *Osiris*[2].

Les doctrines panthéistiques, répandues à cette époque, expli-
quaient comment le défunt pouvait cacher, consumer, fondre son
âme et sa chair dans la substance solaire[3], ou plutôt dans la
Nature même, et attendre de cette fusion des renaissances indé-
finies. Ainsi que le soleil se renouvelle chaque jour, ainsi le
dévôt de Râ se renouvelle, soit comme le père subsiste en sa
postérité, soit comme la matière se prête à divers corps successifs, soit comme le végétal se reproduit par la graine qui pourrit,
soit par quelques transformations qui respectent mieux la personnalité[4].

A ses faveurs Râ mettait-il quelques conditions? Des conditions rituelles, certainement ; mais des conditions morales, on en
pourrait presque douter si l'on s'en tenait au témoignage direct
des textes. Cependant Râ est un dieu justicier. C'est lui qui,
d'après certains textes des Pyramides, juge la querelle d'Horus et
de Sît et départage les deux rivaux[5]. C'est lui que Bitiou prend
pour arbitre, quand son frère Anoupou le poursuit, parce qu'il
est le dieu qui « *sépare le vrai du faux* »[6]. C'est lui que les
malheureux invoquent comme le modèle des juges humains par

---

[1] Pépi Ier, l. 72-73, 77 (*R. Tr.*, V, 163-169). « *Après que tu as ouvert les deux portes du
double horizon,... tu passes au lac (d'Occident). tu remontes vers le nome Thinite, tu tra-
verses Abydos en barque, tu ouvres la porte du ciel vers l'horizon, et tu sors au ciel...
Tu as navigué sur le lac de Kha au nord de Nouît, comme l'étoile qui parcourt l'Océan
céleste... Tu te diriges au lieu où est Orion.* »

[2] Stèle de Piânkhi, fils du roi Hrihor, XXe d. (Mariette, *Abydos*, III, p. 332, n° 1037;
Maspero, *Guide*, p. 43, n° 330). Stèle de Qen, employé dans la nécropole, XVIIIe d. (Turin,
n° 323 : Maspero, *R. Tr.*, II, 194). Autres : de Turin nos 116, 139, 283, 310, 319, de Boulaq,
de la Bibl. Nle, n° 43 bis (Maspero, *R. Tr.*, III, 105-106).

[3] « *Voici venir la chair sortie du défunt, qu'Horus a cachée dans son Œil* (le Soleil),
*qu'Horus a consumée dans son Œil. O défunt, cache-toi dans l'Œil d'Horus, consume-
toi dans l'Œil d'Horus, fonds-toi dans l'Œil d'Horus !* » Office de Rekhmarâ (Virey,
M.M.C., V, 126 ; *Religion*, p. 233-236 et fig.).

[4] Voir les interprétations des figures d'Osiris végétant, de la légende de Bitaou, des
offices de Rekhmarâ par Virey (*Religion*, p. 54-55, 193-203, 245-259-291). Cf. Moret, *Rois et
dieux*, 93-102, 200-206.

[5] L'hymne du pap. de Boulaq (viii, 4) appelle *Ap-rehoui* Amon-Râ (Grébaut, p. 21).

[6] *Contes des 2 frères* (Maspero, *Contes*, p. 13, 3e éd., p. 8 : « *Tu distingues l'inique du
juste* »).

sa justice équitable et impartiale [1]. Il se montre l'ennemi des puissances du mal qu'il pourchasse dans une lutte incessante et implacable [2] : partout et toujours il réprime les péchés du monde [3]. Son œil, comme celui de tout dieu, poursuit tout malfaiteur [4]. Même dans les *Litanies du Soleil*, dont le panthéisme tend à l'indifférence entre le bien et le mal, on le représente comme un « rétributeur mystérieux », bienfaisant à ses serviteurs [5]. Or il n'admet au nombre de ses élus que les hommes « *qui pratiquent la justice* [6] ». Mais son action s'exerce surtout dans le monde des vivants. Sans doute, c'est lui qui a créé les Champs Aïlou et les Champs des Offrandes pour les bienheureux [7] ; et il y distribue des fiefs [8]. Sans doute, le *Livre des Morts* mentionne « *la balance de Râ qui porte la justice en elle* [9] ». Mais alors, c'est que dans ce rôle de juge des morts, Râ se confond avec Osiris.

* * *

A la longue, les dieux sont devenus exigeants. Ou plutôt la conscience humaine tantôt, parlant en leur nom, est devenue plus difficile pour l'homme, et tantôt, se retournant vers les dieux, a exigé d'eux qu'ils se montrassent plus dignes des hommages de la

---

[1] Pap. Anastasi II, p. vi et p. viii-ix ; Pap. de Bologne 1904 et Ostraca du Caire (*Supra*, ch. ii, p. 21, n. 7 ; cf. J. B., *Régime pharaonique*, ch. vii, p. 283-284 et 289-290). — Le Charon égyptien pratique aussi l'impartialité entre le pauvre et le riche : « *O gardien qui désigne à qui possède comme à qui n'a rien les portes par où pénétrer !* ». Pépi Ier l. 276, cf. l. 300 (*R. Tr.*, VII, 151 et 153).

[2] « *J'ai agi selon ton cœur : j'ai fait le bien ; j'ai agi convenablement ô Râ ! J'ai fait réjouissance à l'enchaînement exécuté pour Râ. Apap. est renversé.* » *Livre des Morts*, ch. xxxix, 5-6.

[3] « *Il a fait le total des péchés depuis son commencement en son nom d'organisateur des régions* ». Hymne du Pap. de Berlin, l. 63 (Pierret, *Ét. Eg.*, I ; Rouge, *Religion*, p. 23).

[4] Chant de triomphe de Ménéptah, l. 13.

[5] « *L'Osiris N reçoit la domination sur ses ennemis des grandes puissances du rétributeur mystérieux, celui qui recèle l'empyrée mystérieuse, qui dissipe les ténèbres, qui chasse la pluie, celui qui se hâte et qui fait sortir les bienheureux serviteurs de Râ* ». *Litanies du Soleil*, ch. ii (Naville, p. 76-77 et 114, pl. ix, 7, et xlii, 27).

[6] « *Tu entends l'appel (ô Amon !), car c'est toi Râ l'incomparable, et tu donnes que je sois parmi les élus qui pratiquent la justice ; moi, je suis juste.* » (Statue d'Aménôthés, fils d'Hapou, Karnak (Legrain-Maspero, *Ann. du Serv. des Antiq.*, III, 1902).

[7] Naville, *Destruction des hommes*, p. 12-13.

[8] Pyramides. — *Livre de l'Amdouaït*, 3e et 6e heures (Jéquier, p. 60 et 86 ; Maspero, *Hypogées* : B. Eg. II, 54-55, 87-91).

[9] *Livre des Morts*, ch. cxx, 1-2.

grés dans les domaines divins, ne s'arrêtèrent pas même aux
limites de l'autre monde terrestre. Ils escaladèrent le ciel même,
pour y rejoindre les dieux qui y résident, tant ceux qui circulent
que ceux qui demeurent immobiles. De là cette formule fréquente :
« *Le corps à la terre, l'âme au ciel* ».

Pour parvenir aux ciel, tous moyens sont bons. Certains défunts
y grimpent par une échelle, appuyée sur les piliers qui soutiennent
le plafond céleste [1] ; le plus sûr est d'emprunter l'échelle même de
Râ [2]. D'autres se hissent au moyen d'un cable de fer, et par-
viennent ainsi à trouer le cristal céleste [3]. Peut-être y accède-t-on
par des escaliers qui se refusent ensuite à laisser sortir [4]. On peut
aussi y arriver directement par le vol : on implorera l'aide des
dieux oiseaux ; on s'envolera au ciel sur l'aile de Thot [5], voire même
on chevauchera quelque griffon femelle [6]. Mais l'âme peut s'en
tirer aussi par ses propres moyens, car elle est ailée : on conçoit
et on représente le *ba* comme un oiseau semblable au vanneau ou
phénix, l'oiseau d'Osiris, ou comme un oiseau à tête humaine ;
ses pennes fendent l'air avec la force de celles de l'épervier [7].

Enfin introduite au ciel, l'âme se mêle à la foule des dieux
lumineux, ou plutôt lampadophores. Elle « *prend place au ciel
» parmi les étoiles du ciel, car elle est une étoile unique* [8] ». Elle
s'identifie aux astres principaux ou se confond modestement parmi
les innombrables lumières qui composent la voie lactée [9]. En effet
l'âme est elle-même lumineuse ; en son nom de *ba*, c'est la flamme
vacillante d'une petite lampe de terre ; en son nom de *khou* [10],
c'est une lumière, sans doute à l'origine la flamme qui se

[1] Ounas, l. 575-583 (*R. Tr.*, IV, 69-71) ; Téti, l. 36-37 (*R. Tr.*, V, 7). Cf. Maspero, *B. Eg.*,
I, 162.
[2] Cf. Pépi I⁰⁰, l. 192 et 200 (*R. Tr.*, V, 191 et 197).
[3] Cf. Ounas, l. 210, 519, 583 (*R. Tr.*, III, 202 ; IV, 47 et 56).
[4] Cf. Ounas, l. 418 (*R. Tr.*, IV, 47).
[5] Téti, l. 183-189 (*B. Tr.*, V, 22).
[6] Ounas, l. 618-619 (*R. Tr.*, IV, 78).
[7] Ounas, l. 362 (*R. Tr.*, IV, p. 42).
[8] Ounas, l. 363-369 (*R. Tr.*, IV, 42) — « *Ounas se lève sous forme d'étoile.* » *Ibid.*
l. 391 (*Ib.*, p. 44) cf. l. 414-417, 460-461, 474, etc. — « *Pépi se manifeste au ciel parmi les
» étoiles, parmi les Indestructibles.* » Pépi I⁰⁰, l. 181 (*R. Tr.*, V, 190), etc.
[9] Cf. Maspero, *B. Eg.*, II, 16-21.
[10] Sur le *khou* et son origine : Maspero, *Et. Eg.*, II, 12 ; — sur les *khou* instruits, munis,
parfaits et identifiés à Râ : Maspero : *R. Tr.*, III, 105-106 ; *H. Or.*, I, 183.

dégage et s'élève du corps humain pendant l'incinération[1] ou le feu follet qui voltige près des tombes. Ces flammes humaines ont été assimilées aux lampes célestes. Leur séjour dans le monde sidéral peut se nommer « le Paradis de Sahou », à l'instar des précédents paradis, Sahou, l'Orion des Grecs, était, avec Sopdit (Sothis ou Sirius), la principale étoile aux yeux des Égyptiens. Son nom est celui de la momie ; mais son rôle est actif, celui d'un souverain et d'un chasseur[2]. On le confondra de bonne heure avec Osiris : à son domaine au nord-est du firmament se superposeront les Champs Aalou, transportés de recul en recul jusque dans le ciel. Enfin, comme les étoiles devant le soleil, son paradis s'effacera devant celui de Râ.

* *

Les conceptions religieuses, en effet, offraient des aspects multiples et se transformaient sans arrêt. Le culte de Râ prenait le pas sur les autres cultes et peu à peu se les assimilait : avec l'aide d'Amon, à l'époque thébaine et surtout au temps du Nouvel empire, il les absorbera tous.

Quelle relation peut avoir le dieu solaire avec le monde ténébreux où s'enfoncent les âmes à l'Occident ?

Tout au moins, un rapport de contraste. Dans la nuit du tombeau, la privation qui cause le moins d'horreur n'est pas celle de la lumière. Comme les Grecs et sans doute tous les peuples, les Égyptiens aimaient la lumière[3]. Euripide n'a pas inventé les touchants regrets d'Iphigénie adressant ses adieux au jour. S'assurer « la » sortie au jour »[4], après la mort, leur tenait au cœur ; ils ne désiraient rien plus vivement que de revoir les rayons du soleil.

Depuis longtemps d'ailleurs, on avait comparé à la vie de l'homme la carrière fournie par le soleil. Comme l'homme sort du sein de sa mère, au matin le disque solaire s'élance de « sa retraite

[1] Cf. WIEDEMANN, ap. DE MORGAN, *Recherches*, II, p. 217-218.
[2] Ounas, l. 491-521 (MASPERO, *R. Tr.*, V, 59-61 ; *B. Ég.*, I, 157-158. — *H. Or.*, I, 97-98).
[3] Sur l'horreur des ténèbres, cf. *supra*, p. 135, n. 5.
[4] Ou « au soleil » *pir em ri* : variante citée par LEFÉBURE (ap. CHABAS, *Mél.*, IV, 220).

foi. Non seulement la hiérarchie des dieux a pu se modifier, mais l'idée même que l'on se faisait de la divinité s'est considérablement élevée. Les transformations que subirent le mythe de Râ, le dieu lumière du monde, et celui d'Osiris, le dieu disparu, le dieu des morts et des ténèbres, et d'autre part la doctrine panthéistique de l'émanation universelle entraînèrent de profonds changements dans les idées sur la vie d'outre-tombe.

Quand Amon-Râ, identifié à Osiris, est devenu le Un unique, immatériel, seul auteur de la vie, de la lumière et de la vérité, la promiscuité d'une telle divinité, avec les âmes humaines eût sans doute étonné, si l'âme était restée le *double* matériel des anciennes traditions. Sans doute les Égyptiens croyaient toujours au double : avec leur esprit conservateur quand même, ils ne reniaient jamais une acquisition du passé, seulement ils y superposaient de nouveaux concepts. Comme leurs sages avaient révélé que le panthéon tout entier et la nature universelle étaient des émanations de la Divinité procréant sans cesse en se dédoublant, l'homme leur sembla aussi contenir quelque chose de divin. En lui vit une étincelle de la lumière éternelle, un principe d'intelligence, le *khou* ou *lumineux*, qui par l'intermédiaire de l'âme proprement dite et du *souffle* anime tout le corps[1]. Participant aussi à la nature divine, l'âme du défunt peut-être identifiée à Osiris mort. C'est à ce titre qu'elle monte dans la barque de Râ, et que le dieu Anubis veille sur elle et la guide dans ses épreuves.

Mais toute âme ne jouit pas de cette identification qui mène au salut : il faut la mériter. Râ n'admet pas indifféremment toutes les âmes dans sa suite et dans sa barque. Osiris juge les âmes, avant de s'unir à elles. Il ne sauve que l'âme juste.

Ce jugement a subi bien des vicissitudes. Primitivement Osiris, souverain de certaines régions funéraires, y admettait, comme dans leurs domaines propres faisaient ses confrères infernaux, Sokaris par exemple, quiconque lui était adressé par les cérémonies rituelles

---

[1] Cette explication du *khou* nous a été transmise par les Alexandrins (*Poimander*, ch. x et *passim*. Cf. Dévéria, *Æ. Z.*, 1870, 62; Maspero, *R. Crit.*, 1872, 340-341 [= *B. Eg.*, II, 464]; *H.Or.*, I. 114), mais elle n'a rien de primitif. Cf. *supra*, p. 155-156.

des funérailles. Quand son royaume se fixe aux Champs Aalou, il y juge par fonction naturelle, comme sur terre tout roi juge, c'est-à-dire recense les corvéables, fixe les limites aux propriétaires, décide des questions de bornage et autres différends entre particuliers. En ce rôle, on le voit parfois suppléé par des pharaons défunts qui avaient fait leur apprentissage sur la terre des vivants[1]. Mais la légende mythique d'Osiris contient un autre jugement, celui par lequel Horus, fils d'Osiris, fut restitué par le tribunal des dieux dans son héritage usurpé par Sit. Souvent les deux sortes de jugements se compénètrent et les rois défunts, juges à titre de substituts d'Osiris souverain, sont jugés, tant comme nouveaux arrivants aux Champs Aalou, que comme substituts d'Horus et d'Osiris dépossédé[2]. Ainsi un arrêt d'Horus assigne à Pépi Ier une rente de pains et d'oies[3] ; tandis qu'un arrêt de Toum et de Gabou donne à Ounas le ciel et la terre, les domaines d'Hor et de Sit, avec les Champs Aalou et leurs récoltes[4]. A plus forte raison les simples particuliers subissent-ils des jugements aux Champs Aalou. Cependant la plus ancienne mention du tribunal infernal par un particulier, semble moins faire allusion à un jugement d'admission, qu'à un procès posthume entre le défunt et ses prêtres funéraires par devant Osiris[5].

Tout survenant subit donc un jugement, sans quoi il ne serait qu'un prolétaire chez les Mânes « *un dieu sur son nez, un dieu » sans pain* » et sans propriété[6]. Les textes des Pyramides indiquent une part du cérémonial. Le passeur des Champs Aalou

---

[1] Rois juges et non jugés : « *Ounas pèse les paroles de ceux qui vivent dans le » premier domaine de Rd.* » Ounas, l. 406-407 ; cf. l. 216, 229, 233-234, 427, 494, 507-508 ; Pépi Ier, l. 43-44, 263-264, 313 ; Mirinri, l. 707, 825 ; Pépi II, l. 13-14, 1150, 1317, 1321 (*R.Tr.*, III, 204, 207-208 ; IV, 46, 48, 58, 60 ; V, 164 ; VII, 150, 151 ; XI, 31 ; XII, 57 ; XIV, 132, 146, 147).

[2] « *Tu as pesé* (ouza) *comme le lion du Nou* ». Ounas, l. 289 ; cf. 453, 456 (*R. Tr.*, III, 218 ; IV, 52). « *Hor vient te juger* (ap) *avec les dieux* ». Téti, l. 264-271 (*R. Tr.*, V, 33-35 ; ce qui suit n'a nul rapport avec un jugement mais avec les rites funèbres). Cf. l. 277 (*Ib.* 37) ; « *Sit qui juge Téti* » l. 198-199 (*Ib.*, 23).

[3] Pépi Ier, l. 400-401 ; Mirinri, l. 570-571 (*R. Tr.*, VII, 162 ; XI, 11).

[4] Ounas, l. 587-588 (*R. Tr.*, IV, 72).

[5] «*... par un prêtre attaché à la fondation funéraire. Je serai jugé avec eux par le » dieu grand, maître de l'Occident, dans l'endroit où se trouve le vrai* (ou *la justice*). » Màrou-Bébi, au Musée de Bruxelles (Capart, *Chambre funéraire de la VIe dyn.*, p. 25, pl. III).

[6] Ounas, l. 594-595 (*R. Tr.*, IV, 72-73).

» *en ce jour où il appelle (les morts) pour qu'ils entendent le*
» *prononcé des sentences* », les amène au pylone d'Osiris. Les
« deux Supérieurs de la Salle du Dieu Grand », jouant le rôle
d'huissiers, les introduisent[1]. Thot, seul ou avec sa compagne
Safkhit, sert de greffier et compulse son registre[2]. L'accusateur,
s'il y en a, présente ses conclusions[3]. Le couple de Tefni et Tefnit
pèse le défunt[4]; Shou a fait enquête et dépose ; les deux Maït
ont entendu, puis rédigent l'arrêt[5]. Enfin Osiris prononce[6].

Tout d'abord, le juge se contentait d'un interrogatoire d'identité : les rois se nommaient et aussitôt obtenaient l'envoi en possession ; pourtant Pépi Ier croit plus habile de se faire passer
pour le nain danseur *danga*[7]. Par la suite, on exigea des références : d'où vient-on? par où a-t-on passé? Il faut, pour le dire
et se voir admis, témoigner de connaissances magiques, répondre
aux questions captieuses des dieux, et, par exemple, énumérer les
noms de toutes les parties du pylône de la salle[8]. Enfin l'âme que
sauve Osiris, celle que le tribunal exalte comme « *mà kherou en ce*
» *qu'il a fait*[9] », c'est celle en qui l'intelligence a vaincu les mauvais instincts du corps, et qui, devant un jury infernal présidé par
le dieu, peut se défendre de toute faute et terminer légitimement
sa *confession négative*, par ce cri trois fois répété : « *Je suis*
» *pur! pur! pur!*[10] ». Celle-là seule triomphe de tous les périls de
la nuit; pour elle le labourage dans les Champs d'Aalou[11] se réduit
à une simple cérémonie mystique ; elle parvient enfin au séjour de
lumière et de félicité, où elle contemplera les perfections de l'être

[1] *Loc. cit., supra*, p. 162, n. 3.
[2] Pépi Ier, l. 183-186 (*R. Tr.*, V, 192). — « *Thot... guide de tous les dieux, aimé comme*
» *peseur de l'œuvre de hommes, après leur fin, scribe du tribunal qui applique les lois...*
» *dans la Salle de vérité...* » Stèle d'Hor, fils d'Hor, Ep. ptol. (Daressy, *R. Tr.*, XV, 158).
[3] On aime à dire : « *Il n'y a pas eu de paroles contre moi* ». Cf. *supra*, p. 110-111 et
118-124.
[4] Cf. *Livre des Morts*, I, 16 ; cxxv, 42 ; cxlix, 3 : « *Il a satisfait la balance de Celui qui*
» *régente les dieux.* »
[5] Ounas, l. 453-456 (*R. Tr.*, IV, 52).
[6] *Loc. cit., supra*, p. 47, n. 2.
[7] *Loc. cit.*, p. 47, n. 2.
[8] *Livre des Morts*, ch. cxxv, l. 46-63. Voir *supra*, p. 153-154.
[9] Ounas, l. 253 (*R. Tr.*, IV, 52). Cf. Sarcophage d'Ounnofris, fils de Neftis.
[10] Voir ci-dessus, p. 142-144.
[11] Voir ci-dessus, p. 150-151.

éternel et se nourrira désormais de la vérité et de la parole de Dieu.

À l'époque classique, la scène du jugement reproduit, en ses grandes lignes, l'esquisse des Pyramides. Le tableau qui, dans les exemplaires soignés du *Livre des Morts*, accompagnait le chapitre CXXV, représente « *la grande salle de la double Vérité* ». Au milieu trône Osiris, entouré de ses quarante-deux assesseurs. La Vérité, *Maït*, introduit devant lui le défunt qui proteste de son innocence et demande à « *se joindre aux serviteurs du Dieu* » *bon* ». Horus et Anubis pèsent alors dans une balance le cœur de l'homme qui doit faire équilibre à l'image de la Vérité. Anubis annonce que « *le cœur fait équilibre et que la balance est* » *juste* ». Ainsi l'équilibre garantit l'équité, comme le même mot désigne la justesse et la justice. Alors donc la Vérité « *régente* » *de l'Amenti, accorde que la personnalité du défunt soit dans* » *sa demeure, qu'il rejoigne sa retraite d'éternité* ». Enfin Thot enregistre la sentence et permet au cœur de rentrer à sa place dans la personne du défunt, ce qui est le signal de la résurrection [1].

La différence entre la scène primitive et la scène classique consiste surtout dans le caractère du jugement, devenu un jugement de justification. De justice de paix ou de cour civile, le tribunal s'est transformé en cour d'assises. Plus de plaideurs, mais un accusé qui comparaît. Le principal acte de procédure, c'est la preuve qu'apporte le défunt de son innocence. L'antique constatation de l'incorruptibilité du défunt la contenait en germe. À satiété et avec bien des variantes, les textes des Pyramides et encore ceux du *Livre des Morts* ou autres analogues répètent : « *L'Osiris a détruit tout ce qui était mauvais en lui* [2] ». Mais primitivement le mal dont on délivre le défunt, c'est tout élément de putréfaction et la chair même ; puis la momification prétend sauver la chair purifiée en écartant la corruption [3] ; enfin le mal et la corruption à détruire deviennent d'ordre moral. On ne peut douter de la transformation, quand Thot dit à Séti Ier « *Tu laves*

[1] Cf. PIERRET, *Livre des Morts*, p. 385-387.
[2] Pépi II, l. 1241 (*R. Tr.*, XIV, 139), etc..
[3] Voir *supra*, p. 132-133.

» *ses souillures d'hier*[1] », ce que commente cette glose explicite du *Livre des Morts : « Toutes les souillures que je garde, c'est* » *ce que j'ai fait contre les maîtres de l'Éternité depuis que je* » *suis sorti du ventre de ma mère*[2]. » La corruption ne menace plus le corps entier ; c'est du cœur qu'il s'agit de chasser la souillure[3]. Le cœur n'est plus seulement le viscère, siège de la vie, « *nécessaire à l'existence sur terre* » : il est la conscience « *nécessaire pour les transformations* » de la vie future et que l'on supplie : « *Mon cœur qui me vient de ma mère,... ne te* » *dresse pas contre moi ; ne témoigne pas en adversaire contre* » *moi, parmi les divins chefs, au sujet de ce que j'ai fait de-* » *vant les dieux ; ne te sépare pas de moi devant le dieu* » *grand, seigneur de l'Amenti !*[4] » En somme le jugement n'est plus un envoi en possession après vérification d'identité ou d'accomplissement des rites, ni le terme d'un procès entre deux adversaires : accusateur et accusé ne font qu'un et le litige roule sur la conduite passée.

La « confession négative », qui développe la protestation d'innocence du défunt, dérive de sources anciennes. Ounas pousse déjà le double cri : « *Je suis pur ! je suis pur !* » mais indépendamment de toute confession[5]. D'autre part, dans quelques inscriptions des mastabas des v⁰ et vi⁰ dynasties, on lit un bref panégyrique du défunt, de ce qu'il n'a pas fait, comme de ce qu'il a fait : « *Moi*, dit l'un, *je fus ami des hommes. Jamais je ne fus tra-* » *duit devant un magistrat depuis ma naissance. Jamais je* » *n'ai rien pris à personne par violence. Moi, j'ai fait ce* » *qu'approuve tout le monde*[6]. » D'ailleurs ce court éloge ne

---

[1] Grand temple, escalier (MARIETTE, *Abydos*, I, pl. 52, l. 21).
[2] *Livre des Morts*, ch. xvii, l. 37-38.
[3] *Ibid*, ch. xiv, titre.
[4] *Ibid.*, ch. xxx-xxxi et ch. xxx : « *De ne pas laisser le cœur de l'homme lui faire* » *opposition dans le Khernoutir.* »
[5] « *Je suis pur, je suis pur dans les Champs d'Ailou ! Râ a été purifié dans les Champs* » *d'Ailou et cet Ounas a été purifié dans les Champs d'Ailou !* » Ounas, l. 411-413 (R. Tr., IV, 16).
[6] Stèle de Nozemab, Caire, n⁰ 1732 (MARIETTE, *Mast.*, 417 ; BRUGSCH, *Thes.*, V, 1212 ; SETHE, *Urk.*, I, 75).— Cf. Ourkhouou (L. D., II, 43 ; MASPERO, *H. Ég.*, II, 469 ; SETHE, *Urk.*, I, 46-48) ; Samnofir à Gizéh (L. D., II, 81 ; MASPERO, *ibid.* ; SETHE, *Urk.*, I, 57) ; Henkou à

s'adresse ni aux dieux, ni à des juges : il vise les vivants et donne
à la postérité une leçon et un exemple [1]. Toutefois dans la pyramide
d'Ounas, une phrase de ce genre semble prendre déjà une valeur
mystique [2]. Parallèlement, le développement de ce thème engen-
drera les intéressantes autobiographies de la xii° dynastie et les
formules de la « confession négative ».

De celle-ci le chapitre CXXV du *Livre des Morts* offre, outre
l'interrogatoire magique déjà cité, trois rédactions différentes. La
première division du chapitre (l. 1-13) contient un hommage à
Osiris, l'énonciation de tous les péchés que le défunt n'a pas
commis, et sa profession de pureté. Dans la seconde (l. 14-34),
le défunt invoque successivement et par leurs noms les 42 juges,
assesseurs d'Osiris, et à chacun il indique un péché dont il s'est
abstenu. La troisième (l. 35-46) est un abrégé des premières, sous
forme moitié négative et moitié positive, où, après avoir gagné
voix par voix le suffrage de ses juges, il leur démontre collecti-
vement sa fidélité à toutes les lois [3] :

> « *Hommage à vous, dieux habitant la Salle de la Vérité. Le mal n'est pas*
> » *dans votre sein; vous vivez de la vérité dans An ; vos cœurs se nourrissent de*
> » *la vérité devant Horus en son disque. Délivrez-moi du dieu du mal qui vit des*
> » *entrailles, ô chefs ! le jour du grand jugement parmi vous.*
>
> « *L'Osiris N··· vient à vous : il n'y a ni mal, ni péché, ni souillure, ni impu-*
> » *reté en lui; il n'y a ni accusation, ni opposition contre lui. Il vit de la vérité,*
> » *se nourrit de la vérité. Le cœur est charmé de ce qu'il a fait. Ce qu'il a fait,*
> » *les hommes le proclament, les dieux s'en réjouissent.*
>
> « *Il s'est concilié Dieu par son amour (ou sa charité). Il a donné du pain à*
> » *celui qui avait faim, de l'eau à celui qui avait soif, des vêtements à celui qui*
> » *était nu. Il a donné une barque à celui qui en manquait. Il a fait des of-*
> » *frandes aux dieux, des consécrations funéraires aux Mânes.*
>
> « *Sauvez-le, protégez-le, en ne l'accusant pas devant le Seigneur des momies ;*
> » *car sa bouche est pure, ses mains sont pures...*

Déir-el-Gébraoui (DAVIES, *D.-el-G.*, II, 24-25 ; SETHE, *Urk.*, I, 76-79) ; Sironpitou à Assouan
(*R. Tr.*, X, 191), etc.
 [1] « *Soyez bons pour moi, vous qui viendrez après ; rendez (ce) témoignage à (votre)*
« *ancêtre: C'est le bien* (qu'il a fait) ; *puissions-nous agir de même en ce monde !* »
» *qu'ainsi disent ceux qui viendront après Ourkhouou !* » (*loc. cit.*, p. 163).
 [2] « *Il n'y a aucune parole (mauvaise) d'Ounas sur terre auprès des hommes ; aucun*
» *mensonge* (kheb) *de lui au ciel auprès des dieux.* » Ounas, l. 570-571 (*R. Tr.*, IV, 69).
Peut-être doit-on entendre : « *aucune accusation, aucune calomnie contre Ounas sur*
» *terre ; aucun châtiment au ciel* ».
 [3] Cf. MASPERO, *Journal des Savants*, 1901, p. 497.

« *Il arrive, il monte, il s'élève, il confesse la vérité. Il est pur ; il fait que la*
» *balance est en équilibre au sein des êtres en état de perfection.... Il n'y a aucun*
» *voile sur ce qu'a fait l'Osiris N.* [1] »

La cause est instruite et plaidée. La sentence va être rendue.
Les sanctions suivront. Le bon jouira de tous les privilèges que lui
promettent Osiris et Râ. Le méchant subira un sort inverse. Aussi
ce jugement est-il tour à tour désiré du juste qui en attend le bonheur [2] et redouté de quiconque par ses fautes a mérité un arrêt
sévère [3].

En effet, ce n'est pas tout que de récompenser le bien ; le mal
doit recevoir un châtiment. Les Égyptiens ont-ils envisagé ce côté
de la morale et attribué une sanction au mal comme au bien ?

Certainement. A tous les âges, la privation des biens que méri-
taient la piété et la pureté, quel que fût le sens de ces mots, cons-
tituaient une punition pour l'impiété et l'impureté. Le méchant,
ennemi des dieux, ne doit pas compter sur leur concours, mais doit,
au contraire, s'attendre à leur hostilité. Il ne peut pas se servir
des formules cabalistiques en l'autre monde, de même qu'en celui-
ci le magicien Satni-Khâmoïs perd son pouvoir, lorsqu'il a satisfait sa passion impure pour Thoubouï et tué ses enfants pour
satisfaire le caprice de la belle [4]. Le méchant n'évitera donc aucun
des périls auxquels échappe le juste. Son corps tombe en corruption ; son âme, dévorée de faim et de soif, ne trouve pour se repaître
que des ordures et finit par s'évanouir dans le néant. Le méchant
ne peut naviguer à l'Occident, ni s'accrocher à la barque de Râ :
il tombe dans des marais infects ou dans des lacs de feu ; il est la
proie des grands serpents Apap et Sati ou des autres monstres.
Les dieux le combattent ; leurs serviteurs s'acharnent contre lui [5] :

---

[1] *Livre des Morts*, cxxv, 36-43 (Pierret, *Trad.*, p. 377-379).
[2] « *Je suis un sahou qui s'est complu dans la vérité et conformé aux lois du tribunal*
» *de la double justice par moi désirées.* » Stèle de Boka, XVIII° d., l. 8 : Turin n° 19
(Chabas, *B. Eg.*, XIII, 243).
[3] « *Les juges d'outre-tombe* (zazasou) *vont juger les propositions des hommes : sache*
» *qu'ils ne sont pas indulgents le jour du jugement des fautes.* » Pap. moral de St-Pétersbourg, n° 1116, § 12 (Golénicheff, *Æ. Z.*, 1876, 107).
[4] Maspero, *Contes*, p. 193-204.
[5] « *Les inimitiés d'Ounas sont les inimitiés de Toum*, etc. » Ounas, l. 602-603, R. Tr.,

les exécuteurs infernaux [1] s'emparent de lui, le traînent au lieu du supplice et coupent sa tête [2] sur le billot fatal [3], le mettent en pièces ou le précipitent dans leurs fournaises [4]. Dans la salle même du jugement se tient une bête fantastique, à la gueule béante, semblable à celles que l'on voit parfois sur nos porches de cathédrales et qui y représente encore la gueule de l'Enfer : c'est « *la Dévorante* », Amâm, « *celle qui détruit les ennemis en les dévorant,* » *la maîtresse de l'Amenti, la bête de l'Amenti* » [5], l'aïeule du Cerbère grec.

De toute manière, le méchant est perdu : son nom disparaît ; sa personne est anéantie [6] ; il subit « *la mort seconde* », plus redoutable que la première, car elle est définitive [7].

Cependant la perfection réside bien haut, le devoir est rude et la chair est faible. Qui donc ne sent point de fautes à se repro-

---

[1] IV, 71. « *Il anéantit les membres de tes ennemis ; il les met en pièces, ô Osiris!* » Pépi Ier, l. 189 (*R. Tr.*, V, 193), etc.

[2] Le *Livre des Morts*, notamment au ch. XVII, l. 32-37, 51-58, 75-80, donne divers détails sur les bourreaux et les supplices des Enfers. Le livre de l'*Amdouaît*, les échelonne dans diverses heures des Enfers : à la 3e nommée « *la Pourfendeuse des âmes* » ; résident les « *Massacreurs* » ; l'âme élue « *s'avancera à travers leurs rugissements et ne* » *tombera pas dans leurs fournaises* » (JÉQUIER, *L'Hadès*, p. 63-64).

[3] La décapitation, nécessaire dans les rites primitifs de la momification, devient odieuse, quand on sut extraire la cervelle par l'ethmoïde brisé. Les ch. XLIII et L du *Livre des Morts*, évitent aux morts d'avoir la tête tranchée. Dans le *Livre de l'Amdouaît*, à la 7e heure, une déesse à tête de lionne décapite les impies liés et agenouillés (JÉQUIER, *L'Hadès*, p. 94).

[4] Le billot infernal est souvent mentionné... « *Je récite le Livre des 77 sur le billot du* » *serpent Apap : puisse mon âme échapper au feu, mon corps à l'avidité de la déesse* » *Sokhmit !* » Stèle de Mérirâ, Vienne (BERGMANN, *R. Tr.*, IX, 48).

[5] L'incinération semble avoir été usitée à une époque préhistorique (MORGAN, *Tombeau de Nagadah*) ; mais par un processus que j'ai déjà signalé, tout rite dépassé et désuet devient objet d'horreur. Aux Pyramides, les dieux gibier d'Ounas sont cuits pour le nourrir dans « *le bassin de flammes* » (Ounas, l. 496, 515 ; *R. Tr.*, IV, 59-61). Un souvenir matériel subsiste dans ce trou circulaire, où sont jetées et brûlées offrandes et victimes avec la légende « *Sit vient* », au tombeau de Montouhikhopchouf, XIXe d. (MASPERO, *M.M.C.* ; V, 450-462, fig. 6-9 et 11). Le *Livre des Morts* mentionne à divers reprises le supplice du feu : I, 7 ; XVII, 53, 58, 66, 78 ; XVIII, 10 ; LXIII, 2, 3 ; CXLII, c 13-15 ; CXLIII, 4-5. A la 3e heure de l'*Amdouaît*, il est question des fournaises : à la 11e, des brasiers, gardés par des déesses armées, dévorant les impies (JÉQUIER, p. 64 et 127). Dans le *Chant des pleureuses*, Horus « *enchaîne le Malin et le tient dans son four à feu chaque jour* » (Pap. de Nésikhem, § III, Brit. Mus. ; PLEYTE, *R. Tr.*, III, 59). La traduction de l'Hymne à Amon de Bologne : « *Les coupables pour la chaudière, les justes pour la droite* », est erronée. (CHABAS, *Mél.* IV, 168-172 ; J. B., *Régime pharaonique*, p. 290).

[6] Tableau du ch. CXXV (PIERRET, *Livre des Morts*, p. 386). Ch. CXLIII, titre : « *Le saurer* » *du Dévorant des âmes* » (p. 557).

[7] Par « *les bras de Ceux qui anéantissent dans la Demeure de l'anéantissement* » (Sarcophage de Nési-Shou-Tafnouit, tombe de Ramsès VI, etc. BERGMANN, *R. Tr.*, VI, 144).

[8] *Livre des Morts*, ch. XLIV : « *Ne pas mourir de nouveau* » ; cf. XXV, 4 ; CIX, 11 ; CXXX, 27 ; CXXXV, 3 ; CXXXVI, 13 ; CLIII, 9.

cher? Le juge suprême sera-t-il sans miséricorde? Non, le pécheur peut trouver grâce. Le bain de saumure qui préserve le
corps de la putréfaction suggère l'idée d'autres bains qui lavent
les souillures de l'âme [1]. Les lacs et les fleuves de l'autre monde
ne sont pas seulement des obstacles à traverser pour rejoindre les
séjours osiriens. Les dieux connaissent des étangs mystiques où
ils se purifient. Le défunt peut donc s'y plonger comme eux, ou
bien recourir à ce bassin de feu, gardé par quatre singes cynocé-
phales, où l'âme se délivre de ses impuretés [2].

Une autre sorte de purgatoire fut encore imaginé avec des éléments empruntés aux plus vieilles traditions. Dans le *Livre des
Morts*, le défunt demande à faire pour son plaisir, toutes les
transformations qu'il voudra [3]. Les exemples de ces transformations sont extrêmement nombreux [4] et ce sont le plus souvent des
formes d'animaux que prend le défunt juste de voix. C'est pour
lui une sorte d'apothéose ; car ces animaux dont il prend la
forme, ce sont des animaux divins : phénix, ibis, épervier, serpent,
etc. A peine pointe déjà l'idée que ces transformations soient une
épreuve [5]. Tardivement on combina cette doctrine avec celle de la
résurrection, dont le cours du soleil est le symbole. On imagina
que l'âme passait par des corps d'animaux pendant une période
sothiaque ou un cycle de 3000 ans, au bout de quoi elle commen-
çait à vivre, soit dans son corps primitif soit dans un autre corps
humain. Hérodote [6] témoigne que Pythagore emprunta à l'Égypte
la doctrine de la métempsychose. Mais on finit par regarder comme
un châtiment ce dont on jouissait d'abord par privilège. On suppose
que les âmes coupables, renvoyées sur terre, erraient de corps en

---

[1] Cf. *supra*, p. 131, 112-115.
[2] *Livre des Morts*, cxxvi, l. 3 et 5.
[3] *Livre des Morts*, ch. lxxvi à lxxxviii.
[4] Les Contes ont brodé sur ce thème commode. Bitiou pour se venger de son époux
infidèle, se change en taureau Apis, en perséa, en fils de cette femme (*Les 2 frères* :
Maspero, *Contes* p. 25-30). Nénofirk-ptah prend successivement l'aspect d'un roi et la
figure d'un vieillard (*Satmi-Khamoïs* : Maspero, *Ib.*, 201 et 203) Horus, fils de Panichi,
veut revivre pour sauver l'Égypte des sorciers éthiopiens : il s'insinue dans une colo-
quinte dont la femme de Satmi lui fait boire une infusion qui le rend père d'Horus sous
un nom d'emprunt (*Sénosiris*, Maspero, *Contes*, 3e éd. p. 132-133).
[5] *Livre des Morts*, cxxvii, 10-12.
[6] Hérodote, II, 123.

corps d'animaux, vils d'abord, puis de plus en plus nobles, reptiles, animaux aquatiques, quadrupèdes, oiseaux, et redevenaient enfin des hommes, pour recevoir dans ce dernier état le germe de l'immortalité, devenir ensuite des génies ou démons et parvenir alors dans le chœur des dieux. Mais ce sont des Grecs[1] qui nous ont transmis ces théories : rien ne les appuie, ni dans le *Livre des Morts*, ni dans les ouvrages plus récents tels que le *Livre des Respirations* ou le *Livre des Transmigrations*, qui tous promettent le pouvoir de se transformer comme un bien très enviable ; et même ni Diodore, ni Hérodote, qui rassemblèrent toutes les explications populaires sur le respect et le culte des animaux, n'avaient recueilli rien de pareil à cette doctrine soi-disant hermétique.

[1] THÉOPHRASTE, p. 10 (éd. Boissonnade). HERMÈS TRISMÉGISTE, *Fragments hermétiques* (dans STOBÉE, *Eclog. Phys.*, p. 950, 1000 sqq.) et *Poimander* (Trad. MÉNARD, p. 60-66 ; MASPERO, *R. Tr.*, I, 21-22), donne la théorie de ces métamorphoses ascendantes, tout en niant l'ensomatose animale (DEVÉRIA, *B. Eg.*, V. 309).

CHAPITRE VIII

CONCLUSIONS

———

On rencontre donc en Egypte tous les éléments d'une morale, et c'est à bon droit que l'on peut parler d'une morale égyptienne.

Le peuple égyptien a eu des mœurs particulières, une manière de vivre et des habitudes qui suffiraient à le distinguer des autres peuples. Les moralistes modernes peuvent disserter à leur gré sur ces mœurs, les apprécier et les juger, en classer, combiner, organiser tous les détails dans l'un des cadres de leurs systèmes philosophiques.

Les Égyptiens n'avaient pas seulement une manière spéciale de vivre, instinctive et inconsciente, mais une ou plusieurs conceptions de la vie. Ils se sont regardés vivre; ils ont eu des idées et formulé des jugements sur la conduite: ils ont distingué un but à la vie, lui ont assigné des directions, lui ont imaginé une suite.

Il leur a manqué, semble-t-il, de condenser leurs idées en un système général. Surtout, nous ne trouvons trace chez eux d'aucune rédaction soit d'un code moral, aussi large dans sa brièveté que le Décalogue hébreu, soit d'une Somme envisageant méthodiquement l'ensemble des problèmes moraux avec l'esprit critique d'un Aristote.

Des moralistes, cependant, ont existé en Égypte et quelques-uns ont laissé des écrits. Les grands jouissaient des loisirs nécessaires pour penser; mais peut-être n'en détenaient-ils point le monopole, car le climat de l'Égypte impose au plus humble travailleur quelques heures de farniente chaque jour. Les sages de l'Égypte étaient observateurs ; s'ils consignaient dans leurs annales la mention de tous les phénomènes célestes, leur mémoire n'enregistrait pas moins sûrement tous les faits divers de la vie humaine. Ils aimaient à formuler en maximes les leçons de leur expérience, et de ces maximes, les unes, d'ordre général, telles que : « *Celui* » *qui tue on le tuera* », voltigeaient anonymes de bouche en bouche dans les propos du peuple ; les autres, d'application plus restreinte, étaient réservés à des disciples privilégiés susceptibles de se trouver dans les situations prévues. Ces sages jouaient donc le rôle de *directeurs d'hommes*, comme ils disaient, ou même de directeurs de conscience, comme nous nous exprimerions ; puissants, ils donnaient des ordres ; instruits par l'âge et l'expérience, ou par l'étude et la tradition, ils prodiguaient leurs conseils. En général, ils décidaient d'espèces, non de principes. Ils savaient néanmoins choisir entre les faits et les conseils. Dans le résumé de leur biographie sur une stèle funéraire, ils s'en tenaient aux détails les plus caractéristiques, avec les éloges d'une portée plus générale. S'ils rédigeaient un manuel de conduite, ils y renfermaient des préceptes d'application immédiate et journalière, sans y mettre beaucoup d'ordre, à notre gré, ni grande élévation de pensée. Mais encore envisagent-ils autre chose que des cas personnels et uniques. Ils ont beau dédier leur œuvre à tels de leurs fils ou de leurs disciples : tout étudiant profiterait autant que Pentaoïrit des conseils épistolaires d'Amonemopit, autant que Pépi des satires de métiers versifiées par Douaouf-si-Khrodi, autant que Khonshotpou des maximes d'Ani ; aussi les apprenait-on par cœur dans les écoles : et, si vraiment les œuvres du roi Amonemhâït et du préfet Ptahhotpou étaient apocryphes, il s'ensuivrait que nous devrions tenir la dédicace à leurs fils, de la part des auteurs réels, pour simple procédé littéraire. Enfin, si les sages écrivaient, ils ne dédaignaient pas de commenter les ouvrages des anciens ni, en même temps, de les adapter, de les combiner et, sans en rien répudier, de les transformer au besoin : les gloses du *Livre des Morts* et la composition du *Livre de l'Amdouaït* nous édifient sur leurs procédés didactiques.

Au nom de quels principes ces moralistes jugent-ils de la conduite et prétendent-ils diriger la vie? Car ils ne se contentent pas de dire ce qu'il convient de faire; ils en donnent les raisons. La plupart du temps, c'est l'utilitarisme qui semble les inspirer. D'une action quelconque, ils montrent à leur disciple les avantages immédiats ou lointains, ou bien, au contraire, les inconvénients. C'est par ses conséquences qu'ils discernent le caractère bon ou mauvais de tel acte particulier; et vraiment, lorsque leurs conseils se bornent à des détails du savoir-vivre et du savoir-faire, ne serait-il pas difficile d'user d'autre pierre de touche que des résultats et d'indiquer à un arriviste un autre critérium que le succès? Pourtant la sanction de l'intérêt personnel ne fait pas à elle seule la valeur des actes, et les Égyptiens s'en doutaient bien. Sur tous les conseils de leurs théoriciens plane le principe de l'autorité de la tradition. Le père enseigne au fils la science qu'il tient de ses ancêtres : c'est là un caractère commun à tous ses préceptes que distinguent entre eux leurs conséquences propres. Mais une tradition vaut par son origine; les sages Égyptiens rapportent la leur aux dieux qu'entendirent les ancêtres [1]. Quels qu'aient été ces dieux, c'est donc une origine religieuse que revendiquait la morale égyptienne. Par ailleurs, aussi bien Ani que Ptah-hotpou prévoient la colère ou les faveurs de Dieu, non seulement comme sanction des devoirs religieux, mais à propos de certains actes envers le prochain [2].

Plus nettement que dans les manuels de morale, le caractère absolu et le caractère religieux de la morale égyptienne apparaissent dans les épitaphes et dans les livres funéraires. Les individus qui nous ont transmis leur propre éloge ne concevaient pas la morale comme une simple collection de recettes pratiques. S'ils se vantent d'avoir conquis les faveurs royales, ils ont soin d'ajouter qu'ils les ont méritées par leurs qualités éminentes. Ils attribuent à certains actes, à certaines lignes de conduite une valeur

---

[1] « Les conseils d'autrefois, ceux entendus des dieux ». Ptah-hotpou, Préceptes, § 1 : Pap. Prisse, iv, 3 (Virey, p. 31).
[2] Ptah-hotpou, §§ 6, 10, 12, 26, 39 ; Ani, §§ 2, 5, 11, 26, 33, 39, 40, 48 (éd. Amélineau).

supérieure qui les rend dignes d'admiration et d'imitation. Ils savent qu'il faut, de toute nécessité, fuir certains vices et pratiquer certaines vertus pour qu'une existence soit bien remplie. Ils expriment toutes ces idées en disant qu'ils ont été *mâ* (*mâtiou*) ou qu'ils ont pratiqué le *mâ* ou la *maït*. Ce mot *mâ* est vague, parce qu'il est très complexe : on le traduit habituellement par « *vérité* », d'après Plutarque, ou par « *justice* » ; il signifie aussi bien dans beaucoup de cas : « règle, loi, devoir, vertu » ou encore « réalité » et « nécessité ». Cependant *Maït* n'est pas l'œuvre des hommes : elle est fille du dieu suprème, déesse elle-même ; elle participe à la création du monde et au jugement des âmes. D'autres fois, ils emprunteront un terme à la religion et déclareront qu'ils sont « *purs* » ; et la pureté constituera une autre forme de leur idéal de la vie. L'une des formules d'éloge moral les plus anciennes est d'avoir « *fait tout ce qui plaît aux dieux et aux hommes* ». Qu'est-ce à dire, sinon attester tous êtres capables de juger? ou encore est-ce autre chose que prendre pour juge de sa vie la raison, après l'avoir prise pour guide, ou que se soumettre à l'ordre universel et y contribuer pour sa part? Entre la pensée de l'Égyptien et celle des Stoïciens ou de Kant, y a-t-il au fond beaucoup plus qu'une différence de forme et de terminologie?

Le vocabulaire moral des Égyptiens, en effet, nous semble assez pauvre. La plupart des noms de qualités ou défauts sont formés au moins dans le langage écrit, avec une épithète souvent matérielle accompagnée du mot « cœur ». Le même mot *nofir* qualifie les choses bonnes, belles ou utiles; inversement *asef*, s'applique indifféremment au mal moral ou au mal physique. Le mot *mâ* s'étend à beaucoup de notions que nous préférerions voir distinctes. Du moins Maït seule régna dans leur Panthéon : ils ne connaissent ni la Raison, ni la Science, ni le Progrès et autres abstractions qu'adorent nos contemporains. Si la langue grecque donne aux idées une expression bien plus concrète que les langues modernes, la langue égyptienne nous paraît infiniment plus rebelle aux abstractions. Est-ce notre faute? ne distinguerions-nous

pas toutes ses nuances et prendrions-nous trop à la lettre ses métaphores ? ou bien les penseurs égyptiens ont-ils insuffisamment
assoupli leur instrument ? Les Grecs, à vrai dire, arrivèrent bien
à exprimer tout ce qu'ils pensèrent. Serait-ce la pauvreté de leur
idiome qui seule aurait arrêté les Égyptiens dans le développement de leur spéculation morale ? Nulle part ils n'ont parlé de
« l'immortalité de l'âme » ; mais n'ont-ils pas proposé jusqu'à satiété des recettes pour empêcher l'homme et l'âme de mourir ?
Quand ils le voulurent, ils surent donner à leurs mots des sens
nouveaux. Le mot « *cœur* » *(ab* ou *hâti)* d'un sens purement
physiologique passa vite à des acceptions psychologiques qui
frayèrent la voie au sens moral de « *conscience* »[1] du bien accompli et du mal commis. Nous avons vu d'ailleurs la fortune de
quelques expressions telles que « *faire ce qu'aiment les dieux* »,
ou « *rejeter le mal que l'on porte en soi* ». La perpétuité de
leur usage ne doit pas nous causer une illusion défavorable et
nous empêcher de voir l'enrichissement de leur contenu et la
progression de la pensée égyptienne.

Mieux que tout, la méditation de la mort instruit l'homme sur
sa destinée et l'incite à rechercher les moyens de l'accomplir.
C'est pourquoi l'on appelle la tombe ou le cercueil « *maître* » ou
« *maîtresse de la vie* »[2] et pourquoi le sage Ani invite à songer aux
fins dernières pour mener une vie vertueuse et se préparer à la
mort ; car « La mort ne surprend point le sage », ou, comme Ani
s'exprimait, bien avant La Fontaine : « *Il n'y a point de surprise
» pour celui qui agit bien* »[3]. D'un bout à l'autre de la vallée du
Nil, on ne perd point de vue la double montagne où s'enfoncent les
nécropoles : la pensée de la mort ne quitte guère davantage les
Égyptiens pendant leur vie ; mais elle ne l'assombrit point. Chez
eux, elle incite l'épicurien à de nouvelles jouissances, le sage à
de nouvelles vertus. Longtemps d'avance, ils s'occupent de leur

---

[1] Cf. Lepage-Renouf, *Conscience in the Eg. Texts* (*Pr. S.B.A.*, 1887, IX, 207-210).
[2] Pap. de Boulaq n° 4, p. xxi, l. 10 (Chabas, *Egyptol.*, II, 69, § 41 ; Amélineau, *Morale*,
p. 162, § 43.
[3] *Ibid.*, p. xvii, l. 13 sqq., § 15 (Chabas, p. 113-126 ; Amélineau, p. 53-67).

tombe ; mais ils la décorent de sujets attrayants. Ils voient dans la vie autre chose et mieux qu'une préparation à la mort ; mais ils s'efforcent de s'assurer dans la mort une image et une continuation de la vie. Nous pouvons affirmer qu'ils regardent la vie comme le bien suprême, mais à condition que la vie humaine se complète en se perpétuant par la participation à la vie des dieux immortels. Se plaçant aux antipodes de la pensée bouddhique, c'est « *la mort seconde* », c'est la disparition définitive, c'est l'anéantissement, qu'ils tiennent pour le mal suprême et le plus épouvantable châtiment. Ils se prémunirent à l'encontre par la momification et les rites magiques ; mais pour accroître l'efficacité de ces remèdes, ils recoururent aux garanties de la morale.

En effet, si les vertus trouvaient, sur terre et pendant la vie, des sanctions très appréciées dans les faveurs du roi, par exemple, l'estime et l'affection des contemporains, la stabilité de la fortune, la prolongation même de la vie, on en espérait d'autres encore. Une bonne sépulture et la perpétuité du nom prolongeaient sur terre le même ordre de sanctions. La protection des dieux, qu'on voyait déjà s'exercer pendant la vie. produisait tous ses effets au-delà de la mort. Sans doute, le spectacle de la vie et de la mort provoquait les objections du sceptique, non seulement sur la solidité des grandeurs humaines et la perpétuité des plaisirs, mais encore sur la réalité des vertus, sur la providence divine et sur l'attente des rémunérations futures. Toutefois ces doutes absolus, exprimés dans les *Chants du harpiste* ou par le *Chacal koufi*, soulevèrent peu d'échos. Presque sans exception, les Égyptiens partagèrent leurs croyances et leurs espoirs entre les divers paradis et les diverses destinées bienheureuses que leur promettaient leurs ancêtres et leurs sages. Or sur ce sujet, leur imagination se déploya avec fécondité.

Au reste, il ne faut pas prendre la pensée morale des Égyptiens pour un bloc immuable et constitué dès la première heure. Il y faut distinguer des époques, discerner les germes de certaines idées et leur épanouissement. C'est ce que je me suis efforcé de faire, par exemple, pour la condition du moraliste, la conception de la loi morale ou de la pureté, les diverses formes de survivance, le jugement des âmes et la confession négative.

Dans les mastabas des premières dynasties memphites et encore dans les longs textes des pyramides de la vi°, aucune préoccupation, aucune théorie morale ne se fait jour. Cependant les systèmes eschatologiques s'édifient et s'entremèlent, futurs cadres des sanctions morales les plus redoutées ; et l'apologie personnelle des défunts, au point de vue des rites, prépare la confession des devoirs.

Vers la v° ou la vi° dynastie, commencent à apparaître dans les tombes des particuliers quelques discrets éloges des vertus, fondés sur l'opinion des dieux et des hommes. C'est là, peut-être, l'époque non certes du plein développement de la morale, mais du plus vigoureux effort vers la création de théories morales. C'est à cette date que se placent aussi les essais de Kaqimna et de Ptah-hotpou sur la conduite de la vie ; s'ils paraissent terre-à-terre et font trop prosaïquement appel à l'intérèt, n'est-ce pas parce qu'une sorte de philosophie naissante y a cherché un domaine propre en dehors des spéculations religieuses ?

Le premier empire thébain est en morale, comme en art, une époque d'efflorescence. On pourrait le qualifier de règne officiel de la morale. L'éloge des vertus du défunt ne s'insinue plus seulement comme une mention accessoire et timide : il s'étale dans de longues inscriptions, où abondent les détails, surtout sur les actes de bienfaisance ; il se mêle aux proscynèmes, comme un titre à la faveur posthume des dieux. Un nouveau *Livre des Morts* s'élabore, assez différent de celui des Pyramides. Parmi les chapitres ou plutôt les pièces indépendantes que la fantaisie individuelle substitue aux textes anciens, la préoccupation morale s'introduit : les dieux en lutte ne sont pas seulement des dynastes rivaux, ni même des principes de lumière combattant contre l'ombre et les ténèbres ; de plus en plus, ils symboliseront le bien et le mal ; ils choisiront pour compagnons les hommes vertueux et, dans leurs jugements, récompenseront la vertu.

Le second empire thébain est l'âge classique. Les *Maximes* d'Ani, coulées dans un moule ancien, n'affectent encore ni l'ordre, ni le sentiment religieux qu'y apportera Phibefhor au seuil du christianisme ; mais elles multiplient les observations de la vie, et sortent du cercle étroit des conseils aux fils des grands. Les textes funéraires montrent définitivement unies morale et religion. Dans chaque tombe une stèle raconte la vie du mort ; certaines louanges des vertus y deviennent banales, ce qui prouve la diffusion des idées correspondantes. La « confession négative » vulgarise l'horreur des fautes contre la divinité et la morale ; tout en comportant des variantes, l'énumération de ces fautes, puisée peut-être aux biographies de l'âge antérieur et devenue indépendante de la condition des défunts, se généralise et convient à tout le monde. L'amour du prochain trouve, pour s'exprimer, l'idée de la fraternité humaine [1].

L'époque saïte s'attache par dessus tout aux traditions nationales : la résurrection de formules archaïques témoigne de soucis nationalistes, non d'un recul de la morale ; la religion d'Osiris fleurit plus que jamais et fraye les voies à l'idéalisme isiaque.

..

Quoi qu'il en soit de l'idéal de vie des Égyptiens, de leur conception des devoirs, de leurs théories sur les rapports de la vie terrestre et de la vie future, on a le droit de se demander encore ce que dans la pratique valurent leurs mœurs.

Dans l'ensemble et à travers les siècles, les mœurs du peuple égyptien, méritent des louanges, à l'égal ou au-dessus des mœurs de n'importe quel autre peuple. Cette civilisation fut la plus ancienne que nous atteignions historiquement ; et, pour la morale en particulier, elle s'éleva non d'un seul coup, mais progressivement à un degré que seul dépassa le christianisme.

---

[1] « *Je parle à mon prochain, me plaisant à ses projets comme s'il était sorti du sein avec moi le même jour.* » Stèle des architectes Souti et Hor, l. 18, XVIIIe d., British Museum n° 826 (Pierret, *R. Tr.*, I, 70-72 ; Birch, *Tr. S.B.A.*, VIII, 143-163, pl.). — « *Le pain demeure à celui qui agit fraternellement* (ari-f sen : *qui fait en second*). » Ani, *Maximes*, Pap. Boulaq IV, xxi, 5-6 (Chabas, § 39, *Eg.*, II, 54-58 ; Amélineau, § 41, p. 157-160). — Cf. sur la fraternité universelle : J. B., *Régime pharaonique*, p. 213-220.

Malgré les conseils des moralistes, orientés vers l'intérêt particulier, les mœurs servaient admirablement l'intérêt général. Si la vie nomade du désert favorise l'esprit d'indépendance individuelle, les conditions d'existence dans la vallée du Nil imposent la vie en société. La famille et la nation y furent, dans l'antiquité, organisées fortement.

Les plus anciens monuments montrent la famille constituée. Le père en est le chef et le seigneur : après sa mort, il en demeurera le dieu. Il commande dans la maison, dirige les travaux, se fait obéir sans réplique de tous, femme, enfants, serviteurs, frères mineurs ou non établis. Dans les peintures des mastabas, sa taille deux ou trois fois plus grande que celle des personnages voisins, symbolise aux yeux, sa primauté. Il n'a généralement qu'une femme en même temps : il se fait honneur de la bien traiter et l'associe au gouvernement de la maison. Il élève ses enfants, les instruit, leur inculque ses idées et ses connaissances, les établit, les marie à son goût, s'efforce de leur transmettre ses biens et ses dignités, et les regarde comme les continuateurs de sa personnalité. Ainsi la famille se fonde à la fois, sur l'autorité et l'affection. Le fils obéissant réjouit le cœur des dieux ; il se montre féal envers son père comme envers son dieu et son roi : mais il se vante d'aimer son père et d'être aimé de lui. D'ailleurs il voudra mériter également les louanges et l'affection de sa mère, de ses frères et sœurs, même de ses serviteurs, de ses voisins, de tous ses compatriotes.

On honore la femme comme épouse et comme mère[1]. Dans les mastabas, presque égale à son époux sur qui elle s'appuie tendrement, l'épouse participe à sa primauté. Il l'investit « dame de sa maison » : en son absence, elle commande aux serviteurs et administre les biens communs. La mère nourrit ses enfants avec un amour touchant, pour lequel Ani réclame des fils une éternelle reconnaissance. D'ailleurs les enfants ne lui marchandent point l'amour filial. A l'instar d'Horus, fils d'Isis, ils joignent volontiers le nom de leur

---

[1] Cf. PATRAST, *Condition juridique de la femme*, 1886 ; REVILLOUT, *La femme dans l'antiquité*, 1907.

mère au leur et lui accordent une place d'honneur sur leur stèle et parmi leurs peintures funéraires. La gloire du fils rejaillit sur sa mère[1].

La polygamie est presque réservée aux rois. Même, si un veuf se remarie, dans sa tombe jamais il ne se figurera au même tableau avec plusieurs femmes. Le père donne d'autorité ses filles en mariage, mais il évite de les marier contre leur gré. Le mariage consanguin nous choque : au contraire, les Égyptiens, sans en faire une règle absolue, le pratiquaient fréquemment et appelaient toute épouse du nom de sœur. L'adultère de la femme est puni de mort d'abord, de mutilation plus tard ; le complice subit la même peine, « *se perdant pour un instant de plaisir* ». Le divorce a place dans la législation contractuelle, sans qu'on sache de quand il date. Cependant la femme n'est point cloîtrée au harem ; elle sort sans voile ; elle va et vient librement, dans la rue et sur les chemins sans crainte d'outrage ; elle voyage même. La femme du peuple travaille aux champs ou à l'atelier, comme à la maison. Elle va au marché, trafique, vend et achète. La femme a capacité civile pour posséder, acquérir, hériter, prêter, s'obliger. A force d'inventer pour elle des garanties de liberté, la législation des derniers siècles d'indépendance nationale aboutira à de tels excès qu'une réaction, sous les Ptolémées, la remettra sous la tutelle, *in manu*, de son mari ou de son fils aîné. Si l'on doit juger d'une civilisation par le respect de la femme, on doit tenir en haute estime la civilisation de l'Égypte.

Les lois et le gouvernement protègent la propriété. En théorie, le roi est le seul maître du sol, soit comme héritier de ses ancêtres, soit comme représentant des dieux. En fait, tous les fonctionnaires du roi et des dieux, grands feudataires ou simples gardiens de troupeaux, transmettent leurs fonctions à leurs enfants ; et, malgré la distinction faite parfois entre les biens reçus en patrimoine et les biens reçus du roi, on tâche de rendre héréditaires les uns et les

---

[1] « *Fais dire : Louange à celle qui t'a enfanté !* » (PTAH-HOTPOU, *Préceptes*, § 13 ; Pap. Prisse, pl. xix, l, 1 ; VIREY, p. 103). Cf. « *Beatus venter qui te portavit.* » (LUC, XI, 27).

autres. De temps à autre, en dehors des donations individuelles pour récompenser des services de toute nature, le roi distribuait des terres à tout un groupe de ses compagnons d'armes. De là, cette fameuse division tripartite du sol en biens royaux, religieux et militaires, qui jamais peut-être ne fut tout à fait exacte. En tout cas, les provisions de ménage, les troupeaux, les instruments de travail, tous les objets mobiliers et même la maison et ses dépendances étaient propriétés particulières. Des titres écrits constataient les droits de chacun. On inventa l'arpentage pour fixer les droits immobiliers. Des tribunaux locaux et, en appel, la justice du roi tranchaient les contestations[1]. Tantôt, les Égyptiens nous semblent paperassiers et procéduriers ; tantôt, au contraire, ennemis de la chicane et professant de l'horreur pour toute citation en justice.

Sans doute, il y eut toujours chez eux, plus ou moins, des gens indélicats, des voleurs, des brigands. Nous conservons des pièces relatives à des détournements de fonds par des administrateurs ; d'autres, au pillage organisé de la nécropole. Mais c'étaient là des crimes réprouvés au nom de l'honnêteté publique. Les grands se vantent d'avoir pourchassé les brigands, arrêté les voleurs, garanti la sécurité aux paysans et aux voyageurs[2]. Les petits professent n'avoir jamais nui à autrui, jamais dérobé de poissons aux étangs des dieux, jamais fraudé sur la balance ou son poids. Tous honnissent la violence : les uns s'en abstiennent, les autres la combattent.

Les scribes méprisent les travailleurs manuels[3]. Cependant de grands seigneurs les honorent expressément, en faisant représenter dans leur tombe toutes les catégories de métiers. Les civilisations modernes n'ont pas modifié les stigmates professionnels : encore aujourd'hui le cordonnier sent le cuir, le maçon a les mains calleuses, le boulanger ou le forgeron se brûlent les doigts ; nos inventions ont, au contraire, multiplié les risques. Les travaux des

---

[1] Cf. J. B., *Régime pharaonique*, ch. vii, Justice du roi (p. 271-320).
[2] Cf. *Ibid.*, ch. xii, Devoirs des grands (p. 469-513).
[3] Cf. J. B., *Régime pharaonique*, ch. xiii : Subalternes ; et xiv, Les petits (p. 519-621).

champs sont plutôt moins rudes qu'ailleurs ; si le soleil chauffe dur, Amonemanit nous certifie qu'on fait la sieste ; les peintures nous révèlent chez les moissonneurs des traits de belle humeur. Mais la corvée! Les Hébreux gardèrent rancune à l'Égypte de la construction de villes nouvelles. Sans doute! cependant ils conservèrent bon souvenir des oignons et des vivres distribués aux travailleurs. Le paysan détestait le curage des canaux ; les Égyptiens s'en déchargeaient pour l'autre monde sur les *ouchbitis :* mais où aime-t-on les plus simples prestations ? Que de souffrances, disent certains modernes, suppose l'érection des Pyramides! Du labeur et de la discipline, oui ; mais pourquoi plus de souffrances qu'aucun travail en aucun autre pays ? Sous Amasis un monolithe écrasa un ouvrier. Quel peuple a supprimé les accidents du travail ? Le bâton entre les mains des contremaîtres rythmait le travail. Il n'était pas réservé aux plus humbles ouvriers : le collecteur de redevances en usait à l'égard du chef d'exploitation rurale ; accusés et témoins subissaient la bastonnade en justice. Ce traitement n'entraînait aucune infamie : le scribe même recevait par son dos la science dont il tirait tant d'orgueil. Les travaux publics offraient leur contrepartie dans la nourriture et l'entretien des travailleurs par l'administration. Même le travail manuel ne va pas toujours sans honneur : Ramsès le Grand visite en personne les chantiers de ses artisans; il leur assure pour leur vie tout le nécessaire, mais surtout les remercie de besogner pour lui « *avec amour* ».

Si la dignité humaine n'était pas totalement sacrifiée dans le travail, ne l'était-elle pas par l'esclavage? Assurément l'Égypte connut l'esclavage. Les prisonniers de guerre, qu'on ramenait d'expéditions au nord ou de razzias dans le sud, durement ligottés, étaient disséminés à travers tout le pays dans les ergastules du roi ou des dieux. Ce sort valait mieux pour eux que les massacres, les festins anthropophagiques et les sacrifices humains des âges préhistoriques. Le sacrifice, toujours suspendu comme menace sur la tête des chefs ennemis, ne subsiste guère que comme thème sculptural dans la décoration des temples. Cependant une fois acclimatés, ces prisonniers mêmes, à moins de constituer une milice spéciale, ne se distinguaient plus du reste de la population. L'étranger était honni comme impie et révolté : par l'esclavage il devenait Égyptien ; on ne constate plus contre lui de mépris spécial et l'on ne voit pas même de préjugé contre l'homme de couleur. L'esclave avait un état civil, une famille, femme et enfants ; il pouvait posséder ; son travail ne différait point de celui de l'homme libre ; lui-même était un homme, non une chose. La loi civile et la loi morale le protégeaient : s'il était défendu à des tiers de le suborner, son maître ne devait ni le maltraiter, ni le faire travailler outre mesure ; on regardait le meurtre d'un esclave comme un assassinat. S'il s'enfuyait, son propriétaire tâchait de le rattraper, mais il ne rentrait pas en possession sans formalités. L'esclave égyptien ressemblait plus à un serf attaché à la glèbe qu'à l'esclave des pays classiques.

Le caractère le plus original de la civilisation égyptienne est l'extrême centralisation de tous les services publics et principalement du plus important d'entre eux, celui de l'agriculture et des subsistances. Tout vient du roi et remonte à lui [1]. Fils de Râ, il doit, comme le Soleil son père, donner la vie libéralement à tous les êtres et l'entretenir en eux. Il est la Providence de tous ses sujets et leur père nourricier. Par ses relations avec le ciel, il obtient de bonnes inondations ; sur terre, il règle le service des irrigations, coordonne les corvées dans tout le pays, prévient par sa police le crime de détournement des canaux. Il met en branle toutes les énergies ; puis, il ramène à lui toutes les ressources, amasse le principal des récoltes dans ses greniers, et, enfin, répand ses bienfaits en vivres et en provisions pour tous. Les fonctionnaires, à qui il délègue son autorité, agissent de même, tant au nom du roi qu'au leur, dans leur ressort administratif de plus en plus étroit selon leur place dans la hiérarchie. Il en résulte un esprit public favorable aux petits et aux faibles. Le superflu des producteurs ne doit pas se capitaliser entre quelques mains, mais parvenir par voie administrative aux plus déshérités : je ne jure-

---

[1] Cf. *Régime pharaonique*, ch. vi ; Pharaon bienfaiteur et vivificateur (p. 221-269).

rais pas qu'il n'en restât jamais en route. Du moins regardait-on comme un devoir de secourir les misérables. Un gouverneur se disait « *le mari de la veuve et le père de l'orphelin* » ; il remédiait aux disettes, aux épidémies, voire aux épizooties. Tout simple particulier donnait « *du pain à l'affamé, de l'eau à* » *l'altéré, des vêtements au nu, la sépulture et des offrandes* » *aux morts* ». L'humanité est sans cesse à l'ordre du jour : Osiris et le roi s'entendent pour la recommander. La providence gouvernementale engendre et soutient la bienfaisance individuelle.

On a regretté que les préceptes des moralistes égyptiens traitent complaisamment de la civilité puérile et honnête. Par là ils nous instruisent d'une partie non méprisable des mœurs égyptiennes. Il n'est pas indifférent d'apprendre comment ils entendaient le respect vis-à-vis des supérieurs, la discrétion vis-à-vis des égaux et des amis, la retenue vis-à-vis des adversaires, la bienveillance, la patience, la générosité à l'égard des inférieurs, la politesse devant les vieillards, l'attitude à garder et les sentiments à manifester envers la mère, l'épouse, la servante, la courtisane, la femme d'un ami ou d'un supérieur. Quand ils déconseillent l'humeur chagrine, la colère, les rixes, la fréquentation de la foule, on pénètre leur caractère. La correspondance des scribes recommande à leurs disciples de fuir l'indocilité, l'inexactitude, la paresse, l'ivrognerie, la débauche. Au nombre des péchés, la confession négative range, à côté de l'homicide, de la fraude, des fornications, le mensonge, l'emportement, le bavardage, la jactance, l'entêtement contre la vérité ou les bons conseils. Qualités de tenue, vertus professionnelles, sociabilité, dignité personnelle : voilà de quoi rendre les hommes aimables.

Au milieu de ce peuple paisible, doux, loyal, poli, serviable, de belle humeur, respectueux de la vie, des biens, de la femme du prochain, rendant honneur au sexe faible et à la vieillesse, ami de la vertu, du droit, des arts, de la lumière et de la nature, on pouvait en Égypte se croire au paradis terrestre, dans « *le*

» *verger d'Osiris* », ou « *le royaume de Râ* », et goûter les joies de l'existence en attendant sans crainte les lendemains de la mort.

. * .

La civilisation égyptienne a produit une vive impression sur les anciens Grecs; leurs écrivains classiques nous ont transmis le témoignage de l'admiration de leurs compatriotes. Mais la rencontre des deux civilisations égyptienne et grecque, celle-ci aïeule de la nôtre, datait-elle de peu d'années au temps d'Hérodote? Faut-il la faire remonter jusqu'à Homère, ou plus haut encore? Et, pendant ces quelques siècles, l'une et l'autre se sont-elles côtoyées, tantôt avec haine, crainte ou dédain, tantôt avec sympathie ou curiosité, sans jamais se pénétrer? On a parlé autrefois de civilisation purement autochtone pour les Grecs, de développement « en vase clos » pour les Égyptiens : la vogue de ces théories touche à son déclin.

Est-il possible que, pendant trois ou quatre mille ans, l'Égypte, renfermée sur elle-même, n'ait en aucune façon rayonné sur les peuples voisins?

Comparer la civilisation des pyramides et des mastabas à celle des dolmens, répandue dans l'Afrique du nord et l'Asie antérieure comme en Europe, serait aujourd'hui encore prématuré. Peut-être un jour y viendra-t-on.

Dans l'histoire d'Égypte, les Libyens apparaissent seulement comme des vaincus, qu'on ne va point provoquer chez eux quand ils ne reviennent pas à la charge comme envahisseurs : on ne peut que soupçonner des contacts perpétuels. Le peu que nous sachions de ces peuples nous vient des sources phéniciennes d'Hérodote.

Plus encore que les Libyens, les Nègres furent matière à perpétuelles razzias. Puis les Égyptiens conquérants formèrent entièrement à leur image la Nubie et l'Éthiopie. Au-delà, les ondes de leur influence sur des populations sans histoire ont disparu.

De bonne heure, l'Égypte prit contact avec l'Asie [1]. Par l'isthme, elle dirigea, dès la IIIe dynastie, des expéditions militaires et minières dans la péninsule Sinaïtique [2] ; sous la VIe, elle allait au-delà, par terre et par mer, pourchasser les Bédouins. Par la mer Rouge, dès l'ancien empire aussi, elle communiquait par inter-mittences avec l'Arabie et plus ou moins indirectement avec la Chaldée et l'Inde, tous pays compris sous le nom de Pouanit [3]. Les empires d'Orient ne s'entrechoquèrent que bien plus tard, au temps de la XVIIIe dynastie. Dans l'intervalle, entre l'Asie antérieure et les frontières d'Égypte, ce fut un perpétuel va et vient de nomades, d'émigrants, de trafiquants et d'aventuriers. Bien avant les chocs armés, la Chaldée et l'Égypte luttèrent d'influence sur ce champ de bataille. Religions, mœurs, arts en Syrie reflètent les idées et les habitudes de l'une et de l'autre. Pour le mieux connu de ces peuples asiatiques, le peuple hébreu, de nombreux souvenirs de l'Égypte remplissent ses livres sacrés ; mais la loi mosaïque emprun-tait bien des détails aussi à la législation chaldéenne. La question des contacts de Babylone et de la Bible (*Babel und Bibel*, disent les Allemands) a suscité toute une littérature. Par delà le peuple hébreu, la querelle se prolonge : assyriologues et égyptologues se disputent pour leurs clientes, Égypte ou Chaldée, le titre de mère des civilisations antiques.

Des textes de l'ancien empire font allusion déjà à des relations avec les peuples du nord, les *Haïounibou* [4], c'est-à-dire le monde grec. Inversement, les fouilles de Crète ont révélé une Grèce pré-historique dont l'industrie, l'art, peut-être les idées, supposaient des rapports de voisinage et de commerce avec l'Égypte. Les Grecs se doutaient bien de certains emprunts ; nous les connais-sons mieux depuis la découverte des prototypes.

Sans doute, le fond de la religion grecque semble plutôt appa-renté à la Perse ou à l'Inde qu'à l'Égypte. Mais bien des élé-

[1] Cf. J. B., *Régime pharaonique*, p. 206-211.
[2] Cf. WEIL, *Inscriptions ég. du Sinaï*, R. Arch., 1903.
[3] Mastaba de Safkhit-hotpou, fils de Khéops (L. D., II, 23).
[4] Cf. J. B., *Régime pharaonique*, p. 204-205.

ments de la mythologie grecque viennent des bords du Nil[1]. La guerre des dieux contre les Géants et les Titans et le rôle qu'y joue Minerve paraissent bien sortir de légendes égyptiennes, ainsi que les « passions » des dieux[2]. Plus souvent, les mythes grecs dériveraient d'interprétations étrangères sur des images plastiques d'origine égyptienne : ainsi les Harpyes, le supplice de Prométhée, Atlas, Géryon, le jardin des Hespérides, la naissance et les travaux d'Hercule, le bouclier d'Achille[3]. Les Mystères répandirent, sous les noms des divinités grecques, des légendes, des idées et des rites égyptiens[4].

De même pour les mœurs, la politique, les lois et la morale. D'où que les Grecs aient tiré leurs premières habitudes sociales, la configuration de leur pays les poussa vers l'autonomie de petites cités et l'esprit d'indépendance individuelle, tandis que la nature de la vallée du Nil produisait la monarchie centralisatrice et absolue. Cependant, indépendamment des prescriptions communes à toutes les morales, Grecs et Égyptiens partageaient certaines croyances, telles que celle d'un âge d'or où sous le règne des dieux fleurissent le bonheur et la justice, celle d'une *némésis* poursuivant le meurtre, celle de lois éternelles supérieures aux volontés des maîtres du jour, celle d'une divinité souveraine rétributrice du bien et du mal. C'est surtout en eschatologie, que les Grecs empruntèrent aux Égyptiens, maîtres en la matière[5], par exemple : l'immortalité d'une âme ailée, les Champs Élysées, les fleuves des Enfers, le nocher Charon, Cerbère, le jugement des morts, la pesée des âmes, les châtiments variés des damnés, Rhadamante en qui l'on reconnaît facilement « Râ dans l'Amenti », Minos qui rappelle *Mânou* un des noms de la terre des morts, Éaque qui de loin évoque la fête des morts *Ouaga*.

---

[1] Diodore, I, 96-97.

[2] Τὰ πάθη : Hérodote, II, 171 ; Diodore, I, 97. Cf. Moret, *Rois et dieux* : La Passion d'Osiris (p. 77-116) ; Les mystères d'Isis (p. 163-213).

[3] Cf. Virey, *Données égyptiennes dans le mythe d'Hercule*, 1902 ; *Anciennes peintures*, 1906 ; *Religion*, p. 118, 148, 181, 188, 196, 211, 243 ; Moret, *op. cit.*, Homère et l'Égypte (p. 253-375).

[4] Cf. Paul Foucart, *Mystères d'Eleusis*, 1895 ; *Culte de Dionysos en Attique*, 1904.

[5] Cf. J. Baillet, *Descentes aux enfers*, 1902 ; Ruhl, *De mortuorum judicio*, 1903 ; Moret, *Rois et dieux*, p. 119-159.

D'illustres Grecs tiraient gloire, ou leurs admirateurs et disciples leur faisaient honneur, d'avoir voyagé en Égypte et d'en avoir rapporté une partie de leur science et de leur sagesse [1] : des poètes comme Homère, Orphée, Musée, Mélampe, des législateurs comme Lycurgue et Solon, des historiens comme Hécatée, Hérodote, Hellanicos, des philosophes et des savants comme Thalès, Pythagore, Xénophon, Démocrite, Eudoxe, Œnopide, Platon. Avec des tempéraments opposés, Sparte et Athènes ont adapté des lois égyptiennes à leurs besoins. Rome même doit beaucoup à l'Égypte et de son droit primitif, et de la Loi des XII Tables, et plus tard du droit impérial dont, sous le nom de droit romain, se sont inspirées les législations modernes [2]. Les Empereurs romains ont réalisé à leur façon l'idéal de la royauté égyptienne, y compris le culte du souverain.

A côté des hommes d'action, les penseurs grecs ont pillé l'Égypte. Si Orphée, Musée et Mélampe ne sont que des noms légendaires, l'œuvre qu'on leur attribue, l'importation des mystères de Dionysos et de Déméter, n'a rien d'imaginaire. Pythagore a formulé la métempsychose sur des données égyptiennes. Platon a beaucoup pris à l'Égypte : sa théorie des idées modèles des choses réelles, il l'a tirée de celle de l'émanation des doubles ; sa division de l'âme en νοῖς, θυμος, ἐπιθυμία, reproduit la distinction familière aux moralistes égyptiens, du cœur et du ventre, *hâti* et *khet* ; son Λόγος créateur procède directement du *mâ khrôou* ; sa politique repose sur la subordination de l'individu à l'état, fondement de la société égyptienne, et sur le gouvernement des sages, idéal de la classe sacerdotale et des scribes ; en plusieurs ouvrages, il accrédite les croyances au tribunal des morts, aux châtiments du Tartare, aux récompenses des Iles Fortunées. Le platonisme et le néoplatonisme s'acclimateront et fleuriront d'autant mieux en Égypte, qu'ils avaient des racines égyptiennes. De même le christianisme trouva, pour la charité et les autres vertus qu'il prône,

---

[1] DIODORE, I, 96-98. Cf. BOUCHÉ-LECLERCQ, *Leçons d'histoire grecque*, 1906, p. 302-313.
[2] Cf. REVILLOUT, *Rapports des Quirites et des Égyptiens*, 1902 ; *Origine égyptienne du droit civil romain*, 1911.

un terrain tout préparé par l'éloge et la pratique, bien des fois séculaires, des œuvres de miséricorde.

Sans doute, l'Égypte n'a pas été, pas plus qu'autre peuple de l'antiquité, animée de l'esprit de prosélytisme. Elle se défendit contre les pirates et les envahisseurs. Elle se défiait des étrangers, quand elle ne les méprisait pas. Elle n'aimait pas à révéler ses mystères à tout venant. Cependant elle ne laissa pas d'exercer une grande influence sur tous ses voisins. Même sans qu'elle le sût, sans qu'elle s'en vantât, son prestige pénétra plus loin que ses armes. Son influence s'étendit non seulement dans l'ordre commercial et industriel, mais aussi dans l'ordre intellectuel et moral. Elle fournit ou suggéra des idées, des croyances, des modèles de législation, des principes de conduite individuelle, des représentations sensibles et populaires de l'immortalité de l'âme et de la justice éternelle. En elle-même, sa morale fut haute et généreuse : l'antiquité n'en connut pas de plus belle. Illustre à tant d'autres titres, l'Égypte, par la conception et le développement de sa morale, mérita donc bien de l'humanité.

INDEX

—

N.-B. — Les italiques indiquent un mot égyptien ; les petites capitales, un nom propre d'homme, auteur ancien ou moderne, roi, bénéficiaire d'une inscription, à l'exclusion des noms de lieux, de divinités ou de héros littéraires, de possesseurs modernes éponymes de stèles ou papyrus, etc. ; les chiffres en italiques signalent les principales références.

TABLE DES CHAPITRES

Vu le 27 janvier 1912.

Le Doyen de la Faculté des Lettres
de l'Université de Paris,

    A. CROISET.

Vu et permis d'imprimer.

Le Vice-Recteur de l'Académie de Paris,

    L. LIARD.

GRANDE IMPRIMERIE DE BLOIS, 2, RUE HAUTE. — 6080

www.ingramcontent.com/pod-product-compliance
Lightning Source LLC
Chambersburg PA
CBHW060024100426
42740CB00010B/1589